Neue
Kleine Bibliothek 316

W0045534

Jürgen Wagner

Im Rüstungswahn

Deutschlands Zeitenwende
zu Aufrüstung und Militarisierung

PapyRossa Verlag

© 2022 by PapyRossa Verlags GmbH & Co. KG, Köln
Luxemburger Str. 202, 50937 Köln
Tel.:   +49 (0) 221 – 44 85 45
Fax: +49 (0) 221 – 44 43 05
E-Mail: mail@papyrossa.de
Internet: www.papyrossa.de

Alle Rechte vorbehalten

Umschlag: Verlag, unter Verwendung eines
          Fotos © by Michele Ursi | AdobeStock 488149380
Druck: Interpress

Die Deutsche Nationalbibliothek verzeichnet diese Publikation in
der Deutschen Nationalbibliografie; detaillierte bibliografische
Daten sind im Internet über http://dnb.d-nb.de abrufbar

ISBN 978-3-89438-791-4

Inhalt

Einleitung   9

1. Vom Kalten Krieg zu neuen Weltmachtansprüchen   14

1.1 De-Militarisierung und Re-Militarisierung   14

1.2 Enttabuisierung des Militärischen:
Von der ›Verteidigung‹ zur Intervention   18

1.3 Kurzes Intermezzo:
Die Kultur der militärischen Zurückhaltung   24

1.4 Neue Macht – Neue Verantwortung –
Neue Weltmachtansprüche   27

2. Interessen – Macht – Rüstung – Industrie   32

2.1 Systemadministration: Rohstoffe und Handelswege   33

2.2 Systemkonkurrenz:
Neoliberalismus vs. Staatskapitalismus   36

2.3 USA: Partner und Rivale   42

2.4 Die machtpolitische Bedeutung der Rüstungsindustrie   47

**3. NATO und EU: Rüstungsplanung
und die Rückkehr der Machtpolitik**   51

3.1 NATO: Paradigmenwechsel in der Rüstungsplanung   52

3.2 Europa: Kompass Richtung Großmachtkonkurrenz   57

3.3 Deutschland und die Rückkehr
der Machtpolitik I: Russland   62

3.4 Deutschland und die Rückkehr
der Machtpolitik II: China   66

4. Bundeswehr 4.0:
Umbau für den Neuen Kalten Krieg 70

4.1 Weißbuch – Konzeption – Fähigkeitsprofil:
Großverbände und Großmachtkonkurrenz 71

4.2 Heerespapier:
Die Planungen für den (Informations-)Krieg 78

4.3 Angriffspfeil Nord: Großverbände 82

4.4 Angriffspfeil Süd: Digitalisierung 84

5. Industrie: Agenda Rüstung 89

5.1 Basics: Rüstungsindustrie in Deutschland 89

5.2 Agenda Rüstung: Zu teuer, zu spät und kaputt! 94

5.3 Perfekt orchestriert: Die »Schrotthaufen-Debatte« 95

5.4 Strategiepapier zur Stärkung
der Verteidigungsindustrie 98

5.5 Europäisierung und Konsolidierung
des Rüstungssektors 103

5.6 Freie Bahn für Waffenexporte 106

6. Deutschland: Militaristische Trendwenden 113

6.1 Trendwende Personal:
Aufwuchs des (Reserve)Heeres 113

6.2 Trendwende Fläche: Gegenkonversion 117

6.3 Trendwende Material:
Rüstung für Großmachtkriege 119

6.4 Trendwende Finanzen: Märchen,
Erpressungsversuche und ungedeckte Schecks 132

6.5 Trendwenden: Viel Lärm um wenig? 136

7. Zeitenwende:
Historische Finanzspritze per »Sondervermögen« 140

7.1 Chronisch unterfinanziert? 141

7.2 Sondervermögen: Grundgesetzliche Aufrüstung 144

7.3 Kriegskredit mit Fokus Bundeswehr 147

7.4 Countdown bis 2027 149

8. Rüstung – Rüstung – Rüstung: Die Projekte   154

    8.1 »Dimension Luft«: 33,4 Mrd. Euro   156

    8.2 »Dimension See«: 8,8 Mrd. Euro   159

    8.3 »Dimension Land«: 16,6 Mrd. Euro   160

    8.4 »Dimension Führungsfähigkeit/Digitalisierung«:
        20,7 Milliarden Euro   162

9. Die Zeitenwende als Militarisierungstreiber   165

    9.1 Renaissance der Atomwaffen   165

    9.2 Blankoscheck für europäische Rüstungsgroßprojekte   172

    9.3 Rüstungsexporte als Kampfinstrument   174

    9.4 Neues NATO-Streitkräftemodell –
        Aufrüstung der Ostflanke   178

    9.5 Divisionen 2025 und 2027 –
        Großverbände im Eiltempo   181

    9.6 Kontinuität und Zeitenwende:
        Führungsmacht Deutschland   184

10. Zeitenwende und Turbo-Militarismus   187

    10.1 Auf dem Weg zum Rüstungskomplex:
        Lobby statt Demokratie   187

    10.2 Militarisierung und Rekrutierung   193

    10.3 Rüstung statt Soziales   197

    10.4 Rüstung – Klima – Armut – Krieg   199

    10.5 Mehr Sicherheit durch Militarisierung?   202

**Fazit: Der Countdown läuft –
Gegen die Zeitenwende zum Turbo-Militarismus!**   210

Einleitung

Nicht wenige Kommentare sehen im russischen Angriff auf die Ukraine am 24. Februar 2022 ein ähnlich epochales Ereignis, wie etwa im Mauerfall 1989 oder in den Terroranschlägen des 11. September 2001.[1] Auch Bundeskanzler Olaf Scholz rief in seiner Regierungserklärung drei Tage später eine »Zeitenwende« aus, die sich – zumindest was die Militarisierung Deutschlands anbelangt – als nicht minder folgenschwer erweisen könnte. In jedem Fall läutete er damit eine neue Phase deutscher Militär- und Machtpolitik ein, wobei die Rede von einer Zeitenwende streng genommen dennoch ein wenig in die Irre führt. Die Bundesrepublik sei »schon lange auf Kriegskurs«, argumentierte beispielsweise die Publizistin Merle Weber: »Nicht 2022, sondern 2014 war die Zeitenwende.«[2]

Gemeint ist hier der denkwürdige Auftritt des damaligen Bundespräsidenten Joachim Gauck bei der Münchner Sicherheitskonferenz im Februar 2014. Dort forderte er – flankiert von der derzeitigen EU-Kommissionspräsidentin Ursula von der Leyen sowie dem heutigen Bundespräsidenten Frank-Walter Steinmeier – einen unter dem Namen »Münchner Konsens« bekannt gewordenen und von langer Hand geplanten Paradigmenwechsel hin zu einer militä-

---

1   »Seit Wladimir Putin am 24. Februar seinen Angriffskrieg gegen die Ukraine begann, kursiert der Begriff ›Zeitenwende‹. Es spricht in der Tat vieles dafür, dass dieser Tag einen ähnlichen Stellenwert in der Geschichte einnehmen wird wie der 9. November 1989, der Tag des Berliner Mauerfalls, und der 11. September 2001, als Terroristen das World Trade Center in New York zerstörten.« (Risse, Thomas: Zeitenwende?, in: Internationale Politik, 24.03.2022).

2   Weber, Merle: Schon lange auf Kriegskurs, kritisch-lesen.de, 12.07.2022.

rischen Großmachtpolitik. Deutschland müsse sich endgültig seiner
angeblich überaus ausgeprägten ›Kultur der militärischen Zurückhaltung‹ entledigen und stattdessen fortan – auch und gerade militärisch – eine Führungsrolle anstreben, so die damalige Kernbot-
schaft.

An dieser Stelle kommt die ›Rüstung‹ ins Spiel und zwar nicht allein dergestalt, dass die nassforsch artikulierten Weltmachtambitio-
nen eine Aufrüstung der Bundeswehr aus Sicht deutscher Entscheidungsträger*innen zwingend erforderlich machen. Die Sache hat
noch eine zweite wichtige Komponente, nämlich dass die Bundeswehr bei den relevantesten Waffensystemen so weit als möglich au-
tark mit Produkten aus heimischer (oder zumindest europäischer)
Herstellung ausgestattet werden soll. Der dahinterstehende Gedan-
kengang ist ebenso simpel wie weitreichend: Wer als veritable Groß-
macht daherkommen will, seine Waffen aber im Ausland – und ja,
das beinhaltet auch die USA – kaufen muss, kann sich von derlei
hochtrabenden Ansprüchen eigentlich auch gleich wieder verabschieden. Es existiert also eine machtpolitische Notwendigkeit, der
eigenen Rüstungsindustrie umfassend unter die Arme zu greifen,
die weit über die Profitinteressen einzelner Konzerne hinausgeht.
Vor diesem Hintergrund wird seit Jahren eine »Agenda Rüstung«
verfolgt, die auf Geldspritzen, Fusionswellen und Rüstungsexporte setzt, um so den Aufbau eines mächtigen Rüstungskomplexes zu
forcieren. Inzwischen ist Deutschland auf dem ›besten‹ Weg, sich zu
einer Rüstungswirtschaft zu entwickeln. So machten sich etwa die
drei Ampel-Bundestagsabgeordneten Kristian Klinck (SPD), Sara
Nanni (Grüne) und Alexander Müller (FDP) Ende August 2022
dafür stark, man müsse »die Industrie befähigen, ihre Kapazitäten
signifikant zu steigern.« Hierfür bedürfe es »des Zusammenspiels
von Industrie, Gewerkschaften, Politik und Streitkräften«, weshalb
ein »nationaler Rüstungsgipfel« einberufen werden müsse.[3]

---

3   Klinck, Kristian u. a.: Mehr deutsche Waffen für die Ukraine – so geht's, Spie-
    gel Online, 21.08.2022.

Gleichzeitig ist die deutsche Strategie- und Streitkräfteplanung darum bemüht, gleich drei Ziele auf einmal zu erreichen: *Erstens* zielt sie darauf, die heute bereits vorhandene Interventionsfähigkeit im Globalen Süden beizubehalten, um für die ›Stabilität‹ der systemischen Hierarchie- und Ausbeutungsverhältnisse Sorge tragen zu können. Daneben rückt aber *zweitens* kurz- bis mittelfristig der Aufbau von Großverbänden im NATO-Rahmen gegen technisch hochversierte Gegner immer weiter ins Zentrum der Streitkräfteplanung, wofür die Bundeswehr aktuell tiefgreifend umstrukturiert und aufgerüstet wird. Parallel dazu wird aber auch *drittens* mittel- bis langfristig auf eine »Strategische Autonomie« der Europäischen Union hingearbeitet, mit der sich Deutschland (über die EU als Kraftverstärker) als eigenständiger militärischer Machtblock unter den Bedingungen zunehmender Großmachtkonkurrenz notfalls auch gegen die USA behaupten will. Mit diesem Interessenkomplex im Hinterkopf, leitete die Bundeswehr bereits vor Jahren diverse »Trendwenden« in den Bereichen Personal, Infrastruktur, Material und Finanzen ein, die zusammengenommen einen immensen Militarisierungsschub brachten. Allerdings reichten die zur Verfügung stehenden Finanzmittel trotz üppiger Etatsteigerungen nicht aus, um alle drei Aufgaben gleichzeitig in vollem Umfang abzudecken – mit dem Zeitenwende-Sondervermögen von 100 Mrd. Euro hat sich dies nun aber erledigt.

Begründet werden all die nun auf den Weg gebrachten einschneidenden Maßnahmen unter Verweis auf den russischen Krieg gegen die Ukraine. Doch die dahinterstehende sicherheitspolitische ›Logik‹ vermag nicht zu überzeugen, schließlich waren die NATO-Staaten Russland militärisch bereits vor der Zeitenwende haushoch überlegen, ohne dass damit die – zumindest offiziell propagierten – Ziele erreicht worden wären: »Wenn das Ziel der NATO darin bestanden hat, die russische Aggression abzuschrecken und den Frieden in Europa zu bewahren, so ist sie gescheitert.«[4] Dennoch

---

4   Tooze, Adam: Neue Nato, alte Rezepte, in: Blätter für deutsche und internationale Politik, 8/2022, S. 41-48, S. 42.

hat die NATO ein gigantisches Aufrüstungsprogramm auf den Weg
gebracht, mit dem aber das Risiko einer weiteren Eskalation eher
steigt als sinkt. Speziell für Deutschland dürfte es deshalb vor allem
auch darum gehen, durch die vielen im Zuge der Zeitenwende in
Angriff genommenen Projekte zur größten Militärmacht Europas
aufzusteigen, wodurch Großmachtfantasien Realität werden könnten, deren Ursprünge auf den Münchner Konsens zurückgehen. Mit
der Zeitenwende habe Kanzler Scholz einen »Fahrplan präsentiert«,
um Deutschland zu einer »wirklich globalen Macht mitsamt dem
entsprechenden Militär zu machen«, so das US-Magazin *Time*.[5]
Kein Wunder, dass militärnahe Kreise ob der jüngsten Entwicklungen regelrecht begeistert sind: »Deutschland will künftig sein tat-
sächliches geopolitisches Gewicht auf die Waage bringen. Wir sind
die viertgrößte Volkswirtschaft der Welt, die zweitgrößte NATO-
Nation, das bevölkerungsreichste und ökonomisch führende Land
Europas. Deutschland geht deshalb nun demonstrativ zu einer Politik der Wehrhaftigkeit und der Stärke über.«[6]

Wenn man für den Zeitraum zwischen 2014 und 2022 von einer
massiven Aufrüstung der Bundesrepublik sprechen kann, wird die
Zeitenwende in der Laufzeit des Sondervermögens der Bundeswehr
von 100 Mrd. Euro zwischen 2022 und 2026 noch einmal ein ganz
anderes Niveau erreichen – mit einer Reihe dramatischer Folgen.
Nicht zuletzt verschieben sich dadurch die innenpolitischen Kräfteverhältnisse zugunsten des Militarismus – so freute sich ein Kommentar der *Deutschen Welle* Ende August 2022: »Zwei Weltkriege
und zwei Diktaturen im 20. Jahrhundert haben in Deutschland ein
tiefes Misstrauen gegen alles Militärische wachsen lassen. Unifor-
men gehören bislang nicht zum Straßenbild. Dass jetzt uniformierte
Soldaten als völlig normale Erscheinung im Alltag dargestellt wer-

---

5   Abend, Lisa/Bajekal, Naina: Chancellor Olaf Scholz Wants to Transform
    Germany's Place in the World. He'd Just Rather Not Talk About It, Time,
    27.04.2022.

6   Bartels, Hans-Peter: Ein Epochenbruch auch für die Rekrutierung, Europäi-
    sche Sicherheit & Technik (ESUT), 17.04.2022.

den, kann man als Zeichen einer tektonischen Verschiebung lesen: In Folge des Ukraine-Krieges macht Deutschland seinen Frieden mit dem Militär – und rüstet sich für künftige Konflikte.«[7]

Bis zu einem gewissen Grade war es dennoch absehbar, dass es der Linken in ihrer Schockstarre nach dem russischen Angriff auf die Ukraine nicht ansatzweise gelingen würde, eine relevante Gegenöffentlichkeit gegen die Pläne der Bundesregierung zu mobilisieren. Damit ist die Angelegenheit aber leider noch lange nicht vom Tisch – die Zeit läuft bereits: Die nächsten entscheidenden Auseinandersetzungen dürften spätestens 2026 anstehen – denn dann dürfte eine Debatte um eine Verstetigung des nun zunächst einmal auf fünf Jahre begrenzten Sondervermögens Fahrt aufnehmen. Die Zeitenwende betrifft eine ganze Reihe von Spektren, ihre friedens-, sozial-, aber auch klimapolitischen Folgen sind bereits jetzt absehbar verheerend. Obwohl sich der Großteil dieses Buches analytisch mit den zahlreichen problematischen Folgen der Aufrüstung vor der und durch die Zeitenwende beschäftigt, liegt dem Unterfangen deshalb im Kern ein politisches Anliegen zugrunde: Denn es gilt, die unterschiedlichen kritischen Perspektiven zusammenzuführen und an einem Strang zu ziehen, um sich bereits heute auf die kommenden Auseinandersetzungen vorzubereiten. Nur so gibt es eine Chance zu verhindern, dass aus diesem Turbo-Militarismus eine Dauereinrichtung wird – wie gesagt, die Uhr tickt!

---

7 Hein, Matthias von: Der Ukrainekrieg und Deutschlands Zeitenwende, Deutsche Welle, 24.08.2022.

1.
Vom Kalten Krieg
zu neuen Weltmachtansprüchen

Die Zeitenwende läutet die inzwischen mindestens vierte Phase militärischer Machtpolitik in der Geschichte der Geschichte der Bundesrepublik ein.[8] Alles begann mit der Wiederbewaffnung nach dem Zweiten Weltkrieg, gefolgt vom Umbau der Bundeswehr nach dem – vermeintlichen, muss man wohl heute sagen – Ende des Kalten Krieges in den 1990er Jahren. Nach einem kurzen Intermezzo ab etwa 2009, als eine »Kultur der militärischen Zurückhaltung« eine Zeit lang zumindest bis zu einem gewissen Grad tonangebend war, wurden ab 2014 die Rufe nach einer – militärisch zu unterfütternden – deutschen Weltmachtrolle immer lauter. Nahezu parallel dazu begannen sich die Konflikte mit den erklärten Rivalen Russland und China bedrohlich zu verschärfen, für die man sich nun buchstäblich zu rüsten gedenkt. Die Zeitenwende steht in genau dieser ›Tradition‹ militärischer Großmachtambitionen, sie hebt das Ganze aber noch einmal auf ein völlig anderes Niveau. Gleichzeitig räumt sie endgültig mit den letzten Resten der in weiten Teilen der politischen Eliten regelrecht verhassten Kultur der militärischen Zurückhaltung auf.

1.1
De-Militarisierung und Re-Militarisierung
Der Militarismus hat in Deutschland Tradition – er zieht sich wie ein roter Faden durch die Geschichte des Landes und erreichte seinen

---

8   Eine auch nur kursorische Behandlung der Geschichte der Nationalen Volksarmee der DDR würde hier leider den Rahmen sprengen.

Höhepunkt im Vernichtungskrieg der Wehrmacht. »Das Ende der Geschichte des deutschen Militarismus wurde von den Siegermächten des Zweiten Weltkriegs erzwungen«, so der Historiker Wolfram Wette in seiner umfassenden Untersuchung zum »Militarismus in Deutschland«. Gleichzeitig stellte er die rhetorische Frage: »Aber war die deutsche kriegerische Kultur damit wirklich erledigt?«[9]

Dem war natürlich nicht der Fall, allerdings verspürten die Alliierten verständlicherweise zunächst tatsächlich wenig Neigung, dem Tätervolk erneut eine Armee an die Hand zu geben. Deshalb wurde auf der Potsdamer Konferenz von 1945 die komplette De-Militarisierung Deutschlands beschlossen, dementsprechend war auch im Grundgesetz von 1949 ursprünglich von Streitkräften keine Rede – und dabei hätte es am besten auch bleiben sollen. Offiziell galt die Wiederbewaffnung eine ganze Zeit lang als Tabu[10]– im Petersberger Abkommen, der amtlichen Niederschrift der Abmachungen zwischen den Alliierten Hohen Kommissaren und Bundeskanzler Konrad Adenauer wurde am 22. November 1949 festgehalten: »Die Bundesregierung erklärt ihre feste Entschlossenheit, die Entmilitarisierung aufrechtzuerhalten und mit allen ihr zur Verfügung stehenden Mitteln die Neubildung irgendwelcher Streitkräfte zu verhindern.«[11]

Doch allen Lippenbekenntnissen zum Trotz war die Re-Militarisierung von Anfang an eines der zentralen Ziele der Adenauer-Regierung, für die bereits im Mai 1950 mit der Zentrale für Heimatdienst (ZfH) eine zuständige Dienststelle geschaffen wurde. Sie beauftragte eine 15-köpfige Expertengruppe, die vom 5. bis

---

9   Wette, Wolfram: Militarismus in Deutschland. Geschichte einer kriegerischen Kultur, Frankfurt 2011, S. 11. Siehe auch Schmidt, Dorothea: Deutscher Militarismus – eine unendliche Geschichte?, in: Prokla, Heft 162/2011, S. 7-34.

10   Unvergessen sind zum Beispiel die Worte von Franz Josef Strauß: »Es soll jedem die Hand abfallen, der wieder ein Gewehr anfasst!« (Worte von Franz Josef Strauß, Die Zeit, 07.10.1988).

11   Zitiert im Protokoll der 191. Sitzung des Bundestages, Bonn, 08.02.1952, S. 8176.

zum 9. Oktober 1950 tagte und die nach dem Versammlungsort benannte »Himmeroder Denkschrift« verfasste. In dieser »Magna Charta der Bundeswehr«[12] wurden zentrale Weichen für die spätere Wiederbewaffnung gestellt, indem eine Armee im Umfang von 250.000 Soldaten[13] anvisiert wurde. Der fehlenden Unterstützung in der Bevölkerung sollte durch ein »sofortiges Einsetzen der geistigen Vorbereitung unter Einschaltung von Presse, Rundfunk und Film« beigekommen werden.[14] Ferner sei das »Einverständnis der Opposition und der Gewerkschaften«[15] von zentraler Bedeutung, vor allem aber müsse sich jede Form der Wiederbewaffnung im »Rahmen der europäisch-atlantischen Gemeinschaft« abspielen, ansonsten wäre sie von vorneherein zum Scheitern verurteilt.[16]

Auch die USA erkannten schnell den ›Wert‹ einer bundesdeutschen Armee für die sich zuspitzenden Konflikte mit der Sowjetunion. Gleichzeitig waren sie aber bestrebt, das Ganze in eine Struktur einzubetten, die eine möglichst weitgehende Kontrolle über die deutschen Streitkräfte erlauben sollte – namentlich die 1949 gegründete und von Washington dominierte Nordatlantische Vertragsorganisation (NATO). Deren Ziel wurde einst von ihrem ersten Generalsekretär Lord Ismay treffend mit den Worten zusammengefasst, das Bündnis habe die Aufgabe, die USA in, Deutschland unten und die Sowjetunion aus Europa herauszuhalten (»to keep the Russians out, the Americans in, and the Germans down«).[17]

Genau aus diesem Grund hätte die Bundesrepublik eigentlich eine europäische Lösung für die nur multilateral erreichbare Wiederbewaffnung präferiert und diese auch fast mit der 1952 beschlossenen Europäischen Verteidigungsgemeinschaft (EVG) gefunden.

---

12   Wette 2011, S. 220.

13   Himmeroder Denkschrift, 1950 (Bundesarchiv – Militärarchiv), S. 19.

14   Ebd., S. 20.

15   Ebd., S. 8.

16   Ebd., S. 5.

17   Wikipedia: Hastings Ismay, 1. Baron Ismay.

Nachdem diese aber 1954 an der Ablehnung der französischen Nationalversammlung scheiterte, blieb nur noch die NATO als Re-Militarisierungsoption übrig, womit aber die USA dauerhaft eine dominierende Rolle in europäischen Sicherheitsfragen erhielten: »Das Streben nach Selbstbehauptung und Selbstbestimmung der (West-)Europäer unter den Strukturbedingungen der Bipolarität war eine wichtige Triebkraft der Gemeinschaftsgründungen. Dafür steht nicht zuletzt das Vorhaben, eine Europäische Verteidigungsgemeinschaft (EVG) [...]. Deren Scheitern 1954 hatte unmittelbar zur Folge, dass die EWG-Staaten im Wesentlichen ihre Sicherheits- und Verteidigungspolitik an die schon 1949 gegründete Nato auslagerten und damit die atlantische Unterordnung der EG/EU auf viele Jahrzehnte festschrieben.«[18]

Vor diesem Hintergrund trat Deutschland schließlich am 9. Mai 1955 der NATO bei, im Juni wurde das Verteidigungsministerium gegründet und im November den ersten Soldaten ihre Ernennungsurkunden ausgehändigt. Dass der Beitritt zur NATO eher eine Vernunftehe als eine Liebeshochzeit war, betonte im Juni 2022 auch der ehemalige Wehrbeauftragte Hans-Peter Bartels: »Erst als die EVG an veränderten politischen Mehrheitsverhältnissen in Frankreich scheiterte, kam es 1955 zur Gründung der Bundeswehr, ohne Generalstab, direkt und vollständig auf die NATO-Strukturen zugeschnitten, 100 Prozent Bündnisarmee.«[19] Erst nachträglich, am 22. Mai 1956, wurde auch das Grundgesetz dementsprechend angepasst, indem der Bundestag mit großer Mehrheit die sogenannte »Wehrverfassung« beschloss, in deren Zentrum bis heute Artikel 87a steht (»Der Bund stellt Streitkräfte zur Verteidigung auf«). Nach Einführung der Wehrpflicht ab 1957 wuchs die Bundeswehr schnell von den ursprünglich in der Himmeroder Denkschrift anvisierten 250.000 Soldaten (1959) bis auf den Höchststand von knapp 500.000

---

18 Barbara Lippert u. a.: Strategische Autonomie Europas, Stiftung Wissenschaft und Politik (SWP) Studie, Februar 2019, S. 6.

19 Bartels, Hans-Peter: Warum Deutschland anders »normal« werden muss, Europäische Sicherheit & Technik, 07.06.2022.

(1972) rasant an, eine Zahl, die dann bis zum Ende des Kalten Krieges mit geringen Schwankungen in etwa konstant hoch blieb.

Während des Kalten Krieges fiel der Bundeswehr die Rolle zu, der NATO voll ausgestattete Großverbände für die Auseinandersetzung mit der Sowjetunion zur Verfügung zu stellen, wofür personell wie finanziell erhebliche Ressourcen mobilisiert wurden: »Im Kalten Krieg waren die Verteidigungsaufwendungen Deutschlands verglichen mit den heutigen gigantisch: Deutschland stellte mit 12 (statt heute 2) voll einsatzbereiten Heeresdivisionen und 36 (heute 6) Kampfbrigaden sowie entsprechenden Luft- und Seestreitkräften etwa die Hälfte der konventionellen Kampfkraft der NATO in Europa und wandte dafür in den 60er Jahren über 5 %, in den 70er Jahren über 4 %, in den 80er Jahren über 3 % seines BIP auf. Erst in den 90er Jahren sank der Verteidigungshaushalt zwecks ›Friedensdividende‹ auf unter 2 % ab.«[20]

Obwohl beileibe nicht jedes NATO-Konzept der damaligen Zeit rein defensiver Natur war,[21] beschränkte sich das Operationsgebiet der Bundeswehr aufgrund der Natur der damaligen Auseinandersetzungen vorrangig auf die Ostflanke des Bündnisgebietes, was sich bis zum vermeintlichen Ende des Kalten Krieges Anfang der 1990er jahrzehntelang auch nicht änderte.

1.2
Enttabuisierung des Militärischen:
Von der ›Verteidigung‹ zur Intervention

Das erste Weißbuch der Bundeswehr erschien 1969 und erfuhr bis 1985 sieben Aktualisierungen. In diesen Weißbüchern finden sich die wichtigsten strategischen Prioritäten und Aufgaben, die dann die daraus abgeleitete Streitkräfteplanung anleiten sollen. Nach

---

20   Meyer zum Felde, Rainer: Abschreckung und Dialogbereitschaft – der Paradigmenwechsel der NATO seit 2014, in: Sirius, 2018; 2(2), S. 101-117, S. 105.

21   Siehe zum Beispiel das zwischen 1982 und 1990 prägende AirLand-Battle-Konzept, das Operationen bis zu 140 km im sowjetischen Hinterland sowie vorzeitige Schläge in der Tiefe des Raums vorsah.

einer kurzen Orientierungs-, Such- und Findungsphase war bereits im 1994 veröffentlichten ersten Weißbuch nach dem Ende der Blockkonfrontation eine Neuausrichtung auf Auslandseinsätze herauszulesen: »Die jahrzehntelange Angst vor einer großen nuklearen Auseinandersetzung gehört der Vergangenheit an. Ebenso die Bedrohung, auf die sich der Auftrag der Bundeswehr bisher bezog: die Abwehr einer groß angelegten Aggression zahlenmäßig überlegener konventioneller Streitkräfte in Mitteleuropa nach einer relativ kurzen Warn- und Vorbereitungszeit. [...] Die Risikoanalysen über künftige Entwicklungen müssen von einem weiten Sicherheitsbegriff ausgehen. Sie dürfen sich nicht auf Europa beschränken, sondern müssen die Interdependenz von regionalen und globalen Entwicklungen berücksichtigen.«[22]

Schon im November 1992 hatten die »Verteidigungspolitischen Richtlinien« (VPR) eine Teilung in Haupt- und Krisenreaktionskräfte eingeführt. Nachdem die Bundeswehr nach Kambodscha (1992) und Somalia (1993) ausgerückt war, entschied das Bundesverfassungsgericht (BVG) im Juli 1994, dass eine deutsche Beteiligung an solchen Einsätzen im Rahmen »kollektiver Sicherheitsysteme« (UNO, NATO und EU) mit dem Grundgesetz vereinbar sei. Allerdings fügte es hinzu, über derlei Einsätze müssten die Abgeordneten entscheiden, weshalb seither unermüdlich versucht wird, diesen Parlamentsvorbehalt immer weiter zu verwässern.[23] Unmittelbar nach dem BVG-Urteil legte der damalige Verteidigungsminister Volker Rühe die »Konzeptionelle Leitlinie zur Weiterentwicklung der Bundeswehr« vor, in der mit 50.000 (kurze Zeit später 53.600) Soldaten erstmals eine konkrete Zahl für die Krisenreaktionskräfte benannt wurde. Vor diesem Hintergrund sank der Umfang der Bundeswehr während Rühes Amtszeit aus Kostengründen zwar von 370.000 auf 338.000 Soldaten, gleichzeitig wurden aber die zur Kriegsführung

---

22 Zit. bei Wikipedia: Weißbuch (Bundeswehr).

23 Haid, Michael: Bericht der Rühe-Kommission, in: AUSDRUCK (August 2015), S. 11-16.

im Ausland befähigten Truppenteile, allen voran das 1996 gegründete Kommando Spezialkräfte (KSK), massiv ausgebaut.[24]

Die nächste Reform wurde auf Grundlage der am 23. Mai 2000 vorgelegten Vorschläge der Weizsäcker-Kommission, benannt nach dem ehemaligen Bundespräsidenten, eingeleitet. Ihr zufolge sollten die Einsatzkräfte auf 140.000 Einheiten bei einem Gesamtumfang von 240.000 Soldat*innen (ab 2001 wurde die Bundeswehr auch für Frauen geöffnet) ausgebaut werden.[25] Ähnlich klang ein am selben Tag vorgelegtes Papier des damaligen Bundeswehr-Generalinspekteurs Hans-Peter von Kirchbach, in dem eine Gesamtstärke von 290.000 Soldat*innen vorgesehen war, wobei die Einsatzkräfte auf 157.000 aufgestockt werden sollten.[26] Schlussendlich wurde unter der rot-grünen Regierung ein Planziel entwickelt, die Bundeswehr bis 2010 einerseits weiter zu verkleinern (auf ca. 250.000 Soldat*innen plus 75.000 zivile Dienstposten), gleichzeitig aber die interventionsfähigen Truppenteile abermals zu erhöhen, indem die Teilung in Hauptverteidigungs- und Krisenreaktionskräfte gänzlich aufgegeben wurde: Folglich sollte sich die Bundeswehr spätestens ab 2010 in 35.000 Eingreifkräfte aufgliedern, sozusagen die Speerspitze der kämpfenden Truppen, 70.000 Stabilisierungskräfte (für Besatzungsaufgaben wie auf dem Balkan oder in Afghanistan) und 147.500 Unterstützungskräfte, deren Aufgabe die Logistik der Auslandseinsätze darstellte.[27]

Auch das 2006 überarbeitete Weißbuch der Bundeswehr trug diesen Entwicklungen Rechnung. Während der »Landes- bzw. Bündnisverteidigung« (LV/BV), also insbesondere der Vorbereitung auf Auseinandersetzungen mit Russland, in der 1994er-Version

---

24 Bundesminister der Verteidigung: Konzeptionelle Leitlinie zur Weiterentwicklung der Bundeswehr, Bonn, 12.07.1994.

25 Gemeinsame Sicherheit und Zukunft der Bundeswehr, Bericht der Kommission an die Bundesregierung, 23.05.2000.

26 Generäle für kleinere Bundeswehr, Spiegel Online, 28.04.2000.

27 Kirch, Daniel: Ein Paradigmenwechsel in der deutschen Verteidigungspolitik? Deutschlandfunk, 28.07.2004.

noch dieselbe Bedeutung wie Militärinterventionen im Ausland beigemessen wurde, verschob die neuere Fassung die Prioritäten noch einmal weiter in Richtung Auslandseinsätze. Der »Paradigmenwechsel von der Verteidigung zur Intervention«[28] war damit faktisch abgeschlossen, was sich auch auf die Bewaffnung auswirkte: Schweres Gerät – vor allem Panzer – und die zugehörigen Großverbände für hochintensive Auseinandersetzungen wurden deutlich reduziert und durch leichtere und schneller verlegbare Komponenten ersetzt. Im Weißbuch von 2006 hieß es dazu: »Die Struktur der Bundeswehr wird konsequent auf Einsätze ausgerichtet.«[29] Man beschreite »seit Jahren konsequent den Weg des Wandels zu einer Armee im Einsatz«,[30] tonangebend sei die »strikt einsatzorientierte Ausrichtung der Bundeswehr«, die nun aber weitgehend zum Abschluss gekommen sei: »Die Bundeswehr ist heute weltweit im Einsatz.«[31]

Spätestens mit der deutschen Beteiligung am völkerrechtswidrigen, weil ohne Mandat des UN-Sicherheitsrates durchgeführten NATO-Angriffskrieg gegen Jugoslawien 1999 wurde diese Interventionsausrichtung auch in die Praxis umgesetzt. Mindestens ebenso tiefgreifende Auswirkungen hatte der Krieg in Afghanistan, wo die Bundeswehr ab 2002 mit teils deutlich über 5.000 Soldat*innen die meiste Zeit im Rahmen der NATO-Truppe ISAF kämpfte.[32] Es sind vor allem drei Faktoren, die den Einsatz am Hindukusch so prägend machten: Er steht erstens für die endgültige räumliche Entgrenzung von Bundeswehreinsätzen und die völlige Neu-Interpretation des Grundgesetzes: »Die Sicherheit der

---

28 Bald, Detlef: Paradigmenwechsel der deutschen Militärpolitik – Von der Verteidigung zur Intervention, in: Schlotter, Peter u. a. (Hg.): Berliner Friedenspolitik? Militärische Transformation – Zivile Impulse – Europäische Einbindung, Baden-Baden 2008, S. 37-59.

29 Weißbuch zur Sicherheitspolitik Deutschlands und zur Zukunft der Bundeswehr 2006, S. 6.

30 Ebd., S. 70.

31 Ebd., S. 75.

32 Offiziell übernahm die NATO den 2001 mit einer Koalition der Willigen unter Führung der USA begonnenen Einsatz im Jahr 2003.

Bundesrepublik Deutschland wird heute auch am Hindukusch ver-
teidigt.«[33] Mit diesem vom damaligen Verteidigungsminister Peter
Struck (SPD) im Februar 2002 perfide-genial formulierten Satz wurden derlei Einsätze im Handstreich für grundgesetzkonform erklärt
und der Verteidigungsbegriff damit bis zur Unkenntlichkeit verzerrt
– der Weg für eine global intervenierende Bundeswehr war damit
endgültig geebnet.

Zweitens rückte mit der zunehmenden Eskalation des Afgha-
nistan-Krieges vor allem ab etwa 2006 nicht nur für die gesamte
NATO, sondern auch für die Bundeswehr der »Operationsschwer-
punkt Aufstandsbekämpfung« immer weiter ins Zentrum des bluti-
gen Geschehens.[34] Dies zeigte sich etwa bei der von Mitte bis Ende
Juli 2009 dauernden Operation Oqab (afgh. für Adler), an der 900
afghanische Einheiten und 300 Bundeswehrsoldat*innen teilnah-
men. Ziel war es, im Raum Kunduz ein Gebiet freizukämpfen, das
zuvor vom afghanischen Widerstand eingenommen worden war:
»Die Tragweite des deutschen Beitrags spiegelt sich in der Aussage
von Oberstleutnant Hans-Christoph Grohmann, Kommandeur der
QRF [Quick Reaction Force], wider, der einen seiner Offiziere als
›den ersten Oberleutnant, der nach 1945 eine Infanterie-Kompanie
im Angriff geführt hat‹ vorstellte.«[35] Nahezu zeitgleich erfolgte im Juli
2009 die Anpassung der »Nationalen Klarstellungen« zum NATO-
Operationsplan. Sie regeln, wann die Soldat*innen in bestimmten
Einsätzen Gewalt einsetzen dürfen, und werden bündig auf einer so
genannten Taschenkarte zusammengefasst. Nachdem folgender Satz
komplett gestrichen wurde, war seither auch für die deutschen Soldat*innen ein noch offensiveres Vorgehen in Afghanistan erlaubt:
»Die Anwendung tödlicher Gewalt ist verboten, solange nicht ein

---

33 »Die kann mich mal«, Spiegel Online, 19.12.2012.

34 Noetzel, Timo/Schreer, Benjamin: Strategien zur Aufstandsbekämpfung,
    SWP-Aktuell 3, Januar 2008.

35 Ursprünglich zit. bei Wikipedia: Operation Oqab ist das Zitat dort inzwi-
    schen verschwunden. Es findet sich z. B. auch bei Labinski, Anne: Die NATO
    in Afghanistan: Krieg ohne Ende, IMI-Analyse 2016/24.

Angriff stattfindet oder unmittelbar bevorsteht.«[36] Damit war es
zum Beispiel auch möglich, von einer Anklage gegen Oberst Georg
Klein, den Verantwortlichen für die über 140 Toten des Luftangrif-
fes auf die Tanklaster bei Kunduz im September 2009, abzusehen.[37]

Der dritte Bereich, in dem sich der Afghanistan-Einsatz als bahn-
brechend erweisen sollte, war der innenpolitische Umgang mit dem
Militär und seinen Einsätzen. Nicht von ungefähr hatte der damalige Bundeskanzler Gerhard Schröder kurz vor Beginn des deutschen
Einsatzes nahezu wörtlich für eine Beteiligung mit dem Argument
geworben, es bedürfe einer »Enttabuisierung des Militärischen«.[38]
Die Zeit war scheinbar reif, immer offener dazu überzugehen, die
Bevölkerung aufs Töten (und getötet werden) vorzubereiten. Auch
die Medien stimmten mit ein und taten das Ihrige. Erinnert sei an
dieser Stelle nur an das *Spiegel*-Titelbild aus dem Jahr 2006 (Nr. 47),
in dem gefordert wurde: »Die Deutschen müssen das Töten lernen.«
Insgesamt waren die in dieser Hinsicht durch den Afghanistan-
Krieg ausgelösten Veränderungen unübersehbar: »Vom 2009 erst-
mals verliehenen ›Ehrenkreuz für Tapferkeit‹ über vom Boden aus
gesteuerte Aufklärungsflugzeuge bis hin zum Trauma-Zentrum für
Wehrpsychiatrie in Berlin – der zehnjährige Einsatz in Afghanistan
hat die deutsche Bundeswehr stark verändert. [...] Auf Druck der
Soldaten und ihrer Familien hießen die Getöteten plötzlich offiziell
Gefallene, die Verletzten Verwundete. Es gab neue Orden, und das
Wort ›Krieg‹ war nicht länger ein Tabu.«[39]

---

36   Neue Regeln erlauben Deutschen offensiveres Vorgehen, Spiegel Online,
     04.07.2009.

37   Vgl. Haid, Michael: Zivile Gerichtsbarkeit und Völkerstrafgesetzbuch, in:
     AUSDRUCK (April 2010), S. 21-23.

38   Schröders Aussage war im Wortlaut: »Es geht ja nicht darum, dem Militäri-
     schen einen unverdienten Raum zu geben, sondern diesen Aspekt der Außen-
     politik nicht zu tabuisieren, was lange gemacht wurde.« (Mutz, Reinhard: Wo
     Solidarität endet und das Abenteuer beginnt. Die deutsche Außenpolitik ent-
     deckt ihren militärischen Arm, Frankfurter Rundschau, 07.06.2002)

39   Michelis, Helmut: Zehn Jahre Einsatz am Hindukusch. Afghanistan hat die
     Bundeswehr verändert, RP Online, 07.10.2011.

1.3
Kurzes Intermezzo:
Die Kultur der militärischen Zurückhaltung

So rasant die Bundeswehr sich auf Auslandseinsätze ausrichtete, so heftig geriet der Militarisierungsmotor insbesondere durch die immer weiter eskalierende Situation in Afghanistan ab 2006 ins Stottern. In der Folge nahm die Skepsis gegenüber Auslandseinsätzen in der Bevölkerung und selbst in Teilen der politischen Entscheidungsträger*innen wieder deutlich zu. Sichtbarer Ausdruck davon war ein später heftig umstrittener Passus im Schwarz-Gelben Koalitionsvertrag des Jahres 2009: »Wir handeln militärisch nur dann, wenn wir dies im Rahmen der VN, der NATO oder der EU sowie aufgrund einer völkerrechtlichen Legitimation tun können. Unberührt davon bleibt das Recht auf Selbstverteidigung. Von unserer Kultur der Zurückhaltung werden wir uns weiterhin leiten lassen.«[40]

Im Jahr 2010 war die anvisierte Truppengröße mit rund 245.000 recht genau erreicht, als die nächste Reform kam. Hierfür setzte der damalige Verteidigungsminister Karl-Theodor zu Guttenberg (CSU) im April des Jahres eine Strukturkommission zur Reform der Bundeswehr ein, die am 26. Oktober 2010 ihren Bericht mit dem Titel »Vom Einsatz her denken – Konzentration, Flexibilität, Effizienz« vorlegte. Die Reform hatte zwei Ziele: Einmal Ausgabenreduzierungen, weil auch die Bundeswehr infolge der damaligen Wirtschafts- und Finanzkrise einer allen Ressorts verordneten Sparvorgabe unterlag, die allerdings nur kurze Zeit später schnell wieder einkassiert wurde. Gleichzeitig sollten dadurch die Investitionen hochgehalten und die Zahl der parallel in Auslandseinsätze entsendbaren Soldat*innen weiter von damals 7.000 auf dann 10.000 erhöht werden. Erreicht werden sollte dies über eine nochmalige deutliche Verkleinerung der Bundeswehr, die dann – neben der auch aus Finanzerwägungen vollzogenen Aussetzung der Wehr-

---

40   Wachstum. Bildung. Zusammenhalt, Koalitionsvertrag zwischen CDU, CSU und FDP, 26.10.2009, S. 123.

pflicht – Kernpunkt der Mitte Mai 2011 veröffentlichten »Eckpunkte für die Neuausrichtung der Bundeswehr« wurde. Sie sahen eine Reduzierung der Bundeswehr auf 185.000 Soldat*innen vor, eine Zahl, die bis heute noch in etwa dem Umfang der Truppe entspricht.[41]

Parallel dazu war Deutschland zwar unter anderem im Afghanistan-Krieg weiter im Einsatz, ein Kurswechsel war aber dennoch deutlich spürbar. Unübersehbar wurde dies im März 2011, als sich die Bundesregierung entschied, nicht am NATO-Krieg gegen Libyen teilzunehmen. Bis heute gilt dies bei einem Großteil der sogenannten strategischen Gemeinschaft als eine fatale Fehlentscheidung – und das, obwohl wohlbekannt ist, wie viel Leid, Chaos und Zerstörung von der NATO-Intervention verursacht wurde und bis heute wird. Dementsprechend hitzig verliefen die Auseinandersetzungen um die deutsche Nicht-Beteiligung am Libyen-Krieg: »Die anschließende heftige Debatte in Deutschland und in der NATO zeigte, wie sehr diese Entscheidung einen Nerv getroffen hat. Während zwei Drittel der deutschen Bevölkerung die Enthaltung begrüßten, hagelte es Kritik von Verbündeten und auch aus den eigenen Reihen.«[42]

Es war vor allem der damalige Außenminister Guido Westerwelle (FDP), der als treibende Kraft hinter der deutschen Ablehnung einer Kriegsbeteiligung im Zentrum der Kritik stand. Nach zahlreichen Angriffen meldete sich Westerwelle in einem recht beeindruckenden Interview zu Wort: »Ich bin in meinem politischen Leben oft dafür kritisiert worden, dass ich mich mehrmals gegen eine deutsche Beteiligung an militärischen Interventionen gestellt habe. Aber wie ist denn heute die Lage im Irak? Oder in Libyen? Ich kann nicht sehen, warum eine politische Reifung des wiedervereinigten Deutschlands mit mehr militärischen Interventionen einhergehen muss. Politische und diplomatische Lösungen haben für mich Vor-

---

41 BMVg: Eckpunkte für die Neuausrichtung der Bundeswehr, Berlin, 18.05.2011. Gleichzeitig hätte das zivile Personal von damals 75.000 auf ca. 50.000 Dienstposten reduziert werden sollen.

42 Rinke, Andreas: Eingreifen oder nicht?, in: Internationale Politik, Juli/August 2011, S. 44-52, S. 44.

rang. Wir sollten bei der Kultur der militärischen Zurückhaltung
bleiben. Deutsche Außenpolitik ist Friedenspolitik. Die Pickelhaube
steht uns nicht.«[43]

In den Chor der zahlreichen Kritiker*innen stimmte auch der
ehemalige grüne Außenminister Joseph »Joschka« Fischer ein,
der dabei folgendermaßen argumentierte: »Mir bleibt da nur die
Scham für das Versagen unserer Regierung und – leider! – auch je-
ner roten und grünen Oppositionsführer, die diesem skandalösen
Fehler anfänglich auch noch Beifall spendeten. […] Die deutsche
Politik hat in den Vereinten Nationen und im Nahen Osten ihre
Glaubwürdigkeit eingebüßt, der Anspruch der Bundesrepublik auf
einen ständigen Sitz im Sicherheitsrat wurde soeben endgültig in die
Tonne getreten, und um Europa muss einem angst und bange wer-
den.«[44]

Tatsächlich war für das Gros der sogenannten Entscheidungsträger*innen im Fall Libyen »der Gipfel des Zumutbaren überschritten.«[45] Weshalb dies so war, erläuterte unter anderem auch Susanne
Kastner (SPD), die damalige Vorsitzende des Verteidigungsaus-
schusses im Bundestag: »Die Enthaltung Deutschlands im Weltsi-
cherheitsrat hat doch dazu geführt, dass man gesagt hat, Deutschland, du willst nicht mehr die gesamte Verantwortung übernehmen.
Dann kannst du auch nicht mehr überall mitreden.«[46] Westerwelles
wichtigster Gegenspieler in der Regierung war der damalige Verteidigungsminister Thomas de Maizière. In einer Grundsatzrede
vom 18. Mai 2011 anlässlich der an diesem Tag präsentierten Neuausrichtung der Bundeswehr betonte er, Deutschland solle Kriege
nicht nur für allzu eng verstandene Interessen führen. Der »Einsatz

---

43   »Die Pickelhaube steht uns Deutschen nicht«, Die Welt, 10.11.2013.

44   Fischer, Joschka: Deutsche Außenpolitik – eine Farce, Süddeutsche Zeitung,
      24.03.2011.

45   Hellmann, Gunther: Berlins Große Politik im Fall Libyen, in: WeltTrends,
      September/Oktober 2011, S. 19-22, S. 22.

46   Westerwelle will Lybien weiter politisch lösen, RP Online, 14.04.2011 [fal-
      sche Schreibweise im Orig.].

von Soldaten« könne auch dann erforderlich sein, »wenn keine unmittelbaren Interessen Deutschlands erkennbar sind. Für andere
demokratische Nationen ist so etwas längst als Teil internationaler
Verantwortung selbstverständlich. Wohlstand erfordert Verantwortung.«[47] Diese Passage war eine klare Ansage an diejenigen – vor
allem an Außenminister Guido Westerwelle –, die eine deutsche
Beteiligung am Krieg gegen Libyen abgelehnt hatten: »De Maizière
sagt kein einziges Wort zu der Libyen-Entscheidung, aber die Richtlinien und seine Rede sind nach meinem Eindruck eine scharfe
Kurskorrektur – oder sagen wir: der Versuch deutlich zu machen,
dass Deutschland sich nicht dauerhaft auf den Kurs des Raushaltens
um jeden Preis festlegt, für den der Außenminister steht«, so der
damalige Kommentar von Jörg Lau in der *Zeit*.[48]

Mit dem Spider-Man-Motto »Aus großer Macht erwächst große Verantwortung« präsentierte de Maizière bereits früh eine Ar-
gumentationsfigur, die in den Folgejahren eine entscheidende Rolle
spielen sollte. Eine kritische Masse innerhalb des außen- und sicherheitspolitischen Establishments war zu dem Ergebnis gelangt, dass
es dringend einer grundlegenden Kursbegradigung bedurfte, indem
die Kultur der militärischen Zurückhaltung durch ein neues (Ver-
antwortungs-)Paradigma abgelöst werden sollte.

1.4
Neue Macht – Neue Verantwortung – Neue Weltmachtansprüche

Was später als »Münchner Konsens« bezeichnet wurde, fiel nicht
vom Himmel, sondern war von langer Hand im Projekt »Neue
Macht – Neue Verantwortung« von der regierungsnahen Stiftung
Wissenschaft und Politik (SWP) sowie dem German Marshall Fund
(GMF) vorbereitet worden. Geleitet wurde es von Constanze Stel-

---

47 »Neuausrichtung der Bundeswehr«: Rede von Bundesverteidigungsminister
    Thomas de Maizière, Berlin, 18.05.2011.

48 Lau, Jörg: De Maizières Bundeswehrreform und die deutschen Interessen,
    Zeit Online, 18.05.2011.

zenmüller (GMF) und von Markus Kaim (SWP), der sich über die
Jahre als einer der schärfsten Kritiker der Kultur der militärischen
Zurückhaltung hierfür wohl besonders ›qualifiziert‹ hatte. Bereits
2012 schrieb er: »In der Bezugnahme auf eine Kultur der Zurückhaltung spiegelt sich das außenpolitische Selbstverständnis der alten
Bundesrepublik bis 1990 wieder. [...] Aber die Rahmenbedingungen haben sich geändert: Wir haben es heute nicht mehr mit Konflikten wie während des Kalten Krieges zu tun, sondern in der Regel
mit ganz unterschiedlichen innerstaatlichen Konflikten.«[49]

Das Projekt »Neue Macht – Neue Verantwortung« versammelte
nach Eigenangaben zwischen November 2012 und September 2013
etwa 50 »außen- und sicherheitspolitische Fachleute aus Bundestag,
Bundesregierung, Wissenschaft, Wirtschaft, Stiftungen, Denkfabri-
ken, Medien und Nichtregierungsorganisationen.«[50] Sie erarbeiteten
ein gleichnamiges im September 2013 veröffentlichtes Dokument,
dessen Bedeutung nur schwer überschätzt werden kann: »Organisation, Finanzierung und Zusammensetzung dieses Kreises machen
die Stellungnahme zu einem hochoffiziellen Papier, mit dem sicht-
bar ein parteienübergreifender Konsens in den außenpolitischen
Vorstellungen der politischen Klasse hergestellt und dokumentiert
werden sollte.«[51]

Insofern verwundert es auch nicht, dass die in diesem Rahmen formulierten Ziele und Ambitionen die künftige Politik entscheidend prägen sollten.[52] Gefordert wurde nicht weniger als »eine

---

49   Deutschlands Politik der Zurückhaltung, Deutsche Welle, 05.03.2013.

50   Neue Macht – Neue Verantwortung. Elemente einer deutschen Außen- und
     Sicherheitspolitik für eine Welt im Umbruch, SWP/GMF, September 2013
     (zit. als NMNV 2013).

51   Paech, Norman: Für Frieden und Kooperation. Zum SWP/GMF-Papier
     »Neue Macht – Neue Verantwortung«, o. O.,14.01.2014.

52   Siehe für eine Analyse des Papiers u. a. Deppe, Frank: Imperialer Realismus:
     Deutsche Außenpolitik: Führungsmacht in »Neuer Verantwortung«, Ham-
     burg 2014; Kronauer, Jörg: Allzeit bereit. Die neue deutsche Weltpolitik und
     ihre Stützen, Köln 2015; Wagner, Jürgen: Deutschlands (neue) Großmacht-
     ambitionen, IMI-Studie 2015/02.

neue Definition deutscher Staatsziele«,[53] wobei sich an vorderster
Stelle die Forderung wie ein roter Faden durch das Dokument zog,
Deutschland müsse endlich beherzt eine Weltmachtposition anstreben. Hierfür sei es aber wiederum erforderlich, mehr – explizit auch
militärische – Verantwortung in der Welt zu übernehmen und die
Kultur der militärischen Zurückhaltung abzustreifen: »Deutschland
war noch nie so wohlhabend, so sicher und so frei wie heute. Es hat
– keineswegs nur durch eigenes Zutun – mehr Macht und Einfluss
als jedes demokratische Deutschland vor ihm. Damit wächst ihm
auch neue Verantwortung zu. […] Das verlangt mehr militärischen
Einsatz und mehr politische Führung.«[54]

Das Projekt wurde extra so terminiert, dass es in die Überlegungen der nächsten Bundesregierung einfließen konnte. Und angesichts von Berichten über die Verhandlungen um den im November
2013 abgeschlossenen schwarz-roten Koalitionsvertrag schien dies
auch umfassend gelungen zu sein. Bei allen Differenzen sei eine Sache unstrittig gewesen, hieß es damals in der Presse: »Einig waren
sich Union und SPD aber tatsächlich immer dann, wenn es darum
ging, die Doktrin des amtierenden Außenministers Guido Westerwelle (FDP) zu beerdigen. So ist die von Westerwelle am häufigsten
zitierte Formulierung des alten Koalitionsvertrages, man lasse sich
bei militärischen Interventionen von einer ›Kultur der Zurückhaltung‹ leiten, im neuen Vertrag nicht mehr enthalten.«[55]

Damit war der Paradigmenwechsel eigentlich vollzogen, es
brauchte nun aber noch jemanden, der ihn der Öffentlichkeit verkaufen konnte. Diese Person war mit dem ohnehin extrem militäraffinen
damaligen Bundespräsidenten Joachim Gauck auch schnell gefunden. Darüber hinaus existierte mit Thomas Kleine-Brockhoff, dem
vormaligen Leiter des German Marshall Fund, eine direkte personelle
Verbindung zwischen dem Projekt »Neue Macht – Neue Verantwor-

---

53   NMNV 2013, S. 5.
54   Ebd., S. 2 und 43.
55   Union und SPD beerdigen Westerwelles Doktrin, Die Welt, 19.11.2013.

tung« und dem Bundespräsidenten, der ihn im Sommer 2013 als neu-
en Leiter seiner Stabsstelle Planung und Reden verpflichtete.[56] Es liegt
demzufolge mehr als nahe, hierin den Grund zu vermuten, dass der
Projektbericht faktisch als Blaupause für Gaucks viel beachtete Rede
fungierte, für die er die Münchner Sicherheitskonferenz Anfang 2014
zusammen mit Ursula von der Leyen (Verteidigungsministerin) und
Frank-Walter Steinmeier (Außenminister) als Bühne nutzte.

Alle drei sangen dort vom selben Blatt Papier, das zuvor im Projekt »Neue Macht – Neue Verantwortung« beschrieben worden war:
»Deutschland ist zu groß, um Weltpolitik nur von der Außenlinie zu
kommentieren«, wusste Steinmeier.[57] Und von der Leyen verkündete: »Wenn wir über die Mittel und Fähigkeiten verfügen, dann haben
wir auch eine Verantwortung, uns zu engagieren.«[58] Beim Auftritt
Gaucks wurden teils sogar wortgleich Teile aus dem Papier »Neue
Macht – Neue Verantwortung« übernommen: »Deutschland ist
überdurchschnittlich globalisiert und profitiert deshalb überdurchschnittlich von einer offenen Weltordnung – einer Weltordnung, die
Deutschland erlaubt, Interessen mit grundlegenden Werten zu ver-
binden. […] Die Beschwörung des Altbekannten wird künftig nicht
ausreichen! Die Kernfrage lautet doch: Hat Deutschland die neuen
Gefahren und die Veränderungen im Gefüge der internationalen
Ordnung schon angemessen wahrgenommen? Reagiert es seinem
Gewicht entsprechend? […] Ich meine: Die Bundesrepublik sollte
sich als guter Partner früher, entschiedener und substantieller einbringen. […] Manchmal kann auch der Einsatz von Soldaten erforderlich sein. […] Auch wer nicht handelt, übernimmt Verantwortung. Es ist trügerisch sich vorzustellen, Deutschland sei geschützt

---

56   Kleine-Brockhoff wird Gaucks Planungschef, Süddeutsche Zeitung,
      18.07.2013. Als erster hatte Clemens Ronnefeldt vom Versöhnungsbund auf
      diese Verbindung hingewiesen.

57   Rede von Außenminister Frank-Walter Steinmeier anlässlich der 50. Münch-
      ner Sicherheitskonferenz, München, 01.02.2014.

58   Rede von Verteidigungsministerin Ursula von der Leyen, anlässlich der 50.
      Münchner Sicherheitskonferenz, München, 31.01.2014.

vor den Verwerfungen unserer Zeit – wie eine Insel. Denn Deutschland ist so tief verwoben mit der Welt wie wenige andere Staaten. Somit profitiert Deutschland besonders von der offenen Ordnung der Welt. Und es ist anfällig für Störungen im System. Eben deshalb können die Folgen des Unterlassens ebenso gravierend wie die Folgen des Eingreifens sein – manchmal sogar gravierender.«[59]

Die im schlechtesten Sinne richtungsweisende Grundbotschaft seiner Rede wurde folgendermaßen treffend zusammengefasst: »Was Gaucks Rede […] so problematisch macht, ist die Tatsache, dass sie sich einfügt in den konzertierten Versuch, einen Paradigmenwechsel in der deutschen Außenpolitik herbeizuführen. Und zwar in zweierlei Hinsicht: erstens den Wechsel von einer Kultur der Zurückhaltung zu einer ›Kultur der Kriegsfähigkeit‹ (Josef Joffe), und zweitens den Wechsel von einer Kultur der Werte zu einer Kultur der Interessen.«[60]

Die nahezu parallel mit Abschluss des Projektes »Neue Macht – Neue Verantwortung« einsetzende erste Eskalation in der Ukraine lieferte dann den Anlass, um die neuen militärischen Führungsansprüche umgehend umzusetzen. Rückblickend äußerte sich die damalige Verteidigungsministerin von der Leyen: »Angesichts seiner politischen Rolle und Relevanz und angesichts seines ökonomischen Gewichtes kann Deutschland nicht am scharfen Ende beiseite stehen und die anderen machen lassen, sondern ist verpflichtet, selber auch mehr Verantwortung auf seine Schultern zu nehmen. […] Dieses gemeinsame Credo damals 2014 hier in München hat für Furore gesorgt, und es wird heute oft als der ›Münchner Konsens‹ bezeichnet. Wir ahnten nicht, wie schnell wir auf Herz und Nieren geprüft werden würden.«[61]

---

59   Gauck, Joachim: »Deutschlands Rolle in der Welt: Anmerkungen zu Verantwortung, Normen und Bündnissen«, München, 31.01.2014.

60   Lucke, Albrecht von: Der nützliche Herr Gauck, in: Blätter für deutsche und internationale Politik, Nr. 2/2014, S. 5-8, S. 6.

61   Leyen, Ursula von der: Wir haben die Verantwortung, uns zu engagieren, zur debatte 1/2017, S. 1-5, S. 1.

2.
Interessen – Macht – Rüstung – Industrie

Es bleibt natürlich die Frage nach den Aufgaben des so eifrig auf- und umgebauten deutschen Militärapparates. Getrost beiseitelassen kann man dabei die Bilder vom Brunnenbau in Uniform oder von humanitären Interventionen. Sie waren seinerzeit erforderlich, um die Ausrichtung auf Auslandseinsätze moralisch zu bemänteln, spielen aber nun bereits seit einigen Jahren im Diskurs so gut wie keine Rolle mehr. Im Kern wurde dabei im Projekt »Neue Macht – Neue Verantwortung« ein Interessensbündel formuliert, das bis heute handlungsleitend ist: Erstens strebt Deutschland eine Weltmachtposition an, ist aber auch bereit, hierfür größere militärische Beiträge zum ›Schutz‹ von Kernstrukturen der Weltwirtschaftsordnung beizusteuern; hierfür ist es zweitens zwingend auf die Europäische Union als Kraftverstärker angewiesen, in der sie ebenfalls eine Führungsposition beansprucht; drittens wird dem weiteren Bündnis mit den USA der Vorzug gegenüber anderen denkbaren Konstellationen gegeben, möglichst bei einer Aufwertung des eigenen Einflusses; und viertens können all diese Führungsansprüche und Ambitionen nur auf Grundlage einer hochgerüsteten Armee mitsamt einer starken heimischen (und teils europäisierten) Rüstungsindustrie erreicht werden. Was besonders den letzten Punkt anbelangt, so wird der machtpolitische ›Wert‹ des Militärs auch in linken Kreisen recht häufig unterschätzt, indem seine Funktion zu oft auf die reichlich profane Durchsetzung sehr konkreter Interessen wie der Kontrolle von Seewegen oder der Aneignung von Rohstoffen reduziert wird. Den deutlich darüber hinausgehenden machtpolitischen ›Nutzen‹ von Streitkräften erklärte vor Jahren bereits der damalige Leiter der

EU-Verteidigungsagentur, Nick Witney, damit, sie würden »ein notwendiges Instrument von Macht und Einfluss in einer sich schnell verändernden Welt darstellen, in der Armeen immer noch wichtig sind.«[62]

2.1
Systemadministration: Rohstoffe und Handelswege

Selbstverständlich spielen ganz konkrete Interessen ebenfalls weiter eine wichtige Rolle, schließlich war bereits in den »Verteidigungspolitischen Richtlinien« des Jahres 1992 die Rede davon, die Bundeswehr müsse für die »Aufrechterhaltung des freien Welthandels und des ungehinderten Zugangs zu Märkten und Rohstoffen in aller Welt im Rahmen einer gerechten Weltwirtschaftsordnung« Sorge tragen.[63]

Seither gehören die militärische Rohstoffsicherung und die Kontrolle von Handelswegen für die Exportnation Deutschland zum festen und prominenten Aufgabenspektrum der Bundeswehr. Im Weißbuch der Bundeswehr von 2006 hieß es etwa: »Deutschland, dessen wirtschaftlicher Wohlstand vom Zugang zu Rohstoffen, Waren und Ideen abhängt, hat ein elementares Interesse an einem friedlichen Wettbewerb der Gedanken, an einem offenen Welthandelssystem und freien Transportwegen.« Deutschland sei »in hohem Maße von einer gesicherten Rohstoffzufuhr und sicheren Transportwegen in globalem Maßstab abhängig. [...] Von strategischer Bedeutung für die Zukunft Deutschlands und Europas ist eine sichere, nachhaltige und wettbewerbsfähige Energieversorgung. [...] Energiefragen werden künftig für die globale Sicherheit eine immer wichtigere Rolle spielen.« Aus diesem Grund »muss die Sicherheit der Energieinfrastruktur gewährleistet werden.«[64]

---

62   Witney, Nick: How to stop the demilitarization of Europe, European Council on Foreign Relations, Policy Brief 40, November 2011, S. 1.

63   Bundesministerium der Verteidigung: Die Verteidigungspolitischen Richtlinien von 1992, Bonn, 26.11.1992.

64   Weißbuch der Bundeswehr 2006, S. 17f.

In der Öffentlichkeit wurden allerdings lange etwas leisere Töne
angeschlagen, bekanntlich musste zum Beispiel der damalige Bundespräsident Horst Köhler im Mai 2010 für die Aussage seinen Hut
nehmen, dass ein »militärischer Einsatz notwendig ist, um unsere
Interessen zu wahren, zum Beispiel freie Handelswege.«[65] Wenige
Monate später, im November 2010, fragte sich der seinerzeitige Verteidigungsminister Karl-Theodor zu Guttenberg, »was so verwegen
an dieser Aussage war«, und forderte »offen und ohne Verklem-
mung«[66] über Militäreinsätze zugunsten wirtschaftlicher Interessen
zu diskutieren. Der zu erwartende Aufschrei der Entrüstung blieb
jedoch aus, gefeuert wurde zu Guttenberg dann wegen Plagiaten in
seiner Dissertation. Sein Nachfolger, Thomas de Maizière, leitete im
Mai 2011 eine nochmalige rhetorische Verschärfung ein: »Eigentlich sollte es inzwischen eine Selbstverständlichkeit sein, dass wir
uns über unsere nationalen Interessen im Klaren sind und sie offen
vertreten. [...] Unsere nationalen Sicherheitsinteressen ergeben sich
aus unserer Geschichte, unserer geografischen Lage, den internationalen Verflechtungen unseres Landes und unserer Ressourcen-
abhängigkeit als Hochtechnologieland und rohstoffarme Exportnation. [...] Das beinhaltet auch den Einsatz von Streitkräften.«[67]
Fast genauso klingen dann auch die zeitgleich zu den Umbauplänen
der Bundeswehr am 18. Mai 2011 neu erlassenen Verteidigungspolitischen Richtlinien: »Freie Handelswege und eine gesicherte Roh-
stoffversorgung sind für die Zukunft Deutschlands und Europas
von vitaler Bedeutung. Die Erschließung, Sicherung von und der
Zugang zu Bodenschätzen, Vertriebswegen und Märkten werden
weltweit neu geordnet. Verknappungen von Energieträgern und anderer für Hochtechnologie benötigter Rohstoffe bleiben nicht ohne

---

65 Horst Köhler im Gespräch mit Christopher Ricke, Deutschlandradio Kultur,
     22.05.2010.

66 Guttenberg stützt umstrittene Köhler-These, Focus Online, 09.11.2010.

67 Regierungserklärung des Bundesministers der Verteidigung, Dr. Thomas de
     Maizière, zur Neuausrichtung der Bundeswehr vor dem Deutschen Bundes-
     tag am 27. Mai 2011 in Berlin.

Auswirkungen auf die Staatenwelt. Zugangsbeschränkungen können konfliktauslösend wirken. Störungen der Transportwege und
der Rohstoff- und Warenströme, z. B. durch Piraterie und Sabotage
des Luftverkehrs, stellen eine Gefährdung für Sicherheit und Wohlstand dar. Deshalb werden Transport- und Energiesicherheit und
damit verbundene Fragen künftig auch für unsere Sicherheit eine
wachsende Rolle spielen.«[68]

Im aktuellsten Weißbuch der Bundeswehr aus dem Jahr 2016
finden sich schließlich Sätze wie diese: »Prosperität unseres Landes
und Wohlstand unserer Bürgerinnen und Bürger hängen auch künftig wesentlich von der ungehinderten Nutzung globaler Informati-
ons-, Kommunikations-, Versorgungs-, Transport- und Handelsli-
nien sowie von einer gesicherten Rohstoff- und Energiezufuhr ab.
[...] Angesichts der Vielzahl potenzieller Ursachen und Angriffszie-
le muss Deutschland mit seinen Verbündeten und Partnern flexibel
Elemente seines außen- und sicherheitspolitischen Instrumenta-
riums einsetzen, um Störungen oder Blockaden vorzubeugen oder
diese zu beseitigen.«[69]

Allerdings dürfen derlei Sätze nicht zu eng ausgelegt werden:
Generell geht es darum, ein für bestimmte Akteure in Deutschland
(und in anderen Ländern) extrem profitables neoliberales Wirtschaftssystem gegen ›Bedrohungen‹ abzusichern. Auch im Projekt
»Neue Macht – Neue Verantwortung« wurde ein derartiges, deutlich
umfassenderes Verständnis für das Aufgabenspektrum der Bundes-

---

68 Verteidigungspolitische Richtlinien: Nationale Interessen wahren – Internationale Verantwortung übernehmen – Sicherheit gemeinsam gestalten, Berlin, 18.05.2011, S. 4f.

69 Weißbuch zur Sicherheitspolitik und zur Zukunft der Bundeswehr 2016,
S. 41. Auch schon im Projekt »Neue Macht – Neue Verantwortung« wurde
die militärische Kontrolle von Versorgungswegen mit einer Selbstverständlichkeit erwähnt, die heute Usus ist: »Deutschlands Streitkräfte [...] bleiben
notwendig für die Landes- und Bündnisverteidigung; sie helfen, Krisen vorzubeugen sowie Konflikte einzudämmen und zu beenden; sie beteiligen sich
an der Sicherung von Versorgungswegen; und sie retten notfalls deutsche
Staatsbürger im Ausland.« (NMNV 2013, S. 40)

wehr an den Tag gelegt: »Wenn Deutschland die eigene Lebensweise erhalten und schützen will, muss es sich folglich für eine friedliche und regelbasierte Weltordnung einsetzen; mit allen legitimen
Mitteln, die Deutschland zur Verfügung stehen, einschließlich, wo
und wenn nötig, den militärischen. […] Deutschland profitiert wie
kaum ein anderes Land von der Globalisierung und der friedlichen,
offenen und freien Weltordnung, die sie möglich macht. Gleichzeitig ist Deutschland aber auch besonders abhängig vom Funktionieren dieser Ordnung. Es ist damit auf besondere Weise verwundbar
und anfällig für die Folgen von Störungen im System.«[70]

Wo es »Störungen« gibt, gibt es auch »Störer« (genannt werden
u. a. Venezuela und Mali) der »regelbasierten Ordnung«, gegen die
mit allen, auch militärischen, Mitteln vorgegangen werden müsse,
so die Schlussfolgerung in »Neue Macht – Neue Verantwortung«:
»Da aber, wo Störer die internationale Ordnung in Frage stellen; wo
sie internationale Grundnormen […] verletzen; wo sie Herrschafts-
ansprüche über Gemeinschaftsräume oder die kritische Infrastruktur der Globalisierung geltend machen oder gar diese angreifen; wo
mit anderen Worten Kompromissangebote oder Streitschlichtung
vergeblich sind: Da muss Deutschland bereit und imstande sein,
zum Schutz dieser Güter, Normen und Gemeinschaftsinteressen im
Rahmen völkerrechtsgemäßer kollektiver Maßnahmen auch militärische Gewalt anzuwenden oder zumindest glaubwürdig damit drohen zu können.«[71]

2.2
Systemkonkurrenz: Neoliberalismus vs. Staatskapitalismus

Dem Erhalt der »Lebensweise« und des sie begünstigenden »Systems« kommt also oberste Priorität zu. Gefahren drohen hier laut
»Neue Macht – Neue Verantwortung« nicht nur von »Störern«, sondern auch von »Herausforderer« (Russland und China), über die

---

70   Ebd., S. 38 und 3.
71   Ebd., S. 17.

nachzulesen ist: »Deshalb wird es in Deutschlands Beziehungen zu den neuen wirtschaftlichen und politischen Kraftzentren der Welt unweigerlich auch zu Konkurrenz und Konflikten kommen: um Einfluss, um den Zugang zu Ressourcen, aber auch um die Architektur der internationalen Ordnung sowie um die Geltung der Normen, die ihr zugrunde liegen. [...] Manche Herausfordererstaaten könnten in diesem Prozess zu echten Partnern für Deutschland werden; vorstellbar ist aber auch, dass manche sich für die Konfrontation entscheiden.«[72]

Lange sonnten sich die USA und in ihrem Gefolge auch ihre Verbündeten recht unangefochten an der Spitze der internationalen Machthierarchie. Allerdings bröckelt diese Vorherrschaft inzwischen erheblich und es ist vor allem China, das ein beachtliches Wirtschaftswachstum vorweisen kann: Während der kaufkraftbereinigte Anteil des Landes am globalen Bruttoinlandsprodukt (BIP) laut *Statista* von 2,27 % (1980) auf 18,56 % (2020) in die Höhe schnellte, schrumpfte der US-Anteil am BIP-Kuchen von 21,41 % (1980) auf 15,98 % (2020). Noch ausgeprägter fiel der Rückgang bei der Europäischen Union aus, die von 26,02 % (1980) auf 14,90 % (2020) abstürzte. Deutschland rangierte hier 2020 weltweit auf Platz 5 (3,32 %), dicht gefolgt von Russland auf Platz 6 (3,07 %).

Vor allem seit mit Beginn der Wirtschafts- und Finanzkrise ab 2008 das neoliberale westliche Wirtschaftsmodell immer offener in Frage gestellt wird, werden die Herausforderer als eine immer ernstere Bedrohung empfunden. Zu dieser Zeit nahmen auch die Warnungen vor einem Neuen Kalten (und womöglich sogar heißen) Krieg mit Russland und China deutlich zu – und ebenso die Forderungen, sich hierfür zu rüsten. Die Frage ist, weshalb?

Am häufigsten werden hier drei Erklärungsansätze bemüht – prominent wurde in den letzten Jahren unter anderem die »Thukydides-Falle«, derzufolge gravierende Machtverschiebungen, wie wir sie derzeit erleben, historisch fast immer in einen Krieg zwischen

---

72 Ebd., S. 33.

Großmächten mündeten.[73] Über die eigentlichen Ursachen und besonders darüber, weshalb in manchen Fällen Kriege auch ausblieben, ist damit aber noch nicht allzu viel gesagt. Hier springt eine zweite Position ein, nämlich dass es sich bei dem Neuen Kalten Krieg um eine Systemkonkurrenz unterschiedlicher Regierungsformen handele, um einen epischen Kampf zwischen »gut« (Demokratien) und »böse« (Autokratien), wie gerne suggeriert wird. Prominent argumentierte beispielsweise der US-amerikanische ehemalige Regierungsberater Robert Kagan bereits 2008 in seinem Buch »Die Demokratie und ihre Feinde« folgendermaßen: »Die alte Rivalität zwischen Liberalismus und Autokratie ist neu entflammt, und die Großmächte der Welt beziehen entsprechend ihrer Regierungsform Position. […] Die Geschichte ist zurückgekehrt, und die Demokratien müssen sich zusammentun, um sie zu gestalten – sonst werden andere dies für sie tun.«[74]

Als treibende Kraft erweist sich tatsächlich eine Systemkonkurrenz, aber es ist die zwischen neoliberalen und staatskapitalistischen Ordnungsvorstellungen, wie eine dritte Auslegung nahelegt, die am plausibelsten erscheint. Denn dass Russland, vor allem aber China weltweit überaus erfolgreich mit einem Modell aufwarten, das als fundamentaler Angriff auf die ordnungspolitischen Präferenzen des Westens bewertet wird, dürfte den eigentlichen Kern für die sich immer weiter verschärfenden Großmachtkonflikte darstellen.[75]

Es handele sich um eine Auseinandersetzung »zweier völlig unvereinbarer Systeme«, urteilte der US-Publizist Ian Bremmer bereits Anfang der 2010er Jahre. Unter dem von ihm verabscheuten Staats-

---

73   Allison, Graham: Destined for War: Can America and China Escape Thucydides's Trap? Harcourt 2017. Siehe für eine vernichtende Kritik an Allisons Thukydides-Interpretation Kirshner, Jonathan: Handle Him with Care: The Importance of Getting Thucydides Right, in: Security Studies, Nr.1/2019, S. 1-24.

74   Robert Kagan: Die Demokratie und ihre Feinde, Bonn 2008, S. 7.

75   Siehe für eine historisch angelegte systematische Untersuchung der Auseinandersetzungen in diesem Zusammenhang Pijl, Kees van der: Global Rivalries, London 2006.

kapitalismus sei zwar keine einzelne in sich »schlüssige politische Ideologie« zu verstehen, sondern vielmehr ein »Satz von Prinzipien«. Dazu würde aber gehören, dass wirtschaftliches Handeln den »politischen Machthabern Rechenschaft schuldig« sei, was sich zu einer »fundamentalen Herausforderung für die Zukunft der freien Märkte« entwickeln könnte.[76] Nicht von ungefähr prognostizierten die US-Geheimdienste bereits am Anfang der Wirtschafts- und Finanzkrise 2008 – erstmals offiziell – einen rapiden Machtverlust von USA und EU, der zwangsläufig mit schweren, möglicherweise gewaltsam ausgetragenen Konflikten mit den Aufsteigern, vor allem mit China und Russland,[77] einhergehen werde. Als Grund nannte schon der Bericht »Global Trends 2025« die vollkommen inkompatiblen ordnungspolitischen Prämissen beider Seiten: »Zum großen Teil folgen China, Indien und Russland nicht dem westlichen liberalen Entwicklungsmodell, sondern benutzen stattdessen ein anderes Modell: ›Staatskapitalismus‹. Staatskapitalismus ist ein loser Begriff, der ein Wirtschaftssystem beschreibt, das dem Staat eine prominente Rolle einräumt. […] Statt die westlichen Modelle politischer und ökonomischer Entwicklung nachzuahmen, könnten sich viele Länder von Chinas alternativem Entwicklungsmodell angezogen fühlen.«[78]

Zu ganz ähnlichen Ergebnissen gelangte in Deutschland der Bundesnachrichtendienst (BND), der mit der Anfertigung einer Studie zu den Auswirkungen der Wirtschafts- und Finanzkrise auf die globalen Machtverhältnisse beauftragt worden war, die den deutschen Eliten als Orientierungshilfe für das künftige Handeln dienen sollte. Aus der einzig öffentlich zugänglichen Auswertung

---

76 Bremmer, Ian: Das Ende des freien Marktes, München 2011, S. 20 und 83f.

77 Womöglich ist es gewagt, Russland als »Aufsteiger« zu bezeichnen, zumindest gelang es dem Land aber, seinen rasanten Absturz in den 1990er Jahren aufzuhalten und ab den 2000ern wieder machtpolitische Einflussgewinne zu verzeichnen.

78 National Intelligence Council: Global Trends 2025: A Transformed World, November 2008, S. vii; iv.

des vertraulichen BND-Papiers aus dem Jahr 2009 wird klar, wie
weit sich die diesbezüglichen Sichtweisen in den USA und Deutschland überschneiden: »Die Politik sollte sich deshalb nachdrücklich
solchen geostrategischen Krisenabwägungen zuwenden. Denn es ist
offensichtlich, dass derzeit noch längst nicht alle möglichen Auswirkungen der Wirtschaftskrise mitgedacht werden. [Besonders]
betrifft dies das ideologische Ringen zwischen Demokratien und
Autokratien, wer das attraktivere Zukunftsmodell für die Entwicklung von Gesellschaften liefern kann. Eine ganze Generation west-
orientierter Regierungschefs in Entwicklungsländern könnte in die
Defensive geraten, wie ihre Länder trotz schmerzhafter Reformen in
wirtschaftliche Turbulenzen stürzen.«[79]

Wie dominierend derlei Überlegungen hierzulande inzwischen
geworden sind, zeigt schließlich ein Grundsatzpapier des Bundesverbandes der Deutschen Industrie (BDI) vom Januar 2019, das eine
deutliche Verschärfung der deutschen und europäischen Konfron-
tationspolitik gegenüber China einläutete: »China entwickelt sich
strukturell kaum mehr in Richtung Marktwirtschaft und Liberalismus, sondern ist im Begriff, sein eigenes politisches, wirtschaftliches und gesellschaftliches Modell zu verwirklichen. […] Chinas
staatlich geprägtes Wirtschaftssystem steht in vielen Punkten im
Widerspruch zu den liberalen und sozialen marktwirtschaftlichen
Prinzipien der EU und vieler anderer Länder. Während für Europa
der Markt das zentrale Ordnungsprinzip der Wirtschaft ist, scheint
China Marktmechanismen als punktuell und graduell einsetzbare
Mittel zu betrachten. […] Zwischen unserem Modell einer liberalen,
offenen und sozialen Marktwirtschaft und Chinas staatlich gepräg-
ter Wirtschaft entsteht ein Systemwettbewerb.«[80]

---

79   Rinke, Andreas: Metamorphose der Geopolitik. Wie die Finanzkrise das
     internationale Kräfteverhältnis verändert, in: Internationale Politik, Juni
     2009, S. 38-43, S. 43.

80   China – Partner und systemischer Wettbewerber. Wie gehen wir mit Chinas
     staatlich gelenkter Volkswirtschaft um? BDI-Grundsatzpapier China, Januar
     2019.

Hier dürfte die Ursache liegen, weshalb dieser Systemkonflikt immer erbitterter ausgefochten wird. Wenn der Westen dabei darauf pocht, er verteidige lediglich die »regelbasierte internationale Ordnung«, die zunehmend unter Beschuss stehe, so wird dabei wie erwähnt stets suggeriert, man setze sich für Demokratie und (Menschen-)Rechte ein. Tatsächlich geht es aber um die Aufrechterhaltung der Strukturen, die den Erhalt der im System eingeschriebenen Hierarchie- und Ausbeutungsstrukturen gewährleisten sollen. So zumindest ist die Sichtweise auf Seiten der Herausforderer, die durchaus nachvollziehbar ist – ohne dass diese aber aus linker Sicht zwangsweise ein progressives Gegenmodell anbieten würden. Sergei Karaganov, der als enger Berater des russischen Präsidenten Wladimir Putin gilt, jedenfalls schrieb etwa: »Die Krise von 2008 hatte neben anderen Dingen gezeigt, dass das westliche Wirtschaftsmodell nicht in der Lage ist, mit fairer Konkurrenz umzugehen, wenn es nicht durch militärische Vorherrschaft abgesichert ist. Von der liberalen Handels- und Wirtschaftsordnung profitierten vornehmlich diejenigen, die ihre Regeln auf Grundlage ihrer militärischen und maritimen Überlegenheit entworfen haben, zuerst das Vereinigte Königreich, dann die Vereinigten Staaten. Ihre überlegenen Waffen und Kriegsschiffe machten es neben einer effizienten militärischen Organisation möglich, Kolonien auszuplündern und Handelsregeln zu diktieren. Das plastischste Beispiel hierfür ist die Reihe von Kriegen im 19. Jahrhundert, die China zwangen, sich am Opiumhandel mit Britisch Indien zu beteiligen, der sich für Großbritannien als überaus erfolgreich erwies, aber große Teile der chinesischen Gesellschaft vergiftete und ihren Ruin beschleunigte.«[81]

Mitte Juli 2022 meldeten sich schließlich eine ganze Reihe namhafter deutscher Sicherheitspolitiker*innen in der *FAZ* mit einer »Stellungnahme deutscher oder in Deutschland tätiger Strategieexpertinnen und -experten« zu Wort, die die verhärteten Fronten und

---

81   Karaganov, Sergei/Suslov, Dmitry: A new world order: A view from Russia, in: Russia in Global Affairs, 04.10.2018.

Konfliktlinien noch einmal deutlich unterstrich: »Russlands Vorgehen stellt den ordnungspolitischen Gegenentwurf zur Europäischen
Union dar, deshalb ist das, was in der Ukraine geschieht, für uns
nicht einfach ein bilateraler Konflikt, sondern es geht auch um unsere freiheitliche Ordnung und um unsere Sicherheit. […] Der Angriff
Russlands auf die Ukraine muss auch zu einer Neubewertung der
globalen Prioritäten führen. Dieser Angriff und die kaum verhüllte
Sympathie Chinas für die Position Russlands lassen erkennen, dass
wir uns in einer Phase befinden, wo sich die demokratischen Staaten
einer Allianz machtvoller autoritärer Regime gegenübersehen, die
die freiheitliche, regelbasierte und auf der Zusammenarbeit bei der
Lösung globaler Probleme beruhende internationale Ordnung beseitigen wollen.«[82]

2.3
USA: Partner und Rivale

Wo es »Störer« und »Herausforderer« gibt, da gibt es selbstverständlich auch »Partner«. Im Projekt »Neue Macht – Neue Verantwortung« wurde die diesbezüglich unter den deutschen Entscheidungsträger*innen wohl dominierende Sichtweise zusammengefasst,
indem hier zuallererst die Europäische Union genannt wurde. Sie
wird als unverzichtbarer Kräftemultiplikator deutscher Machtambi-
tionen erachtet, in ihr wird aber auch selbstbewusst eine Führungsrolle für sich reklamiert: »Erst die wirtschaftliche und politische
Integration hat den Staaten Europas im Verbund das internationale
Gewicht verliehen, das auch die Großen des Kontinents allein nicht
mehr auf die Waagschale bringen. […] Deutschland wird hier [in
der EU] öfter und entschiedener führen müssen.«[83]
    Als zweitwichtigster Partner gelten weiterhin, allen gelegent-
lichen Verstimmungen zum Trotz, bis auf weiteres die Vereinigten

---

82   Stellungnahme deutscher oder in Deutschland tätiger Strategieexpertinnen
      und -experten zur deutschen Politik angesichts des Ukraine-Krieges, FAZ,
      14.07.2022 (ungekürzte Variante u. a. beim ISPK).
83   NMNV 2013, S. 20.

Staaten. Allerdings gelte es, den USA militärisch stärker unter die Arme zu greifen: »Europa und Deutschland müssen daher Formate für NATO-Operationen entwickeln, bei denen sie weniger auf US-Hilfe angewiesen sind.«[84] Gleichzeitig kommen diese ›Hilfsangebote‹ nicht ohne den Hintergedanken daher, dass damit gleichzeitig eine machtpolitische Aufwertung im transatlantischen Bündnis einhergehen müsse. Einerseits sei die NATO ein »einzigartiger Kräfteverstärker für deutsche sicherheitspolitische Interessen«, bei der Frage des künftigen Kurses müsse die Bundesrepublik andererseits – aufgrund ihrer gestiegenen militärischen Beiträge – ihren »gewachsenen Einfluss nutzen, um diese künftige Ausrichtung mit zu gestalten.«[85]

Tatsächlich ist ein baldiger Bruch mit den USA derzeit kaum vorstellbar, da deren militärische Fähigkeiten für die heraufziehenden Großmachtauseinandersetzungen kurz- bis mittelfristig kaum zu kompensieren wären.[86] Ein Ausbau der europäischen militärischen Fähigkeiten gilt nichtsdestotrotz als unabdingbar. Offiziell dient hier meist das Argument, dies sei erforderlich, weil sich die USA stärker auf China und die indo-pazifische Region konzentrieren wollten. Etwas leiser, aber dennoch vernehmbar geht damit aber auch der besagte Anspruch einher, die Einflussverteilung im Bündnis zu den eigenen Gunsten zu verschieben. Josef Braml, Leiter des Amerika-Programms der Deutschen Gesellschaft für Auswärtige Politik (DGAP), fasste die derzeit in diesem Zusammenhang meist unter dem Begriff einer »Strategischen Autonomie« zusammengefassten Ziele und Überlegungen im Sommer 2022 noch einmal prägnant zusammen: »Doch die Interessen Deutschlands sind nicht immer identisch oder kompatibel mit denen anderer Staaten, auch

---

84 Ebd., S. 43.

85 Ebd., S. 42f.

86 Allerdings existieren hier auch einige prominente Ausnahmen, die der Auffassung sind, die Europäer wären auch ohne die USA ›bestens‹ für eine Auseinandersetzung mit Russland gewappnet. Siehe z. B. Posen, Barry R.: Europe Can Defend Itself, in: Survival, December 2020 – January 2021, S. 7-34.

nicht mit jenen der vermeintlichen Schutzmacht USA. […] Um ihre Interessen zu verteidigen, muss deutsche und europäische Politik ihrerseits die noch vorhandenen eigenen Machtressourcen einsetzen, so sie international Gestaltungskraft zurückgewinnen will. Wenn die Europäische Union ein ›Global Player‹ und nicht Spielball anderer Mächte sein soll, muss allen voran Deutschland seine Außenpolitik auch gegenüber den USA entscheidend korrigieren. Damit ist nicht gemeint, die NATO zu verlassen oder das transatlantische Bündnis aufzukündigen. Beides wäre in der gegenwärtigen Lage sicherheitspolitisches Harakiri. Wohl aber geht es darum, den Weg in Richtung einer von den USA unabhängigen Verteidigungsfähigkeit Europas einzuschlagen, mit dem langfristigen Ziel eines Bündnisses auf Augenhöhe. Das ist kein einfacher Weg und auch kein kurzer. Und es ist auch nicht gesagt, dass wir dafür genügend Zeit bekommen. Denn niemand kann wissen, wann in Washington erneut jemand wie Trump im Weißen Haus sitzt. Aber sollte man es deswegen gar nicht erst probieren?«[87]

Ganz ähnlich beschrieb auch die grüne Außenministerin Annalena Baerbock die Richtung, in die sich aus deutscher Sicht die transatlantischen Beziehungen entwickeln sollen, im Sommer 2022 mit den Worten: »Jetzt ist der Moment da, in dem wir sie schaffen müssen: eine gemeinsame Führungspartnerschaft. […] Und es obliegt meinem Land innerhalb der Europäischen Union, das maßgeblich mit voranzubringen. […] Die EU muss ein stärkerer sicherheitspolitischer Akteur werden, ihre Rüstungsindustrien müssen stärker miteinander verbunden werden, und sie muss in der Lage sein, militärische Missionen durchzuführen, um Regionen in ihrer Nachbarschaft zu stabilisieren.«[88]

---

87 Braml, Josef: Außenpolitische Zeitenwende für Deutschland und Europa. Weltpolitik im Umbruch, in: Politische Studien, Mai-Juni 2022, S. 44-52, S. 48f.

88 In schwierigen Zeiten den transatlantischen Moment nutzen – unsere gemeinsame Verantwortung in einem neuen globalen Umfeld, Rede von Außenministerin Annalena Baerbock an der New School, New York, 02.08.2022.

Vor diesem Hintergrund lohnt sich ein Blick auf eine Studie der wichtigsten EU-eigenen Denkfabrik, dem Institute for Security Studies (ISS), um die europäischen Rüstungsanstrengungen mit Blick auf das Verhältnis zu den USA und die Substanz der anvisierten Strategischen Autonomie besser einordnen zu können. Sie unterscheidet drei mögliche »Autonomieformen«, die hier etwas salopp mit »Anbiederung«, »Rückversicherung« und »Gegenmachtbildung« beschrieben werden.

Anbiederung umschreibt den Aufbau umfassender operativer Kapazitäten zur maximalen Unterstützung von NATO und USA, aber ohne politische oder industrielle Unterfütterung – gekauft würde primär »von der Stange« und das heißt bei den USA: »Autonome Einsatzfähigkeiten und autonome industrielle Kapazitäten müssen nicht miteinander verknüpft sein. Aus dieser Warte ist die Leistung von Verteidigungsgütern entscheidender als ihre Herkunft.«[89]

Bei der *Rückversicherung* hingegen würden bereits substantiell von der NATO abgekoppelte Kapazitäten aufgebaut, allerdings (noch) nicht mit dem Ziel einer Gegenmachtbildung, durchaus aber als Grundlage, um im Falle einer schweren Krise möglichst schnell in eine Vollautonomie übergehen zu können. Symptome hierfür seien u. a. die weiterhin enge Zusammenarbeit mit der NATO bei gleichzeitigem Aufbau autonomer Truppen für Einsätze mittlerer Intensität, einschließlich der Planungs- und Führungsfähigkeiten sowie die kostspielige Stärkung der eigenen rüstungsindustriellen Basis (anstatt deutlich günstiger bei den USA zu kaufen[90]): »Aus diesem Blickwinkel ist das strategische Absicherungsverhalten als eine Art Versicherungspolice für den Fall gedacht, dass sich die Be-

---

89 Fiott, Daniel: Strategic autonomy: towards ›European sovereignty‹ in defence? EUISS, Brief Issue, 12/2018, S, 4.

90 Ein Beispiel hierfür ist die Bewaffnung der Eurodrohne: »Die ferngelenkte Angriffswaffe soll einmal pro System bestehend aus drei Drohnen und einer Bodenstation 355 Millionen Euro kosten, doppelt so viel [wie] das vergleichbare Produkt der US-Konkurrenz, die in der Serienproduktion viele Jahre Vorsprung hat.« (Die Aufrüstung der EU – der lange Weg zu einer gemeinsamen Verteidigungspolitik, www.investigate-europe.eu, März 2022)

Abbildung A: Eigene Darstellung

ziehungen zwischen zwei Akteuren verschlechtern und/oder der
Hegemon seine Sicherheitsgarantien zurückzieht.«[91]

Eine noch einmal ganz andere Dimension wäre dann eine aktive und offensive *Gegenmachtbildung*, die an Merkmalen wie den
vollen planerischen und operativen Kapazitäten für Kriege hoher
und höchster Intensität erkennbar sei. Außerdem wären klare Zeichen in eine solche Richtung eine wie auch immer geartete Europäisierung der französischen Atomwaffen und eine Anhebung der
Militärausgaben auf 2 % des Bruttoinlandsproduktes: »Diese Form
der Autonomie würde weit über die aktuellen sicherheitspolitischen
Planziele hinausgehen und eine signifikante Erhöhung der Verteidigungsausgaben erfordern, einschließlich dem Bedarf jede Form der
Abschreckung für das europäische Territorium zu gewährleisten.«[92]

Zum Zeitpunkt der Veröffentlichung 2018 verortete der Autor,

---

91   Fiott 2018, S. 4.
92   Ebd., S. 6.

Daniel Fiott, die EU irgendwo zwischen Anbiederung und Rückversicherung. Ein Blick in das ranghöchste EU-Dokument der letzten Jahre, den im März 2022 verabschiedeten Strategischen Kompass, zeigt allerdings auch, dass sich aus ihm eine Verlagerung in Richtung einer Teilautonomie (Rückversicherung) herauslesen lässt. Sollten die USA von einer deutlichen Umverteilung der Mächteverhältnisse im transatlantischen Bündnis »auf Augenhöhe« nichts wissen wollen, soll sich hierdurch perspektivisch die Möglichkeit eröffnen, zu einer Vollautonomie und sogar einer möglichen Gegenmachtbildung übergehen zu können. Dies deckt sich auch mit den wesentlichen Bundeswehrplanungen, die bis 2032 noch einen Fokus auf den NATO-Rahmen legen, während es die wesentlichen Vorhaben darüber hinaus – insbesondere die deutsch-französischen Megaprojekte Kampfflugsystem (FCAS) und Kampfpanzer (MGCS) – auch ermöglichen würden, notfalls auf Konfrontationskurs mit Washington zu gehen.

2.4
Die machtpolitische Bedeutung der Rüstungsindustrie

Was im vorherigen Kapitel über das Verhältnis zu den USA bereits anklang, gilt ganz generell auch für die Beziehungen zu anderen Ländern: Umfassende eigenständige militärische Fähigkeiten gelten unter den sogenannten Entscheidungsträger*innen als eine unerlässliche Voraussetzung, um sich insbesondere in der neuen Ära der Großmachtkonkurrenz auf dem internationalen Parkett überhaupt Gehör verschaffen zu können: »Politische Gestaltungskraft ist in der internationalen Politik aber unveränderlich an militärische Stärke gebunden«, so etwa die knappe Einschätzung von Hans-Gert Pöttering, der von 2007 bis 2009 als Präsident des Europäischen Parlaments und danach lange Jahre als Vorsitzender der CDU-nahen Konrad-Adenauer-Stiftung fungierte.[93]

---

93 Pöttering, Hans-Gert: Die EU vor wachsenden Herausforderungen, in: Kaldrack, Gerd F./Pöttering, Hans-Gert (Hg.): Eine einsatzfähige Armee für Europa. Zur Zukunft der Gemeinsamen Sicherheits- und Verteidigungspolitik nach Lissabon, Wiesbaden 2011, S. 46-57, S. 49.

Aus diesem Blickwinkel spielt eine möglichst große militärische Schlagkraft deshalb nicht nur – oder nicht einmal primär – für das Schlachtfeld selbst eine entscheidende Rolle. Vielmehr handelt es sich dabei auch um die zentrale Währung, die den Aufstieg in die Riege der Großmächte und die Durchsetzung der eigenen Interessen auf allen möglichen Feldern überhaupt erst ermöglicht: »Das Recht des Stärkeren war und ist [...] ein wesentlicher Aspekt des zwischengesellschaftlichen Verkehrs. Macht und Einfluss in internationalen Organisationen hängen hiervon entscheidend ab. Militärische Stärke etwa gilt als ›diskrete Hintergrundinformation‹ über die Kräfteverhältnisse.«[94]

An dieser Stelle kommt nun die ›heimische‹ Rüstungsindustrie als machtpolitischer Faktor ins Spiel. Denn der Aufbau und die Aufrechterhaltung einer starken rüstungsindustriellen Basis ist eine überaus kostspielige Angelegenheit. Würde das Ziel also nur darin bestehen, möglichst umfassende militärische Fähigkeiten zu erlangen, wäre es ungleich günstiger, diese im Ausland ›von der Stange‹ zu erwerben. Doch dies schafft Abhängigkeiten, die man so weit als möglich vermeiden möchte. Erich Vad etwa, der über viele Jahre als engster militärpolitischer Berater von Bundeskanzlerin Angela Merkel fungierte, fasste die Überlegungen zum Zusammenhang von Rüstungs- und Machtpolitik folgendermaßen zusammen: »Auch wenn der Einsatz von Militär und Gewalt eine Ultima Ratio des politischen Handelns bleibt, scheint das Vorhalten modern ausgerüsteter Streitkräfte [...] unumgänglich zu sein, um als politischer Akteur auf der internationalen Bühne ernst genommen zu werden. [...] Aber braucht es dazu unbedingt eine nationale Rüstungsindustrie? Kann man nicht wesentlich preiswerter und je nach Bedarf Waffen auf dem internationalen Markt kaufen und wäre dann vor allem nicht gezwungen, Waffen zu exportieren, um die heimische Rüstungsindustrie zu erhalten. [...] Im Falle des Falles ist nicht si-

---

94 Brink, Tobias ten: Geopolitik. Geschichte und Gegenwart kapitalistischer Staatenkonkurrenz, Münster 2008, S. 103. Das Zitat stammt aus einem Artikel von Harald Müller und Niklas Schörnig.

chergestellt, dass ausländische Produzenten liefern, nicht zuletzt auch aus politischen Gründen, die sich ändern können. [...] Der eigene sicherheitspolitische Handlungsspielraum ist ohne eine nationale Rüstungsindustrie mit Kernkompetenzen und nationalen Schlüsseltechnologien stark eingeengt. [...] In letzter Konsequenz würde man als internationaler sicherheitspolitischer Akteur nicht ernst genommen.«[95]

Da dies auf rein nationaler Basis aber kaum mehr zu stemmen ist, stellt die Herausbildung eines europäischen Rüstungskomplexes (mit möglichst starker deutscher Komponente) für sämtliche auch nur halbwegs ernst gemeinten globalen Machtansprüche eine notwendige Bedingung dar und wird aus diesem Grund zielstrebig verfolgt. Schon beim Projekt »Neue Macht – Neue Verantwortung« war zu lesen: »Moderne Rüstungstechnologien werden immer komplexer und kostspieliger. Eine international wettbewerbsfähige europäische Rüstungsindustrie ist auf Dauer nur durch eine weitgehende Konsolidierung nationaler Industrien im europäischen Rahmen zu erhalten; diese ist deshalb im deutschen Interesse.«[96]

Im deutschen Interesse ist dies vor allem dann, wenn es gelingt, aus einer nationalen Position der Stärke die Herausbildung des europäischen Rüstungskomplexes (im Verbund mit Frankreich, weil alles andere illusorisch wäre) zu dominieren. Hierdurch verspricht man sich dann wiederum generelle Einflussgewinne gegenüber den ›Verbündeten‹ in EU und NATO. So betonte bereits das Weißbuch der Bundeswehr von 2006 die machtpolitische Bedeutung einer starken Rüstungsindustrie: »Eigene rüstungstechnologische Fähigkeiten sind die Voraussetzung, um den europäischen Integrationsprozess im Rüstungsbereich mitzugestalten. Sie gewährleisten Kooperationsfähigkeit und sichern den Einfluss bei Entwicklung, Beschaffung und Betrieb von entscheidenden militärischen Systemen. Nur

---

95   Vad, Erich: Warum es eine nationale Rüstungsindustrie braucht, Neue Zürcher Zeitung, 18.04.2019.
96   NMNV 2013, S. 43.

Nationen mit einer leistungsfähigen Rüstungsindustrie haben ein entsprechendes Gewicht bei Bündnisentscheidungen.«[97]

Auf der anderen Seite hat jede Form der Europäisierung des Rüstungssektors aber auch ihre Grenzen – und zwar überall dort, wo Deutschland dadurch Gefahr laufen würde seine eigene Rüstungsbasis zu schwächen. Wo dies der Fall ist, wird die nationale Rüstungsbasis durch die Definition von »Schlüsseltechnologien« geschützt (siehe auch Kapitel 5). So wird im aktuellen Weißbuch der Bundeswehr als eine zentrale »Prämisse« für die »Neuausrichtung des Rüstungswesens« ausgegeben: »Eine eigenständige, leistungsfähige und wettbewerbsfähige Verteidigungsindustrie in Europa einschließlich der nationalen Verfügbarkeit von Schlüsseltechnologien ist unverzichtbar.«[98]

---

97   Weißbuch der Bundeswehr 2006, S. 67f.
98   Weißbuch 2016, S. 127.

3.
NATO und EU: Rüstungsplanung
und die Rückkehr der Machtpolitik

Was die Streitkräfteplanung anbelangt, geben die ranghöchsten Planungsdokumente der NATO (Strategisches Konzept) und der EU (Globalstrategie) die Richtung vor, die dementsprechend in das wichtigste Bundeswehr-Papier (Weißbuch) einfließt. Da die deutsche Armee nur über ein einziges Streitkräftereservoir (»Single Set of Forces«) verfügt, ist es für beide Seiten vorgesehen.[99] Allerdings sind die NATO-Vorgaben in diesem Bereich vor allem kurz- und mittelfristig deutlich ambitionierter, weshalb die europäische Ebene eher perspektivisch und bei den Anstrengungen zum Aufbau eines rüstungsindustriellen Komplexes eine bedeutende Rolle spielt. Die NATO-Vorgaben ergeben ein »komplementäres Fähigkeitsprofil aller Mitgliedstaaten, das über die Zuweisung nationaler Planungsziele orchestriert wird«, sie werden lediglich ergänzt »durch Planungsvorgaben der EU« im Rahmen der »Gemeinsamen Sicherheits- und Verteidigungspolitik« (GSVP).[100]

Die NATO hat bereits länger damit begonnen, ihre Rüstungsplanung wieder fast vollständig auf eine mögliche militärische Auseinandersetzung vor allem mit Russland auszurichten. Durch den russischen Angriff auf die Ukraine ist die »Rückkehr der Machtpolitik« endgültig zum alles dominierenden Element der beiden zentralen Planungsdokumente des ersten Halbjahrs 2022 geworden: dem

---

99   Ebd., S. 97.
100 Ebd.

Strategischen Konzept der NATO und dem Strategischen Kompass
der EU. In diesem Zusammenhang wird inzwischen nicht nur Russland, sondern auch China recht ungeschminkt als Gegner (»System-
konkurrent«) identifiziert. Für diese Auseinandersetzungen erachtet
der Strategische Kompass der Europäischen Union zwar die USA
aktuell als den präferierten Bündnispartner. Er schafft jedoch, wie
bereits angedeutet, auch die Grundlagen, um sich perspektivisch
entweder größere Einflussmöglichkeiten sichern oder einen kon-
frontativeren Kurs gegenüber Washington einschlagen zu können.
Dementsprechend hieß es im Koalitionsvertrag der Ampel-Regierung vom November 2021: »Unser Ziel ist eine souveräne EU als
starker Akteur in einer von Unsicherheit und Systemkonkurrenz
geprägten Welt.«[101]

3.1
NATO: Paradigmenwechsel in der Rüstungsplanung

Mit dem Untergang der Sowjetunion stellte sich schnell auch für die
NATO die Frage nach dem Fortbestand und Sinn des Bündnisses.
Eine Antwort gab das damals (nach 1952, 1957 und 1967) vierte
Strategische Konzept, mit dem auf dem Gipfeltreffen in Rom bereits
im November 1991 zentrale Weichen gestellt wurden. Darin wurde
die Gefahr durch die damals noch existierende Sowjetunion herab-
gestuft und stattdessen neue Bedrohungen wie die Verbreitung von
Massenvernichtungsmitteln (Proliferation), Terrorismus, aber auch
die Unterbrechung wichtiger Rohstoffströme aufgeführt. Eine bereits kurz zuvor begonnene Trennung in Hauptverteidigungskräfte
zur Territorialverteidigung und Krisenreaktionskräfte für Auslandsinterventionen wurde ebenfalls bestätigt.

In der Folge entschied die NATO bereits im Juni 1992, fortan auf
Ersuchen auch Einsätze der KSZE (heute: OSZE) zu übernehmen,
selbst wenn diese außerhalb des Bündnisgebietes (»out of area«)

---

101   Mehr Fortschritt wagen – Bündnis für Freiheit, Gerechtigkeit und Nach-
      haltigkeit. Koalitionsvertrag 2021–2025 zwischen SPD, BÜNDNIS 90/DIE
      GRÜNEN und FDP, 24.11.2021, S. 108.

stattfinden sollten. Ende 1992 wurde dieser Beschluss auch auf Einsätze der Vereinten Nationen ausgedehnt. Den nächsten Schritt in dieser Entwicklung weg von der Landesverteidigung – sprich einer Fokussierung auf die Sowjetunion bzw. Russland und die Unterhaltung von Großverbänden – hin zu Interventionen außerhalb des Bündnisgebietes gegen kleine oder allenfalls mittelgroße Gegner bildete dann die Verabschiedung des folgenden Strategiekonzeptes im April 1999. Inmitten des einen Monat zuvor ohne UN-Mandat begonnenen völkerrechtswidrigen NATO-Angriffskrieges gegen Jugoslawien wurden darin sogenannte Out-of-area-Einsätze zur neuen Kernaufgabe des Bündnisses erklärt. Damit war der »informelle Vertragswandel« weg von einem – zumindest offiziell propagierten – Verteidigungs- zu einem Interventionsbündnis faktisch abgeschlossen.[102]

In den Folgejahren widmete sich das Bündnis vor allem der ›Optimierung‹ ihrer Aufstandsbekämpfungsstrategien. So wurde Russland im aktualisierten NATO-Konzept aus dem Jahr 2010 nur noch als geringe Bedrohung eingestuft (von China war gleich überhaupt keine Rede) und der Fokus vor allem auf die ›Verbesserung‹ von Auslandsinterventionen gelegt. Ab 2014 sollte allerdings ein erneuter Paradigmenwechsel einsetzen, der auch die Prioritäten des immer auf vier Jahre angelegten NATO-Verteidigungsplanungsprozess (NATO Defence Planning Process, NDPP) umkrempelte und sich dadurch auch entscheidend auf den Umbau der Bundeswehr auswirken sollte. Beim NDPP rangieren auf höchster Ebene das Strategische Konzept oder Beschlüsse auf NATO-Gipfeln, die anschließend durch den Verteidigungsplanungsprozess in konkrete Rüstungsvorgaben übersetzt werden. Dieser Prozess besteht in seiner aktuellen Form seit 2009[103] aus fünf Teilen: Da das militärische Anspruchs-

---

102 Varwick, Johannes/Woyke, Wichard: Die Zukunft der NATO – Transatlantische Sicherheit im Wandel, Opladen 2000, S. 149.

103 Mauro, Frédéric: EU Defence: The White Book implementation process, Directorate General for External Policies of the Union (PE 603.871), December 2018, S. 12.

niveau (Level of Ambition, LoA) im Strategischen Konzept oder in Gipfelbeschlüssen, wenn überhaupt, in der Regel nur relativ vage formuliert wird, fällt die Aufgabe einer Konkretisierung Schritt 1 des NDPP-Prozesses zu. Er besteht in der Verabschiedung einer Politischen Leitlinie (Political Guidance, PG) durch den NATO-Rat. In diesem unter der Ägide des Ausschusses für Verteidigungspolitik und -planung (Defence Policy and Planning Committee, DPPC) angefertigten geheimen Dokument werden Anzahl, Umfang und Art der Operationen spezifiziert, zu denen die Allianz in der Lage sein soll.[104]

Dies bildet wiederum die Grundlage für NDPP-Schritt 2, in dem den beiden Alliierten Oberkommandos Transformation (Allied Command Transformation, ACT) und Operationen (Allied Command Operations, ACO) die Aufgabe zufällt, die qualitativen und quantitativen Fähigkeiten zu identifizieren, die für eine Umsetzung der Politischen Leitlinie erforderlich sind. Anschließend geht es in NDPP-Phase 3 darum, die Schließung etwaiger Fähigkeitslücken auf die einzelnen Bündnismitglieder zu verteilen. NDPP-Aspekt 4 widmet sich der Implementierung der Planziele, indem Hilfestellung bei der nationalen, multinationalen oder über die NATO erfolgenden Schließung von Fähigkeitslücken gegeben wird. Im Gegensatz zu den vorhergehenden Schritten eins bis drei, die zeitlich nacheinander erfolgen, handelt es sich hierbei um einen kontinuierlichen Prozess, der sich über den gesamten Zyklus (und darüber hinaus) erstreckt. Was die NDPP-Phase 5 anbelangt, so beinhaltet sie die zweimal pro Zyklus erfolgende Evaluation des Prozesses.[105]

Bis 2014 reflektierte das Anforderungsprofil den damaligen Fokus auf sogenannte Stabilisierungseinsätze und Aufstandsbekämpfung sowie die Abkehr von Großverbänden: »Das militärische

---

104 Deni, John R.: Security Threats, American Pressure, and the Role of Key Personnel: How NATO's Defence Planning Process Process is Alleviating the Burden-Sharing Dilemma, US Army War College, Strategic Studies Institute, October 2020, S. 6.

105 Mauro 2018, S. 16; Deni 2018, S. 6f.

Anspruchsniveau (Level of Ambition) wurde auf die Fähigkeit zur Führung von zwei Major Joint Operations (MJO, jeweils maximal Korpsgröße) sowie von sechs Smaller Joint Operations (SJO, jeweils maximal Brigade/Bataillons-Größe) zurückgenommen. Inhaltlich trat die Bekämpfung bewaffneter Aufständischer (Counter Insurgency Operations, COIN) im Rahmen von Stabilisierungsmissionen als wahrscheinlichste und häufigste Aufgabe in den Vordergrund. Hierauf richteten sich beginnend ab Mitte der 90er Jahre zunehmend die nationalen Verteidigungsdispositive und damit faktisch auch das militärische Gesamtdispositiv der Allianz aus.«[106]

Truppengrößen	
Korps	50.000-60.000
Division	15.000-20.000
Brigade	3.000-5.000
Bataillon	1.000-1.500

Die Zahlen verstehen sich als grobe Richtlinien, die
in einzelnen Armeen jedoch deutlich abweichen können.

Die Eskalation der westlich-russischen Beziehungen infolge des Ukraine-Konfliktes prägte dann aber die Politische Leitlinie des Jahres 2015 und den nachfolgenden Zyklus bis ins Jahr 2019. Nun bekam die Fähigkeit für Kriege gegen gleichwertige Gegner und die Aufstellung entsprechender Großverbände wieder hohe Priorität.[107] Rainer Meyer zum Felde, damals für die Bundesregierung im Ausschuss für Verteidigungspolitik und -Planung der NATO direkt an der Erstellung der Leitlinie beteiligt, schreibt: »Sie [die Politische Leitlinie] enthielt als Kernaussage die politische Vorgabe, den Schwerpunkt der Planung wieder auf die Bündnisverteidigung und die dafür erforderlichen Kräfte und Fähigkeiten zu setzen (re-newed

---

106 Meyer zum Felde 2018, S. 107.
107 Deni 2018, S. 25f.

emphasis on collective defence), und wurde bereits im Juni 2015 nach intensiven Verhandlungen im DPPC vom Rat verabschiedet. Damit wurde die mittel- und langfristig wirkende NATO-Verteidigungsplanung umgesteuert von der Schwerpunktsetzung auf leichte verlegbare Kräfte zur Bewältigung des bis dahin gesetzten Level of Ambition (2 MJO, 6 SJO) hin zu der Fähigkeit, darüber hinaus auch wieder eine Major Joint Operation Plus (MJO+) in einem hochintensiven regionalen Großkonflikt mit einem modern ausgestatteten Gegner führen zu können.«[108]

Der große Schritt zur erneuten Systemkonkurrenz mit Russland (und perspektivisch auch China) war damit getan, die darauf folgende Politische Leitlinie, die den NDDP-Zyklus bis 2023 einleitete, setzte den eingeschlagenen Kurs dann lediglich weiter fort: »Die jüngste PG vom Februar 2019 übernimmt, soweit bekannt, weitgehend die Eckdaten der alten PG von 2015. Demzufolge will die Nato in der Lage sein, auf alle aus heutiger Sicht absehbaren Herausforderungen im Rahmen der kollektiven Verteidigung und der internationalen Krisenbewältigung zu reagieren. Zur Bestimmung des dazu notwendigen Streitkräfte-Pools und der erforderlichen Fähigkeiten (des sogenannten ›Level of Ambition‹) orientiert sie sich an mehreren generischen Einsatzszenarien: nämlich zwei große (MJO […]; Heereskräfte in Korpsgröße plus Luftwaffe und Marine) und sechs kleine Operationen (SJO; Heereskräfte in Divisions- oder Brigadestärke) oder eine sehr große Operation (MJO+; mehrere Korps, bis zu 100.000 und mehr Kräfte).«[109]

Insofern stellte das jüngste Strategische Konzept der NATO vom Juni 2022 einmal mehr eher den vorläufigen Höhepunkt einer sich bereits länger abzeichnenden Entwicklung dar, indem die ohnehin überall beschworene Systemkonkurrenz mit Russland und nun auch China nun auch Eingang in das ranghöchste Dokument des Bünd-

---

108 Meyer zum Felde 2018, S. 110.

109 Major, Claudia: Die Rolle der Nato für Europas Verteidigung. Stand und Optionen zur Weiterentwicklung aus deutscher Perspektive, SWP-Studie, November 2019, S. 33.

nisses fand: »Autoritäre Akteure stellen unsere Interessen, unsere Werte und unsere demokratische Lebensweise infrage. […] Diese Akteure stehen ebenfalls an vorderster Front der Anstrengungen, multilaterale Normen und Institutionen vorsätzlich zu untergraben und autoritäre Regierungsmodelle zu fördern.«[110] Wer im Strategischen Konzept gleich im nächsten Absatz als Hauptgegner identifiziert wird, dürfte nach dem Angriffskrieg gegen die Ukraine nicht weiter überraschen: »Die Russische Föderation ist die größte und unmittelbarste Bedrohung für die Sicherheit der Verbündeten und für Frieden und Stabilität im euro-atlantischen Raum.«[111] Wie bereits angedeutet, wird nun aber erstmals auch China im Strategischen Konzept prominent als ernste Bedrohung der Allianz ausgewiesen. Das Land sei eine »Herausforderung«, es strebe danach, »die regelbasierte internationale Ordnung zu untergraben«.[112]

3.2
Europa: Kompass Richtung Großmachtkonkurrenz

Eine nicht unähnliche – wenn auch vom Charakterwandel noch einmal deutlich drastischere – Entwicklung wie die NATO vollzog mit einiger Verspätung auch die Europäische Union, zumindest falls man dem ihr zugeschriebenen Ruf Glauben schenken mag, sie sei als Zivilmacht und als eine Art Antithese zu Geopolitik, Imperialismus und Militarismus gegründet worden.[113] In jedem Fall war es damit spätestens 1999 vorbei, als die EU auf zwei Ratsgipfeln im Juni (Köln) und im Dezember (Helsinki) die Aufstellung einer Schnellen

---

110 NATO 2022 Strategic Concept, Adopted by Heads of State and Government at the NATO Summit in Madrid, 29.06.2022, Ziffer 7.

111 Ebd., Ziffer 8.

112 Ebd., Ziffer 13.

113 Guérot, Ulrike/Witt, Andrea: Europas neue Geostrategie, in: Aus Politik und Zeitgeschichte (B 17/2004), S. 6-12: »Die Gründungsphilosophie der EWG, aus der die EG und dann die EU wurden, richtete sich nach innen und entwickelte ein Gegenkonzept zu Geopolitik und zu geostrategischen Dimensionen: Befriedung, Aussöhnung und politische Kooperation durch wirtschaftliche Verflechtung als Antithesen zur Geopolitik und zum Imperialismus.«

Eingreiftruppe für Militärinterventionen im Ausland beschloss. Als
Militärisches Planziel (Headline Goal, HG) wurde der Aufbau einer
aus den Einzelstaaten gespeisten Truppe in Korpsgröße, also 50.000
bis 60.000 Soldat*innen, ausgegeben, die innerhalb von 60 Tagen für
bis zu ein Jahr lang einsetzbar sein sollte. Diese Armee wurde zwar
2003 für einsatzbereit erklärt, sie existierte aber immer nur auf dem
Papier. Aus diesem Grund wurde bereits im Jahr 2004 das Militärische Planziel 2010 (Headline Goal 2010) verabschiedet, das vor
allem den Aufbau von EU-Kampftruppen (Battlegroups) vorsah.
Dabei handelte es sich um faktisch weltweit innerhalb von 5 bis 30
Tagen verlegefähige Einheiten mit jeweils 1.500 Soldat*innen, von
denen seit 2007 stets zwei auf Abruf bereitstehen. Erst im Dezember
2003 wurde diese Interventionsausrichtung dann auch im damals
ranghöchsten Dokument, der »Europäischen Sicherheitsstrategie«
(ESS), festgeschrieben: »Unser herkömmliches Konzept der Selbstverteidigung, das bis zum Ende des Kalten Krieges galt, ging von
der Gefahr einer Invasion aus. Bei den neuen Bedrohungen wird
die erste Verteidigungslinie oftmals im Ausland liegen. Die neuen
Bedrohungen sind dynamischer Art. […] Wir müssen eine Strate-
giekultur entwickeln, die ein frühzeitiges, rasches und wenn nötig
robustes Eingreifen fördert.«[114]

Heute findet sich an der Spitze des Rüstungsplanungsprozesses
die »Europäische Globalstrategie« (EUGS) aus dem Jahr 2016, die
allgemeine Ziele und Interessen der Union festlegt. Als wichtigste
Aufgabe gab sie aus, es sei notwendig, eine möglichst weitgehende
»Strategische Autonomie« zu erlangen. Dies schließt im militärischen Bereich insbesondere die politischen, operativen und industriellen Fähigkeiten ein, um ggf. sogar unabhängig von der NATO
(und damit den USA) aktiv werden zu können. Seither ist die Er-
langung Strategischer Autonomie zu einem, wenn nicht dem zentralen Ziel der Europäischen Union avanciert. So äußerte sich etwa

---

114 Europäische Sicherheitsstrategie: Ein sicheres Europa in einer besseren Welt,
     Brüssel, 12.12.2003, S. 7 und 11.

Ratspräsident Charles Michel: »Wir senden eine Botschaft nicht nur an unsere Bürger, sondern auch an den Rest der Welt: Europa ist eine Weltmacht. Wir sind fest entschlossen, unsere Interessen zu verteidigen. [...] Europäische strategische Autonomie ist nicht nur ein Wort. Die strategische Unabhängigkeit Europas ist unser neues gemeinsames Projekt für dieses Jahrhundert. Das ist in unser aller Interesse. [Heute] ist die strategische Autonomie Europas das Ziel Nummer eins unserer Generation. Für Europa ist dies der eigentliche Beginn des 21. Jahrhunderts.«[115]

Gegenüber Russland wurden schon in der EUGS deutlich kritischere Töne angeschlagen, als dies noch im Vorgängerdokument der Fall war. Weiter nennt die EUGS als »Interessen« ein »offenes und faires Wirtschaftssystem« und den »Zugang zu Ressourcen«. Dies beinhalte den »Schutz« von Handelswegen »im Indischen Ozean«, »im Mittelmeer«, am »Golf von Guinea« bis hin zum »Südchinesischen Meer« und der »Straße von Malakka«. Die weiteren Interessengebiete reichen östlich »bis nach Zentralasien« und im Süden »bis nach Zentralafrika«.[116]

---

115 Council of the EU: Plan de relance: un plan pour l'autonomie stratégique del'Europe Discours du Président du Conseil européen Charles Michel à l'occasion du Forum économique de Bruxelles, Press, 08.09.2020 (eigene Übers.). Auch in der Presse wird regelmäßig ein Zusammenhang zwischen europäischen Weltmachtansprüchen und der Strategischen Autonomie hergestellt: »Die EU spielt immerzu in der Defensive. Es fehlt ihr an außenpolitischer Gestaltungskraft. [...] Die EU muss sich als Weltmacht verstehen, wenn sie erfolgreich bestehen will. [...] Freilich, Weltmacht sein, das kann für Europa nicht heißen, dass es bei jeder Gelegenheit mit militärischen Mitteln droht. Doch es bedeutet, dass man die eigenen Interessen formulieren, vertreten und auch durchsetzen kann. [...] Die Konturen einer außenpolitisch selbstbewussteren und handlungsfähigen EU sind in den letzten Jahren jedenfalls erkennbar geworden. Die EU hat sich auf den Weg gemacht, um strategische Autonomie zu erreichen. Ihr Schicksal hängt davon ab, ob sie dabei schnell genug vorankommt.« (Ladurner, Ulrich: Mehr Mut zur Weltmacht, Zeit Online, 01.10.2020).

116 Gemeinsame Vision, gemeinsames Handeln: Ein stärkeres Europa. Eine Globale Strategie für die Außen- und Sicherheitspolitik der Europäischen Union (EUGS), Brüssel, 28.06.2016.

Lange existierte in der EU-Dokumentenhierarchie anschließend eine erhebliche Lücke, die der auf dem EU-Gipfeltreffen am 25. März 2022 verabschiedete »Strategische Kompass«[117] (SK) schließen soll. Er will künftig als Bindeglied zwischen den in der Europäischen Globalstrategie aus dem Jahr 2016 festgehaltenen allgemeinen Zielen der Union, dem noch aus dem Jahr 2004 stammenden veralteten Militärischen Planziel (Headline Goal) und den in dieser Form seit etwa 2017 existierenden diversen Mechanismen zum Streitkräfte- und Fähigkeitsaufbau (CDP/CARD; PESCO; EDF) fungieren.

Der Strategische Kompass hat somit das Ziel, die Vorgaben der EUGS zu operationalisieren und mit den verschiedenen Ebenen der bislang recht disparaten Strategie- und Streitkräfteplanung zu synchronisieren. Bis 2023 sollte das Militärische Planziel überarbeitet werden, wobei bereits im Strategischen Kompass der Aufbau einer »Schnelleingreifkapazität« im Umfang von 5.000 Soldat*innen beschlossen wurde, mit der die deutlich kleineren Battlegroups abgelöst werden sollen. Daneben sollen spätestens bis 2025 auch die Planungs- und Führungsfähigkeiten für Einsätze in Brigadegröße ertüchtigt werden, was die Europäische Union in die Lage versetzen soll, ab diesem Zeitpunkt Militärinterventionen mittlerer Intensität autonom von der NATO durchführen zu können. Hierfür erklärte Deutschland im März 2022 seine Bereitschaft, künftig den Kern der Truppe zu stellen, ohne dass aber klar wäre, um wie viele Soldat*innen es sich hier genau handeln soll.[118]

Trotz der unübersehbaren Autonomiebestrebungen ist das Dokument gleichzeitig sichtlich bemüht, auch die Bedeutung der USA und enger NATO-EU-Beziehungen hervorzuheben: »Dieser Strategische Kompass wird die strategische Autonomie der EU und ihre

---

117 Generalsekretariat des Rates: Ein Strategischer Kompass für Sicherheit und Verteidigung – Für eine Europäische Union, die ihre Bürgerinnen und Bürger, Werte und Interessen schützt und zu Weltfrieden und internationaler Sicherheit beiträgt, Brüssel, 21.03.2022.

118 Deutschland will 2025 Kern neuer EU-Eingreiftruppe stellen, Zeit Online, 21.03.2022.

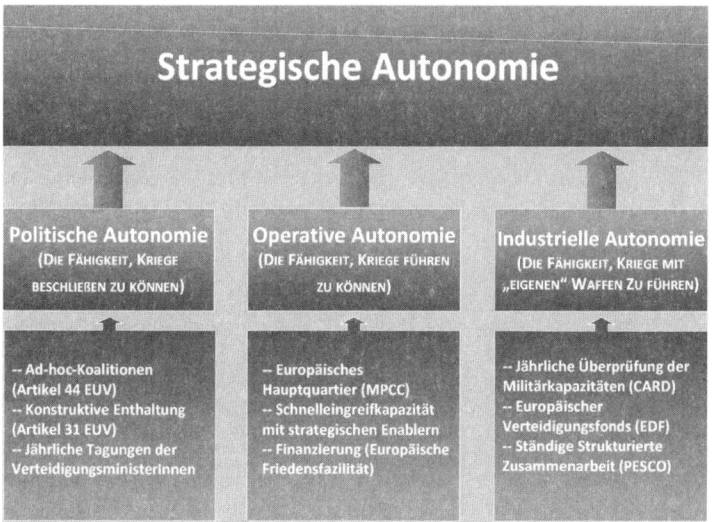

Abbildung B: Eigene Darstellung

Fähigkeit stärken, mit Partnern zusammenzuarbeiten, um ihre Werte und Interessen zu wahren. Eine stärkere und fähigere EU im Bereich Sicherheit und Verteidigung wird einen konstruktiven Beitrag zur globalen und transatlantischen Sicherheit leisten und bildet eine Ergänzung zur NATO, die das Fundament der kollektiven Verteidigung ihrer Mitglieder bleibt. Beides geht Hand in Hand.«[119]

Letztlich existiert hier aber dennoch ein unübersehbares Spannungsverhältnis, wenn die Europäische Union im Strategischen Kompass etwa erklärt, sie strebe einen »Quantensprung« bei den militärischen Fähigkeiten an, um ihre »geopolitische Stellung ausbauen« zu können. Das Bündnis mit den USA dürfte solange bestand haben, wie es diesem Zweck dienlich ist. Sollte Washington aber den europäischen Begehrlichkeiten nach einer deutlich gleichberechtigteren Partnerschaft »auf Augenhöhe« auf Dauer eine Absage erteilen, mag sich das auch ändern – und der Strategische

---

119 Strategischer Kompass 2022, S. 13.

Kompass legt wesentliche Grundlagen dafür, dass dies dann auch möglich wäre, weil er wie zuvor beschrieben den Aufbau autonomer Kapazitäten außerhalb der Kontrolle der NATO (und damit der USA) vorantreibt, die hierfür die Voraussetzung sind.

3.3
Deutschland und die Rückkehr der Machtpolitik I: Russland

Die Militärplanungen der NATO setzen auf eine Mischung aus einer militärischen Vorwärtspräsenz und möglichst schnell verlegbaren Einheiten in der Hinterhand, um im Eskalationsfall rasch die Eskalationsdominanz zu erlangen. Offiziell soll damit ein Angriff insbesondere auf einen der baltischen Staaten abgeschreckt werden, faktisch ›funktioniert‹ diese Strategie aber zumindest theoretisch auch, um große Truppenverbände in ein Nachbarland verlegen zu können. Jedenfalls sind die vorne stationierten Truppen nicht primär dazu gedacht, eine angreifende russische Armee besiegen zu können. Sie sollen sie aber im Ernstfall solange aufhalten können, bis Verstärkung vor Ort ist – aus diesem Grund wird dem Verlegetempo (Militärische Mobilität) entscheidende Bedeutung beigemessen. Entsprechend der vollmundig im Münchner Konsens zum Ausdruck gebrachten Absicht, künftig militärisch in der allerersten Liga mitspielen zu wollen, übernahm Deutschland schnell eine Führungsrolle bei der Umsetzung dieser Strategie.

Wichtige Weichenstellungen in Richtung eines Neuen Kalten Krieges wurden bereits auf dem NATO-Gipfel in Wales im September 2014 getroffen: Die Schnelle Eingreiftruppe der NATO (NATO Response Force, NRF) wurde von 13.000 auf 40.000 Soldat*innen aufgestockt und ergänzend der Aufbau einer auch »Speerspitze« genannten Ultraschnellen Eingreiftruppe (Very High Readiness Joint Task Force, VJTF) beschlossen. Die Truppe wurde gleich zu Anfang 2015 und dann noch einmal 2019 von Deutschland angeführt, bei der VJTF 2023 soll es wieder soweit sein (danach geht sie im neuen NATO-Streitkräftemodell auf, siehe Kapitel 9.4). Gleichzeitig wurde die Manövertätigkeit massiv erhöht, wofür entschieden wurde, das Multinationale Korps Nord-Ost in Stettin unter polnisch-deutscher Führung deutlich auszubauen, damit von dort aus (seit Juni 2017) Einsätze und Manöver in einem Umfang von bis zu 60.000 Soldat*innen geleitet werden können.

Beim NATO-Gipfel in Warschau erfolgte dann im Juli 2016 in Form permanenter Truppenstationierungen der endgültige Schritt über den Rubikon. Unter dem Begriff »Enhanced Forward Presence« wurde beschlossen, vier NATO-Bataillone (à 1.000 bis 1.500 Soldat*innen) dauerhaft in unmittelbarer Nähe zu Russland zu stationieren. Damit wurde auch schon damals die NATO-Russland-Akte aus dem Jahr 1997 und die darin enthaltene Zusage, die NATO werde keine substantiellen Kampftruppen dauerhaft in Osteuropa stationieren, faktisch versenkt – und das erneut unter erheblicher deutscher Beteiligung. So werden die NATO-Truppen in Polen von den USA, in Estland von Großbritannien und in Lettland von Kanada befehligt, während die Bundeswehr in Litauen das dort stationierte NATO-Bataillon kommandiert und dort als größte Truppenstellerin fungiert.

Als nächste wichtige Station erwies sich die NATO-Tagung in Brüssel im Juli 2018, auf der drei weitere Projekte mit zentraler deutscher Beteiligung beschlossen wurden. So gewann zum einen schon damals die – wie sie im Militärjargon genannt wird – »Nasse Nordflanke« und hier insbesondere die Vorbereitungen auf Auseinandersetzungen mit Russland in der Ostsee wieder erheblich an Bedeutung.[120] Vor diesem Hintergrund wurde auf der NATO-Tagung in Brüssel die Einrichtung eines NATO-Marinekommandos (Baltic Maritime Component Command, BMCC) in Rostock beschlossen, die 2025 – nun, nach der Zeitenwende, womöglich auch früher[121] – abgeschlossen sein soll. In einer Pressemitteilung der Marine heißt es dazu: »Das BMCC kann der NATO dabei als maritimes Führungs-

---

120 Leps, Horst: »Verteidiger des Baltikums«: NATO-Szenarien für einen Krieg in der Ostsee, in: AUSDRUCK (September 2021), S. 26-29; Weber, Merle: Die Militarisierung der Ostsee. Die NATO und das Marinekommando in Rostock, in: AUSDRUCK (Dezember 2019), S. 30-32.

121 Kräftemessen auf der Ostsee, ndr.de, 05.07.2022.

kommando für Operationen in der Ostsee und an der Nordflanke des Bündnisses, aber auch in anderen Regionen, zum Zwecke der Landes- und Bündnisverteidigung zur Verfügung gestellt werden.«[122]

Bei dem zweiten wichtigen Beschluss des NATO-Treffens handelte es sich um die Bereitschafts-Initiative (NATO Readiness Initiative, NRI) – auch »4X30« genannt. Woher die Abkürzung stammt, wird aus dieser Passage des Abschlussdokuments der Tagung ersichtlich: »Aus dem Gesamtpool an Streitkräften werden die Verbündeten zusätzlich 30 größere Kampfschiffe, 30 schwere oder mittlere Infanteriebataillone und 30 Kampfflugzeugstaffeln mit Unterstützungskräften in eine Reaktionsfähigkeit von 30 Tagen oder weniger versetzen.«[123] Danach wurde es zunächst einmal etwas ruhig um die Initiative, deren Kontingente zusätzlich zur ohnehin bereits aufgestockten Schnellen Eingreiftruppe mobilisierbar sein sollten. Seit dem 1. Januar 2020 galt die Bereitschaftsinitiative aber als umgesetzt,[124] wobei Deutschland erneut eine prominente Rolle spielte: »Deutschland unterstützt das Streben der Nato, über mehr voll ausgerüstete und ausgebildete Truppen innerhalb kürzerer Reaktionszeiten zu verfügen. Dafür hat die Bundeswehr rund 7200 Soldaten für die […] Bereitschafts-Initiative des Bündnisses (Nato Readiness Initiative, NRI) gemeldet. […] Als Ziel der NRI hat sie definiert, dass ein höherer Anteil der in den Nato-Staaten vorhandenen Truppen in der Lage sein soll, zu einer kürzeren Reaktionszeit des Bündnisses beizutragen. Außerdem soll die Beweglichkeit dieser Truppen innerhalb Europas und über den Atlantik hinweg verbessert werden.«[125]

---

122 Internationaler Führungsstab der Deutschen Marine in Rostock nimmt Form an, presseportal.de, 28.06.2019.

123 Brussels Summit Declaration, Issued by the Heads of State and Government participating in the meeting of the North Atlantic Council, Brussels, 11-12 July 2018, Ziffer 14.

124 Nato-Initiative für höhere Einsatzbereitschaft startet, Zeit Online, 02.01.2020.

125 Reisinger, Christoph: 7200 deutsche Soldaten für neues Programm der Nato, Stuttgarter Nachrichten, 20.12.2019.

Und schließlich dreht sich, wie bereits angedeutet, in der NATO immer mehr um Tempo und Logistik zur raschen Verlegung von Truppen und Gerät. Deshalb wurde als dritte Maßnahme der Brüsseler NATO-Tagung, um die »Beweglichkeit innerhalb Europas« und vor allem die schnelle Verlegefähigkeit in Richtung Osteuropa zu »verbessern«, der Aufbau eines in Ulm beheimateten Logistikkommandos (Joint Support and Enabling Command, JSEC) beschlossen. In der Abschlusserklärung der Tagung hieß es dazu konkret: »Wir haben auch weitreichende Beschlüsse gefasst, um die NATO-Kommandostruktur – das militärische Rückgrat des Bündnisses – anzupassen und zu stärken. […] Wir werden […] ein Gemeinsames Unterstützungs- und Befähigungskommando (Joint Support and Enabling Command) in Deutschland zur Gewährleistung der Operationsfreiheit und der Durchhaltefähigkeit im rückwärtigen Raum zur Unterstützung schneller Transporte von Truppen und Ausrüstung nach, durch und aus Europa aufbauen.«[126] Das JSEC wurde im September 2021 für voll einsatzbereit erklärt, kam aber bereits zuvor bei der US-Großübung Defender 2020 im Frühjahr 2020 zum Einsatz. Auch darüber hinaus spielt Deutschland sowohl innerhalb der NATO als auch der Europäischen Union in den Programmen zur Erhöhung der Militärischen Mobilität eine führende Rolle und nähert sich so dem erklärten Ziel an, als Drehscheibe für Operationen und Truppenverlegungen insbesondere Richtung Russland herhalten zu wollen.[127]

Insgesamt war somit der Anspruch der Bundesregierung, bei der zunehmend auch militärisch ausgefochtenen Konkurrenz unter den Großmächten nicht von der Seitenlinie zuschauen zu wollen, bereits vor der sogenannten Zeitenwende schwerlich zu übersehen. Auch wenn all dem gegenüber die mit Blick auf China unternommenen Anstrengungen zur Erhöhung der militärischen

---

126 Brussels Summit Declaration 2018, Ziffer 29.

127 Kropp, Victoria: Wege an die Front: Logistik für Übung und Ernstfall in EU und NATO, in: AUSDRUCK (März 2022), S. 8-10.

Präsenz im Indo-Pazifik vergleichsweise harmlos aussehen – dass es sie aber überhaupt gibt, untermauert zusätzlich, dass es Deutschland mit seinen Weltmachtansprüchen zunehmend ernst zu meinen scheint.

3.4
Deutschland und die Rückkehr der Machtpolitik II: China

Etwa seit 2019 nehmen auch die Forderungen nach einer deutschen Militärpräsenz in der indo-pazifischen Region in der bundesdeutschen Debatte enorm zu und fanden schließlich unter anderem Eingang in die »Leitlinien zum Indo-Pazifik« der Bundesregierung vom September 2020. Nur einen Monat später legte die damalige Verteidigungsministerin Annegret Kramp-Karrenbauer (CDU) in einer geharnischten Grundsatzrede nach, in der sie unter anderem die Entsendung eines Kriegsschiffs in die Region ankündigte: »Die Herausforderungen sind klar erkennbar, der internationale Systemwettbewerb auch. Einige Staaten stellen dem westlichen Modell der offenen Gesellschaft, der Demokratie und des Rechtsstaats ein anderes Modell entgegen, das mit unseren Werten in keiner Weise vereinbar ist. […] Ich freue mich, dass die Bundesregierung umfassende Leitlinien zum Indo-Pazifik beschlossen hat, die auch die Sicherheits- und Verteidigungspolitik umfasst. Die strategische Bedeutung der Region wird damit voll anerkannt. […] Deutschland wird präsenter, etwa durch mehr Verbindungsoffiziere und im kommenden Jahr […] durch ein Schiff der Deutschen Marine. […] Wir werden Flagge zeigen für unsere Werte, Interessen und Partner.«[128]

Gesagt, getan, und zwar in Form einer Entsendung der Fregatte Bayern, mit der im August 2021 erstmals ein deutsches Kriegsschiff im Kontext der neu erklärten Systemkonkurrenz Kurs auf den Indo-Pazifik nahm. Ende des Jahres wurde dann berichtet, in der Marine werde sogar über die Einrichtung einer faktischen Militär-

---

128   Zweite Grundsatzrede der Verteidigungsministerin, bmvg.de, 17.11.2020.

basis in der Region nachgedacht: »Die Marine will schon ab 2023 einen regelmäßigen Einsatz im Indo-Pazifik absolvieren. Ginge es nach Vizeadmiral Schönbach in einem internationalen Format, gemeinsam mit europäischen und transatlantischen Partnermarinen. Er denkt noch weiter und verwies auf die Fregatten der Klasse F 125, die Einsätze bis zu zwei Jahren ermöglichen. Mit Partnern in der Region und in Singapur sei man über die Einrichtung eines temporären logistischen Zentrums (›logistic support hub‹) im Gespräch, mit dessen Hilfe die logistische Betreuung vereinfacht würde.«[129]

Ursächlich für diese Bestrebungen ist die Tatsache, dass der Indo-Pazifik zunehmend als eine, wenn nicht gar die wichtigste Region der Welt gilt, um deren Kontrolle sich immer schärfere Auseinandersetzungen abzeichnen. Begrifflich handelt es sich dabei um eine Wortschöpfung, die keineswegs wertneutral einen Raum im Indischen und Pazifischen Ozean beschreibt, vielmehr ist sie ein Kampfbegriff der USA in der Systemkonkurrenz mit China – die Übernahme durch die deutsche Politik ist deshalb umso entlarvender. Zwar wurde teils bemängelt, die Fahrt der Bayern habe allenfalls Symbolcharakter, die dahinterstehende Signalwirkung sollte aber dennoch nicht unterschätzt werden: »Die Fahrt nach Fernost soll Botschaften an drei Adressaten richten. Sie ist: eine Warnung an China; eine Beistandsbekundung für die Verbündeten in der Region; eine Solidaritätsadresse an die USA: Im Systemwettbewerb mit China ist Deutschland an der Seite der Amerikaner.«[130]

Überdies war Deutschland (neben Frankreich und den Niederlanden) federführend bei der Verschärfung des EU-China-Kurses. Ein erstes Signal für eine Verhärtung der Fronten wurde bereits in einer gemeinsamen Mitteilung der EU-Kommission und der EU-Außenbeauftragten im März 2019 gesendet. Darin hieß es zwar,

---

129 Mergener, Hans-Uwe: Bundeswehr plant jährliche Präsenz im Indo-Pazifik, ESUT, 22.12.2021.

130 Auf maritimer Mission in Fernost, The Pioneer, 21.07.2021.

China sei in »verschiedenen Politikbereichen ein Kooperations-
partner«, andererseits aber nicht zuletzt auch »ein wirtschaftlicher Konkurrent in Bezug auf technologische Führung und ein
Systemrivale, der alternative Governance-Modelle propagiert.«[131]
Im Anschluss daran verabschiedete der EU-Rat im April 2021
Schlussfolgerungen zum Indo-Pazifik[132] und im September 2021
eine Gemeinsame Indo-Pazifik-Mitteilung von Kommission und
Außenbeauftragtem, in denen von beiden eine erhöhte europäische Militärpräsenz in der Region gefordert wurde.[133] Nahezu zeitgleich erwähnte Kommissionspräsidentin Ursula von der Leyen
die Strategie auch in ihrer Rede zur Lage der Europäischen Union
vom 15. September 2021 und ordnete die Vorgänge gleichzeitig in
einen größeren machtpolitischen Zusammenhang ein: »Wir treten in eine neue Ära verstärkter Konkurrenz ein. Eine Ära, in der
manche vor nichts zurückschrecken, um an Einfluss zu gewinnen:
von Impfversprechen und hohen Zinssätzen bis hin zu Raketen
und Desinformation. Eine Ära regionaler Rivalitäten und großer
Mächte, die ihr Verhältnis zueinander neu austarieren. […] In diesem Sinne ist die heute verabschiedete neue Indopazifik-Strategie
der EU ein Meilenstein. Sie spiegelt die wachsende Bedeutung der
Region für unseren Wohlstand und unsere Sicherheit wider. Aber
auch die Tatsache, dass autokratische Regime versuchen, ihren
Einflussbereich in dieser Region zu erweitern. Europa muss präsenter und aktiver sein.«[134]

Allerdings setzten die USA mit dem anti-chinesischen AUKUS-
Bündnis, das sie im September 2021 zusammen mit Großbritannien
und Australien ohne Absprache mit der EU schlossen, ein klares
Signal, dass es Washington begrüßen würde, wenn sich die Euro-

131 EU-China – Strategische Perspektiven, JOIN (2019) 5, 12.03.2019.

132 EU-Strategie für die Zusammenarbeit im indopazifischen Raum – Schluss-
     folgerungen des Rates, 16.04.2021.

133 EU-Strategie für die Zusammenarbeit im indopazifischen Raum, Gemeinsa-
     me Mitteilung JOIN(2021) 24 final, Brüssel, 16.09.2021.

134 Ursula von der Leyen: Rede zur Lage der Union, Brüssel, November 2021.

päer aus der Region eher heraushalten und auf Russland konzentrieren würden. Aktuell ist tatsächlich unklar, ob die deutschen und
europäischen Ambitionen im Indo-Pazifik angesichts des Ukraine-
Krieges wieder etwas in den Hintergrund treten werden. Dass die
Region aber wieder gänzlich vom Radar der machtpolitischen Ambitionen Deutschlands verschwinden wird, ist eher unwahrscheinlich.

4.
Bundeswehr 4.0:
Umbau für den Neuen Kalten Krieg

Die neuerliche Hinwendung zum Systemkonflikt mit Russland (und womöglich auch China) leitete auch einen »tiefgreifenden und teuren Paradigmenwechsel des deutschen Verteidigungsdispositivs in nahezu allen Aspekten« ein.[135] Im Mittelpunkt steht dabei der Aufbau digitalisierter Großverbände, der seither sowohl konzeptionell als auch praktisch ins Zentrum der Bundeswehr-Planungen gerückt ist und kurz- bis mittelfristig in den NATO-Rahmen eingebettet wird. Aus den NATO- und EU-Rüstungsplanungsprozessen ergeben sich folgende Zielvorgaben, die anschließend in das neue Weißbuch, die Konzeption und schließlich das Fähigkeitsprofil der Bundeswehr übernommen wurden: Deutschland soll mindestens einen Großverband für eine MJO+ stellen, der vollausgestattet für einen hochintensiven Konflikt abrufbereit stehen muss.[136] Gleichzeitig gilt es, die Fähigkeiten für Auslandseinsätze und Aufstandsbekämpfung beizubehalten (»360-Grad-Ansatz«). Hinzu kommen die Verpflichtungen im Rahmen der NATO-Vorwärtspräsenz und der Anspruch, ab 2025 den Kern der neuen EU-Schnelleingreifkapazität zu stellen.

---

135 Meyer zum Felde 2018, S. 114.

136 Olshausen, Klaus: NATO's Readiness Action Plan for Assurance and Deterrence – Progress & Challenges on the Road from Wales to Warsaw, ISPSW Strategy Series, Nr. 402, Januar 2016, S. 4.

NATO	EU	Bundeswehr	Funktion
Strategisches Konzept	Globalstrategie	Weißbuch	Strategische Prioritäten
Politische Leitlinie	Strategischer Kopass	Konzeption	Differenzierung Aufgaben und Anforderungen
NATO-Fähigkeitsziele	Militärisches Planziel	Fähigkeitsprofil	Konkrete Zahlen: Personal und Ausstattung

4.1
Weißbuch – Konzeption – Fähigkeitsprofil: Großverbände und Großmachtkonkurrenz

Es sind, wie erläutert, die NATO-Zielvorgaben, die für die deutsche Streitkräfteplanung weiterhin die entscheidende Rolle spielen. Entsprechend der Prioritätensetzung auf Auslandseinsätze ab den 1990ern hatte diese auch Folgen für die Truppenstruktur, wie heute in militär- und rüstungsnahen Kreisen lautstark beklagt wird: »Das Heer ist nach wie vor strukturell auf den Afghanistaneinsatz ausgelegt und dementsprechend wurden auch die Prozesse und Ziele der Ausrüstungsplanung auf das Internationale Krisenmanagement optimiert. Viele Fähigkeiten, die im Systemzusammenhang des Heeres gegen einen gleichwertigen Gegner den Erfolg im hochintensiven Gefecht sichern, gingen verloren und die Vollausstattung mit Gerät wurde aufgegeben.«[137] Für die »Wiederkehr der Konkurrenz großer Mächte« sah man sich also in der Bundeswehr lange Zeit schlecht gerüstet: »Gegenwärtig sind die 2 Divisionen und 6 Brigaden des Heeres zu einem ›force pool‹ für Krisenmanagementeinsätze verkommen und können lediglich noch als Organisationselemente, aber nicht mehr als geschlossen einsetzbare Großverbände angesehen werden. Von der Allianz wird wieder auf abgestuft einsatzbereite, aber kampfkräftige, multinationale Großverbände mit wieder-

---

137 Bach, Andreas: Die Ausrüstungsplanung des Deutschen Heeres 2022, ESUT, 13.05.2022.

hergestellter Fähigkeit zum Gefecht der verbunden Waffen ab der
Brigade-Ebene aufwärts gedrängt.«[138]

Über die Jahre hat die Landes- und Bündnisverteidigung mit
ihrer Ausrichtung auf hochintensive Gefechte gegen gleichrangige
Gegner wieder immer weiter an Bedeutung gewonnen – sie bestimmt seit einigen Jahren nahezu komplett den in die Wege geleiteten Totalumbau der Bundeswehr. In früheren Jahren wurden die
Zielvorgaben aus dem NATO-Planungsprozess von Deutschland
(und anderen Mitgliedsländern) oft zumindest in Teilen ignoriert,
was immer wieder zu Streit im Bündnis führte. Seit der Eskalation
im Verhältnis zu Russland hat aber auch diesbezüglich eine Trendwende eingesetzt, die ihre erste Auswirkung in der bereits beschriebenen Neufokussierung auf die Landes- und Bündnisverteidigung
fand, die mit dem Weißbuch von 2016 unternommen wurde.

Während in der 2006er-Fassung des Weißbuchs Militärinterventionen Vorrang vor der Landes- und Bündnisverteidigung (LV/BV)
eingeräumt wurde, hieß es in der bis heute aktuellsten Weißbuch-
Variante von 2016: »Die Verteidigungsplanung der Allianz wird von
der Stärkung der Fähigkeiten zur Abschreckung, Bündnisverteidigung und Rückversicherung bei gleichrangiger Bereitstellung von
Fähigkeiten zum Krisenmanagement bestimmt. Dies erfordert die
systematische Anpassung des Verteidigungsdispositivs der Allianz
und ihrer Mitgliedstaaten. Deutschland wird sich hier auch künftig im Bewusstsein seiner Verantwortung und Leistungsfähigkeit
umfassend einbringen. […] Die Bundeswehr muss sich an der an-
spruchsvollsten Aufgabe, der Landes- und Bündnisverteidigung,
orientieren und zudem die Kräfte und Mittel zum internationalen
Krisenmanagement und zur nationalen Krisenvorsorge bereitstel-
len.«[139]

---

138 Meyer zum Felde 2018, S. 114.
139 Weißbuch 2016, S. 65 und 138. Insbesondere was Russland anbelangt, spricht
   schon das Weißbuch eine klare Sprache: »Die Krise in der und um die Ukraine ist konkreter Niederschlag einer langfristigen innen- und außenpolitischen Entwicklung. Russland wendet sich dabei von einer engen Partner-

Hieran knüpfte auch die nächste Ebene der Bundeswehr-Do-kumentenhierarchie an, die »Konzeption der Bundeswehr« vom Juli 2018. Sie formuliert eine Nationale Zielvorgabe (NatZV), mit der die Vorgaben des Weißbuchs konkretisiert werden soll, aller-dings ist auch sie noch rein qualitativer Natur, verzichtet also auf konkrete Zahlen: »Die neue KdB übersetzt den im Weißbuch 2016 formulierten Willen Deutschlands zur Übernahme von mehr Ver-antwortung in der Welt in Vorgaben zum Handeln für die gesamte Bundeswehr unter Führung des Bundesministeriums der Verteidi-gung.«[140] Mit der »Konzeption der Bundeswehr« wurden die vom Weißbuch vorgenommen Weichenstellungen bestätigt, indem auch darin Auslandseinsätze und die Landes- und Bündnisverteidigung auf dieselbe Stufe gestellt werden. Russland wird darin zwar nicht ausdrücklich erwähnt, aber immer wieder ist die Rede davon, dass aufgrund »der sicherheitspolitischen Entwicklungen der letzten Jahre [...] die kollektive Bündnisverteidigung wieder in den Fokus der strategischen Überlegungen der NATO gerückt« sei.[141] Hierbei könnten die Maßnahmen der Bündnissolidarität »der Bundeswehr absehbar zusätzliche Leistungen und Fähigkeiten, besonders in den Randgebieten der Bündnisse, aber auch aufgrund der besonderen Lage Deutschlands als Transitland in der Mitte Europas und als Host Nation abverlangen.«[142] Obwohl formal gleichgestellt, ist offen-sichtlich, wo die Prioritäten liegen: Die Landes- und Bündnisvertei-digung sei nunmehr »der bestimmende Parameter für die Grund-aufstellung der Bundeswehr.«[143]

---

schaft mit dem Westen ab und betont strategische Rivalität. International präsentiert sich Russland als eigenständiges Gravitationszentrum mit globa-lem Anspruch.« (Ebd., S. 32)

140 Die Konzeption der Bundeswehr – Ausgewählte Grundlinien der Gesamt-konzeption, Hardthöhenkurier, August 2018.

141 BMVg: Konzeption der Bundeswehr, Juli 2018, S. 23.

142 Ebd., S. 38.

143 Bundesministerium der Verteidigung: Konzeption der Bundeswehr, Berlin, 20.07.2018, S. 38.

Und weiter: »Die Bundeswehr muss mit ihrem Single Set of Forces in der Lage sein, zur kollektiven Bündnisverteidigung in allen
Dimensionen mit kurzem Vorlauf, mit umfassenden Fähigkeiten
bis hin zu kampfkräftigen Großverbänden innerhalb und auch am
Rande des Bündnisgebietes eingesetzt zu werden.«[144] Am wahr-
scheinlichsten sei ein »konventioneller Angriff« an den Außengren-
zen, deshalb müsse die Bundeswehr »über Kräfte und Mittel verfügen, die nach kurzer Vorbereitung an den Grenzen oder jenseits
des Bündnisgebietes einsetzbar sind.«[145] Diese Formulierungen sind
entlarvend, lassen sie doch genug Spielraum, um die Bundeswehr
auch für Auseinandersetzungen in einem der aktuell noch ›block-
freien‹ Länder zwischen der NATO und Russland hochzurüsten, in
denen die Spannungen schon vor der jüngsten Eskalation in der Ukraine seit Jahren zugenommen hatten.

Gleichzeitig spricht die KdB aber eben auch von einer »perma-
nenten 360-Grad-Bedrohung« und meint damit nicht nur, dass die
Konflikte mit Russland inzwischen auch nördlich und südlich des
Bündnisgebietes ausgetragen werden, sondern dass man generell
auch weiter global interventionsfähig sein will. Schließlich könne es
erforderlich sein, so die KdB weiter, »Schifffahrt, Luftverkehr und
Handelswege zu sichern.« Hierfür könne auch ein »zeitlich begrenzter friedenserzwingender Kampfeinsatz erforderlich werden.« Und
weiter: »Streitkräfte müssen einen Waffenstillstand einschließlich
der Einrichtung von Flugverbotszonen, Puffer- und Schutzzonen
und der Entwaffnung und Rückführung der Konfliktparteien umsetzen können.« Kommt es dann zu einer Intervention, stellt sich
die Bundeswehr auch noch selbst die Lizenz aus, gegebenenfalls
direkt die Administration des betroffenen Landes zu übernehmen
– anders ist die folgende Passage nur schwerlich zu interpretieren:
»Ist das betroffene Land selbst nicht in der Lage, die öffentliche Sicherheit und Ordnung umfassend sicherzustellen, kann die Bundes-

---

144 Ebd., S. 23.
145 Ebd., S. 39.

wehr in einem ressortübergreifenden Ansatz vorübergehend auch
Ordnungsaufgaben wahrnehmen, deren Äquivalent im Inland von
nicht-militärischen Stellen geleistet wird.«[146]

Im Anschluss an die Konzeption der Bundeswehr folgte nur wenige Monate später das rangnächste Papier – ab da wurde es dann
konkret: »Das Fähigkeitsprofil der Bundeswehr nimmt die qualitativen Vorgaben des Weißbuches und der Konzeption der Bundeswehr
auf und operationalisiert die darin qualitativ beschriebene Nationale Ambition in spezifische, quantitative Festlegungen. Es beschreibt
in seiner Gesamtheit das qualitative und quantitative Sollprofil der
Bundeswehr für ihre zukünftige Aufgabenerfüllung und dient somit für die Zielbildung, vor allem auch im Bereich der Digitalisierung, als notwendiger Endzustand, den es idealerweise zu erreichen
gilt.«[147]

Auch die Planungen der Bundeswehr setzen auf hohes Tempo
und damit rasche Verlegefähigkeit, was es aus ihrer Sicht erforderlich macht, im Gegensatz zu früheren Jahren nun einen Großteil
des Materials in allen Großverbänden künftig permanent vorzu-
halten (»Kaltstartfähigkeit«): »Aktuell ist ein erheblicher Teil der
Bundeswehr nur ›planbar einsatzfähig‹ – das heißt, dass Material
und Truppenteile je nach Bedarf nur mit größerem zeitlichen Vorlauf verlegt und eingesetzt werden können. Dieses Modell ist auf
die gegenwärtigen Auslandseinsätze zugeschnitten, bei denen sich
Einsatzkontingente im Zielland abwechseln und so viel Zeit für die
Vorbereitung bleibt. Parallel dazu stellt die Bundeswehr Soldaten
und Material für die Nato-Eingreiftruppe bereit. Für den Vertei-
digungsfall aber verfügte die Bundeswehr früher über sogenannte
Großverbände, die schnell alarmiert und selbstständig eingesetzt
werden konnten.«[148]

---

146 Ebd., S. 25f.

147 Das Fähigkeitsprofil der Bundeswehr – Treiber von Innovation und der Digi-
     talisierung der Streitkräfte, ESUT, 04.09.2019.

148 Neuwert, Kilian: Hausgemachte Krise? Der Strukturwandel der Bundeswehr,
     BR24, 03.03.2022.

Der konkrete Schritt in diese Richtung erfolgte dann mit dem Fähigkeitsprofil, das seither regelmäßig aktualisiert wird. Es setzt die Vorgaben der Politischen Leitlinie der NATO aus dem Jahr 2015 voll um – ein Novum: »Die Bundesrepublik hat somit zum ersten Mal – und als erste große Nation – die Resultate des Nato-Verteidigungsplanungsprozesses als ›Soll-Vorgabe‹ für die eigene Streitkräfteplanung übernommen. […] Damit sollen sich die individuellen nationalen Planungsziele der Bundeswehr in eine Nato-Planung einfügen, durch die langfristig im Bündnis ein qualitativ und quantitativ ausreichendes Fähigkeitsdispositiv erreicht wird.«[149]

Bereits im Frühjahr 2017 waren Auszüge aus den »Vorläufigen konzeptionellen Vorgaben für das künftige Fähigkeitsprofil der Bundeswehr« in der Presse veröffentlicht worden. Verfasst unter der Ägide von Generalleutnant Erhard Bühler wurden auch darin keine Zweifel daran gelassen, dass der »Bündnisverteidigung«– und damit faktisch der Rüstung gegen Russland – künftig wieder mehr Bedeutung zukommen soll. Deutschland müsse bis 2031 drei schwere Divisionen in die NATO einbringen können, die erste bereits 2026, hieß es darin.[150]

Zwar ist das dann am 3. September 2018 beschlossene Fähigkeitsprofil der Bundeswehr als Verschlusssache und die aus ihm abgeleiteten in einem Anhang aufgeführten Rüstungsvorhaben sogar noch einmal höher als »geheim« eingestuft worden, einige Informationen dazu drangen dennoch an die Öffentlichkeit. Bekannt ist, dass das Fähigkeitsprofil die Vorgaben des NATO-Verteidigungsplanungsprozesses aufnahm und den Aufbau von Großverbänden auf den Weg brachte, der sich bereits im Bühler-Papier angekündigt hatte. Im Wesentlichen sollte dies nach damaligen, seit der Zeitenwende noch einmal beschleunigten Planungen in drei Schritten erfolgen:

---

149 Glatz, Rainer/Zapfe, Martin: Ambitionierte Rahmennation: Deutschland in der Nato– die Fähigkeitsplanung der Bundeswehr und das »Framework Nations Concept«, SWP-Aktuell 62, August 2017, S 3f.

150 Wagner, Jürgen: Bühler-Papier. Rüstungsoffensive und Totalumbau der Bundeswehr, in: AUSDRUCK (Juni 2017), S. 22-24.

2023 sollte ein VJTF-Brigadeäquivalent – also etwa 5.000 Soldat*innen – mit voller Bewaffnung bei gleichzeitiger Aufrechterhaltung
aller anderen Verpflichtungen (z. B. für die EU-Kampftruppen)
in die NATO eingebracht werden können. Ein Jahr später als im
Bühler-Papier geplant, sollte der zweite Schritt folgen, nämlich 2027,
da strebte die Bundeswehr an, eine Division (15.000 bis 20.000 Soldat*innen) beizusteuern. Das Ende des zum damaligen Zeitpunkt im
Fähigkeitsprofil beschriebenen Planungshorizontes war schließlich
2032 erreicht, von da ab sollten dann drei Divisionen für einen Krieg
mit Russland gerüstet sein. Hinzu sollen vier multinationale Flug-
zeugstaffeln sowie 25 Kampfschiffe kommen, plus acht U-Boote.[151]

Der Aufbau von Großverbänden ist dabei das eine, sie ›wirk-
mächtig‹ zum Einsatz bringen zu können, steht auf der anderen Seite
des Papiers. Schließlich braucht es für den »modernen Großkrieg«
deutlich »andere Gerätschaften als für asymmetrische bzw. hybride
Kriegsszenarien.«[152] Aus diesem Grund wird eine umfassende Digitalisierung der Streitkräfte für erforderlich erachtet, für die sich das
Fähigkeitsprofil als ein entscheidender Impulsgeber erweisen sollte:
»Sie [die Digitalisierung] trägt maßgeblich dazu bei, die Durchsetzungsfähigkeit der Streitkräfte auf dem Gefechtsfeld sicherzustellen.
[…] Die Untersuchungen zum Fähigkeitsprofil der Bundeswehr waren der Auftakt einer Neuakzentuierung und -justierung der Fähigkeiten der Bundeswehr als Folge veränderter sicherheitspolitischer
Rahmenbedingungen. […] Das Fähigkeitsprofil der Bundeswehr
wird […] die Basis für eine innovationsfähige und -willige Bundeswehr sein und in unsteten Zeiten den übergeordneten Rahmen zum
Erreichen der Nationalen Ambition setzen. Franz Kafka wird der
Spruch zugeschrieben, dass Wege erst dadurch entstehen, dass man
sie geht. In diesem Sinne gilt es, den durch das Fähigkeitsprofil der

---

151 Neues Fähigkeitsprofil komplettiert Konzept zur Modernisierung der Bun-
     deswehr, bmvg.de, 04.09.2018.

152 Sebaldt, Martin: Rüstungspolitik im Zeichen des Versagens: Die Trendwende
     Material der Bundeswehr zwischen Anspruch und Realität, in: Zeitschrift für
     Außen Sicherheitspolitik (2020) 13, S. 177–196, S. 179.

Bundeswehr aufgezeigten Weg insbesondere im Bereich der Digitalisierung konsequent zu gehen.«[153]

Perspektivisch wollte Deutschland, bevor die Zeitenwende dazwischenkam, bis 2032 drei Divisionen einer MJO+ für einen hochintensiven Großkonflikt gegen einen etwa gleichrangigen Gegner stellen. Wer dabei – bereits lange vor dem russischen Angriff auf die Ukraine im Februar 2022 – im Blick war, war kein großes Geheimnis. So zitierte der *Spiegel* 2017 aus einem geheimen NATO-Papier zur Reform der Kommandostrukturen: »Die bisherige Nato-Kommandostruktur würde ihren Zweck ›im günstigsten Fall nur teilweise erfüllen und, obwohl sie nie getestet wurde, schnell versagen, sollte sie mit dem vollen Nato-Level of Ambition konfrontiert werden‹, heißt es in dem Papier. Dieser ›Level of Ambition‹ wird als Kategorie ›MJO+‹ definiert. Im Klartext: Die Nato bereitet sich auf einen möglichen Krieg mit Russland vor.«[154]

4.2
Heerespapier: Die Planungen für den (Informations-)Krieg

Einen der seltenen Einblicke, wie die NATO bzw. die Bundeswehr sich einen möglichen Krieg gegen Russland konkret vorstellt und welche Überlegungen damit schlussendlich dem Fähigkeitsprofil zugrunde liegen, lieferte das Mitte 2017 an die Öffentlichkeit gelangte Thesenpapier »Wie kämpfen die Landstreitkräfte künftig« des Heereskommandos. Bei diesem Dokument handelte es sich keineswegs nur um eine Fingerübung, sondern um eine der zentralen Arbeiten für die künftige Struktur des Heeres: »Die in diesem Papier dargelegten Ideen und Anforderungen werden in einem Operationskonzept vertieft und dann konsequenterweise in neuen Strukturen münden. […] Das zukünftige Operationskonzept soll dabei die quantitativen und qualitativen Forderungen des Fähigkeitsprofils der Bundeswehr

---

153 Das Fähigkeitsprofil der Bundeswehr – Treiber von Innovation und der Digitalisierung der Streitkräfte, ESUT, 04.09.2019.

154 Gebauer, Matthias: So schwach ist die Nato, Spiegel Online, 21.10.2017.

– abgeleitet aus den akzeptierten NATO Planungszielen und den nationalen Aufgaben – mit den hier dargestellten Ideen verknüpfen. Es wird so zum gedanklichen Kernelement der zukünftigen Entwicklung der Landstreitkräfte.«[155]

In dem Thesenpapier wird ein detailliertes Szenario entworfen, wie die Bundeswehr einen Landkrieg gegen Russland im Jahr 2026 gewinnen will – dabei handelt es sich wohl nicht von ungefähr um genau das Jahr, in dem laut der ursprünglichen Planungen die erste voll ausgerüstete Bundeswehr-Division zur Verfügung stehen sollte: »Aufgrund der unübersehbaren Defizite bei Landes- und Bündnisverteidigung nimmt dieses Thesenpapier die Fähigkeiten für den Kampf gegen einen gleichwertigen Gegner als Grundstein der Überlegungen.«[156]

Das beschriebene Szenario nimmt seinen Ausgangspunkt in Konflikten an der NATO-Ostflanke, mutmaßlich ist hier Litauen gemeint. Dort droht der Einmarsch einer feindlichen Macht, dem durch die frühzeitige Verlegung der zu diesem Zeitpunkt erneut von Deutschland befehligten Ultraschnellen NATO-Eingreiftruppe (VJTF) vorgebeugt werden soll, was aber nicht die erhoffte abschreckende Wirkung erzielt: »Der Beschluss zur Aktivierung und Verlegung der VJTF (stand by), bestehend im Kern aus dem DEU Einsatzdispositiv (EDP), wurde aufgrund einer überraschenden Lageentwicklung notwendig. […] Dennoch kommt es nach einer Phase von Desinformation, separatistischen Aktivitäten, lokalen Angriffen von Separatisten und verdeckt operierenden Special Operation Forces zum Angriff der gegnerischen Hauptkräfte.«[157]

---

155 Heereskommando (Hg.): Thesenpapier I: Wie kämpfen Landstreitkräfte künftig?, o. J., S. 25. Das Papier wurde wohl im Sommer 2017 fertiggestellt, erschien aber erst später zuerst auf pivotarea.eu, 22.09.2017. Erst danach wurde es auch auf der offiziellen Seite des Heeres veröffentlicht.

156 Ebd., S.5. Siehe zu den Thesenpapieren des Heereskommandos auch Kirsch, Martin: Vom Szenario zur Aufrüstung. Der Feind steht wieder im Osten, in: AUSDRUCK (März 2022), S. 22-25.

157 Thesenpapier I: Wie kämpfen die Landstreitkräfte künftig?, S. 13f.

Bei den anschließenden Kämpfen sei dann vor allem Tempo
gefragt: »Die fortschreitende Technologisierung (Digitalisierung,
Autonomisierung, Robotik, Miniaturisierung, Weltraum) erweitert
zunehmend die Möglichkeiten, in der Dimension Land aus allen anderen Dimensionen heraus und auch in diese hinein aufzuklären, zu
überwachen und zu wirken. [...] Auch gegnerisches Handeln wird
sich zukünftig in allen Dimensionen auswirken. Das Gefechtsfeld
wird dabei einerseits für alle Seiten transparenter, andererseits aufgrund der Vielzahl von Signaturen, Beeinflussungen und Parame-
tern aber auch komplexer. Jede Präsenz und Aktion von LaSK auf
einem zukünftig ›gläsernen‹ Gefechtsfeld oder Einsatzraum erzeugt
reaktiv einen Effekt im Informationsraum, der ›Kampf‹ um/mit Informationen muss zwingend – und schnell im Sinne einer ›Golden
Hour‹ – geführt werden. Dies wird insbesondere vor dem Hintergrund komplexer, hybrider Kriegs- und Konfliktbilder deutlich und
bedingt die Überprüfung und ggf. Anpassung von Einsatzverfahren,
Operationsführung und Ausbildung.«[158]

Nach einer ›erfolgreichen‹ Verteidigungsphase, bei der der gegnerische Vormarsch gestoppt wird, geht die NATO dann ihrerseits
in die Offensive – auf dem Gefechtsfeld stellt sich das dann wie folgt
dar: »Zur Vorbereitung des Gegenangriffs befiehlt der BrigKdr das
Auslösen des langfristig vorbereiteten Lähmens des gegnerischen
FüInfoSys, um den gegnerischen Entscheidungsprozess zu verlang-
samen. Parallel werden in offenen Quellen (soziale Netzwerke, Mes-
senger Services, Nachrichtenkommentare etc.), eine Vielzahl von
Meldungen platziert, die auf ein Ausweichen der NATO-Kräfte hin-
deuten und so die eigene Absicht verschleiern helfen.«[159]

Doch der (Informations-)Krieg soll nicht allein auf dem Ge-
fechtsfeld, sondern auch an der Heimatfront ausgefochten werden:
»Nachdem sich der Erfolg des Gegenangriffs abzeichnet, befiehlt der
BrigKdr eine offensive und mehrsprachige Informationskampagne,

---

158 Ebd., S. 8f.
159 Ebd., S. 18f.

die durch Bilder, Text, Videos etc. die Erfolge der NATO-Truppen herausstreicht und zeigt, dass Kollateralschäden vermieden werden, aber auch eigene Verluste nicht verschweigt. Zeitgleich werden ausgesuchte Angehörige des Gegners und deren Angehörige adressiert. Durch diese zeitnahe ehrliche und offene Berichterstattung wird gegnerischer Propaganda entgegengewirkt, die öffentliche Meinung sowohl in den NATO-Staaten als auch beim Gegner beeinflusst und die Informationshoheit umstritten oder gewonnen.«[160]

Damit wurde auch eine »Art Wunschliste für die Erprobung und Beschaffung neuer Technik und Waffensysteme« geliefert,[161] mit deren Umsetzung sich dann zwei weitere direkt daran anschließende Thesenpapiere aus demselben Jahr beschäftigten. Sowohl »Digitalisierung von Landoperationen« (Thesenpapier II) sowie »Rüstung digitalisierter Landstreitkräfte« (Thesenpapier III) beschäftigen sich vorwiegend mit den rüstungsstrategischen Fragen der angestrebten Digitalisierung der Truppe. Im Thesenpapier II heißt es dazu: »Es gilt, an den rasanten technologischen Entwicklungen teilzuhaben und von ihnen zu profitieren. Dadurch schaffen die LandSK die Voraussetzungen, um auch in Szenaren [sic], die zunehmend von der Digitalisierung bestimmt werden – auf einem ›neuen‹ Gefechtsfeld – erfolgreich operieren zu können. […] Vernetzung ist in einem rasant verlaufenden, hoch intensiven Gefecht die Voraussetzung für das Erreichen von Informationsüberlegenheit als Voraussetzung zur Führungs- und Wirkungsüberlegenheit. In diesem Sinne nutzt das Heer die Digitalisierung, um robuste Fähigkeiten in den Bereichen Informationsüberlegenheit – Führungsüberlegenheit – Wirkungsüberlegenheit zu erlangen und diese weiter auszubauen.«[162] Thesenpapier III spart dann nicht mit Kritik am bisherigen Bundeswehr-Beschaffungsprozess, der am Be-

---

160   Ebd., S. 19.

161   Kirsch 2022, S. 25.

162   Heereskommando (Hg.): Thesenpapier II: Digitalisierung von Landoperationen, o. J., S. 4f.

darf vorbeigehe: »Die Verfahren für Planung, Beschaffung und den Haushaltsvollzug sind regelmäßig zu langsam und gefährden so die äußere Sicherheit Deutschlands.«[163]

4.3
Angriffspfeil Nord: Großverbände

Natürlich werden auch für die Luftwaffe und die Marine neue Rüstungsprojekte aufgelegt, im Zentrum der neuen Großverbände steht aber das Heer, dem die anderen Streitkräftegattungen zuarbeiten. Der dem Fähigkeitsprofil entsprungene Plan Heer umfasst zwei – ja, sie werden tatsächlich so genannt – »Angriffspfeile« (Nord: Großverbände und Süd: Digitalisierung), die nach mehreren Zwischenschritten in den ursprünglichen Prä-Zeitenwende-Planungen 2032 zum Heer 4.0 mitsamt den entsprechenden Rüstungsvorhaben zusammenlaufen sollen.

Auf der Einheitenachse sollte der erste Zwischenschritt 2023 mit der Übernahme der NATO-Eingreiftruppe VJTF erreicht werden: »Das Heer will […] die Panzergrenadierbrigade 37 in Frankenberg bis 2023 für die NATO-Speerspitze als Standardbrigade personell und materiell vollausgestattet verfügbar machen. Erweitert um das als sechster aktiver Panzerverband wiederaufgestellte Panzerbataillon 363 in Hardheim wird es mit zwei Panzergrenadierbataillonen und zwei Panzerbataillonen zu einer Standardbrigade werden.«[164]

Naturgemäß sind die Planungen für 2023 am weitesten fortgeschrittenen. Für die – nach der Zeitenwende um zwei Jahre vorgezogene – Division 2027 wurde aber bereits früh spekuliert, dass hierfür die in Veitshöchheim bei Würzburg stationierte 10. Panzerdivision vorgesehen sein könnte: »Im Folgeschritt soll die Division 2027 als Zwischenschritt 2 mit drei vollständigen, anteilig digitalisierten mechanisierten Brigaden erreicht werden. Bei beiden Schrit-

---

163 Heereskommando (Hg.): Thesenpapier III: Rüstung digitalisierter Landstreitkräfte, o. J., S. 7.

164 Dreifke, Jürgen: Das Fähigkeitsprofil der Bundeswehr– Planung 2018-2032, reservistenverband.de, März 2021, S. 3.

ten gehören Teile von Divisions- und sogar Korpstruppen dazu. [...] Zur Division 2027 sollen neben einem Hubschrauberverband eine Panzer- und zwei Panzergrenadierbrigaden voll und modern ausgestattet gehören. Diese bestehen aus jeweils drei mechanisierten Kampftruppenbataillonen und einem Infanterieverband. [...] Für die Division 2027 sollen ein gemischtes Divisionsartillerieregiment und drei Brigadebataillone zu zwei Batterien mit neun Haubitzen aus heutigen Kräften zeitgerecht verfügbar gemacht werden.«[165]

Am Ende des Planungshorizontes sollten dann 2032 wie erwähnt acht deutsche Brigaden stehen, die zu einem späteren Zeitpunkt auf zehn Brigaden aufwachsen sollten. Hier war lange alles recht spekulativ, über die Zusammensetzung der beiden weiteren Divisionen wurden aber ebenfalls bereits früh Vermutungen angestellt: »Sehr naheliegend ist, dass in der 1. Panzerdivision (Oldenburg) mit der Panzerlehrbrigade 9 in Munster und der Panzergrenadierbrigade 41 in Neubrandenburg parallel dazu bis 2031 eine digitalisierte Division entwickelt wird, um die Erfahrungen des Erprobungsverbandes in Munster umzusetzen. [...] Eine zweite digitalisierte Division dürfte zeitgleich bis 2031 im Süden aus der Gebirgsbrigade 23, der Luftlandebrigade 1 und einer bis dahin voll aufgestellten deutschfranzösischen Brigade gebildet werden.«[166]

Was den »Angriffspfeil Süd« anbelangt, scheinen die größten Veränderungen wohl erst für die späteren Divisionen ins Auge gefasst zu werden: »Die Division 2027 wird noch einmal die klassischen Befähigungen des Deutschen Heeres im Kampf der verbundenen Waffen mit mechanisierten (= gepanzerten) und einem Anteil leichter Kampftruppen wiederbeleben und noch einmal zur Geltung bringen. [...] Die eigentliche digitale Innovation in der Landkriegführung wird dann in den Folgejahren in den anderen beiden Divisionen umgesetzt.«[167]

165 Klos, Dietmar: Beschaffungsvorhaben des Heeres, ESUT, 29.06.2021.
166 Dreifke 2021, S. 8.
167 Ebd., S. 9.

4.4
Angriffspfeil Süd: Digitalisierung

Die Vollvernetzung in Echtzeit gilt mittlerweile als wesentlicher
Faktor für einen Sieg auf dem Schlachtfeld und ist dementsprechend
das vorrangige Ziel der Digitalisierungspläne der Bundeswehr:
»Kern der aktuellen Aufrüstungsbestrebungen der Landstreitkräfte ist es, ein umfassendes Kommunikationsnetzwerk zu errichten,
das auch unter Kriegsbedingungen an der Front noch in der Lage
ist, digitale Daten- und Sprachverbindungen herzustellen. [...] Ziel
ist ein sogenanntes ›gläsernes Gefechtsfeld‹, das durch überlegene
Aufklärung, Geschwindigkeit und in Echtzeit koordinierte Waffen-
wirkung geprägt ist.«[168]

Nach mehrfachen Umbenennungen firmiert dieses zusammen
mit dem niederländischen Verteidigungsministerium verfolgte Vorhaben mittlerweile unter dem Begriff eines »Tactical Edge Network«
(TEN) als Kern des Programms »Digitalisierung landbasierter
Operationen« (D-LBO). Bereits Ende 2018 hatte die Bundeswehr
folgenden Digitalisierungsfahrplan ausgegeben: »In einem ersten
Schritt zur Modernisierung der Kommunikations- und Informationstechnik der Landstreitkräfte ist in Vorgriff auf die Realisierung
des Programms D-LBO geplant, die VJTF (L) 2023 Brigade bis Ende
2020 mit einem leistungsfähigen Battlefield-Management-System
auszustatten. Damit wird das Zwischenziel 1 des Fähigkeitsprofils
der Bundeswehr zeitgerecht gemäß Konzeption der Bundeswehr
realisiert und vorgezogen zum bisherigen Programmansatz D-LBO
umgesetzt.«[169] Nach der ›erfolgreichen‹ Digitalisierung der ersten
Brigade (»Kräftedispositiv«) spätestens 2023 sollen die nächsten sieben Verbände an die Reihe kommen: »Die landbasierten Kräfte der
Bundeswehr sollen in acht Schritten ausgestattet werden, und zwar
in sogenannten Kräftedispositiven. Jedes Kräftedispositiv ist dabei

---

168 Kirsch, Martin: Digitalisierung der Bundeswehr. Weg in die (Tech)Aufrüs-
     tungsspirale, in: AUSDRUCK (März 2020), S. 24-30.

169 8. Bericht des Bundesministeriums der Verteidigung zu Rüstungsangelegen-
     heiten, Berlin, Dezember 2018, S. 23.

ein einsatzfähiger Truppenteil. Alle Kräftedispositive zusammen
benötigen nach derzeitiger Analyse mehrere zehntausend Ausstat-
tungen zur Kommunikations- und Informationsverarbeitung, mit
denen ca. 25.500 Fahrzeuge auszurüsten sind.«[170]

Ein wichtiger erster Digitalisierungsschritt bestand in den bereits im Thesenpapier III des Heereskommandos vorgeschlagenen
»Test und Versuchskräften 4.0«. Ihre Aufgabe wurde bei ihrer Ein-
weihung Anfang Dezember 2018 von der damaligen Verteidigungsministerin Ursula von der Leyen folgendermaßen beschrieben: »Mit
dem Testverband wird also die Digitalisierung erprobt. Das erfolgt
notwendigerweise in Einzelschritten. Zunächst geht es im Kern um
den Betrieb eines neuen Führungs- und Informationssystems, auch
Battle Management System genannt. Das bedeutet: Jedes Gerät, jedes Fahrzeug soll mit jedem anderen verknüpft werden, sodass die
militärische Führung jederzeit ein klares Lagebild besitzt. […] Es
geht darum, die vielen digitalen Inseln zu einem gemeinsamen militärischen Lagebild zusammenzuführen und ein schnelles vernetztes
Handeln aller beteiligten Einheiten gewährleisten.«[171]

Das Battle Management System (BMS) gilt als das »Führungs-
system für das Gefecht von Morgen«[172] – einen Eindruck, was darunter genau zu verstehen ist, liefert zum Beispiel die Fachzeitschrift
Europäische Sicherheit und Technik: »Das Battle Management System
wird das Rückgrat der Digitalisierung bilden. Es stellt die Oberfläche
für die Vernetzung bereit, ähnlich Windows für PCs oder Android
bzw. iOS für Handys. Genauer gesagt soll es ein Echtzeit-Lagebild
erstellen, durch das sowohl militärische Führer als auch die Soldaten
vor Ort einen für sie ausreichend umfassenden Überblick des Geschehens erhalten. Schließlich soll das Battle Management System
eine Vorauswahl treffen, um die beste Reaktion auf Vorkommnisse

---

170 Ebd., S. 23.
171 Statement der Ministerin in Munster, bmvg.de, 06.12.2018.
172 Staatssekretär Zimmer besucht Testverband Digitalisierung, Veröffentli-
    chungsdatum, bmvg.de, 13.03.2019.

in Sekundenschnelle ohne störende Emotionen zu ermöglichen. Es soll den Ruhepol im Gefecht bilden, auf den sich der militärische Führer verlassen kann. Wenn beispielsweise eine Patrouille gegnerische Panzer ausmacht, soll das Battle Management System diese Informationen verarbeiten, in der Lagekarte darstellen, die Bereitschaft und Fähigkeiten aller eigenen Kräfte vor Ort abgleichen und dem militärischen Führer das am besten geeignete Mittel zur Bekämpfung vorschlagen. Auch die Zieleinweisung sowie der Feuerbefehl für das so ausgewählte Fahrzeug kämen direkt aus dem Battle Management System. So zumindest das Ziel.«[173]

Auf den bei der Digitalisierung der VJTF-Brigade gemachten Erfahrungen will die Bundeswehr dann weiter aufbauen: »Das erste digitalisierte Kräftedispositiv wird auch als Referenz für die Weiterentwicklung der Architektur von MoTaKo und MoTIV bereit stehen.«[174] Über diese beiden Projekte schreibt die Bundeswehr: »Die Digitalisierung wird im Heer hauptsächlich die Kommunikation verändern. Ziel wird es sein, die mobile taktische Kommunikation (MoTaKo) und die mobile taktische Informationsverarbeitung (MoTIV) einzurichten. Hierbei geht es um ein digitales Gefechtsführungssystem – das Deutsche Heer 4.0. ›Wenn man es auf den Punkt bringen will: Wir brauchen die komplette Vernetzung mit breitbandigen Daten- und Sprachautobahnen, die Algorithmen gestützte Aus- und Bewertung sowie Korrelation von Daten, um aus Big-Data Smart-Data zu machen. Das ist der Weg, um Daten verzugslos an die Entscheider im Gefecht weiterzuleiten‹, so der Inspekteur des Heeres, Generalleutnant Jörg Vollmer, im Herbst 2018. Ziel sei schneller und präziser als der Gegner führen und wirken zu können. ›Digitalisierung ist kein Selbstzweck‹, ergänzt Vollmer.«[175] Zwar beinhaltet die Digitalisierung des Heeres eine Reihe von Maß-

---

173 Frank, Dorothee: SitaWare Frontline – Das neue Battle Management System der Bundeswehr, ESUT, 05.12.2019.

174 Thesenpapier II: Digitalisierung von Landoperationen, S. 9.

175 Die Umsetzung des Plans Heer beginnt, deutschesheer.de, 03.12.2018.

nahmen, die Zusammenführung von MoTaKo und MoTIV innerhalb des Programms Digitalisierung Landbasierter Operationen
(D-LBO) gilt aber als eigentliches Herzstück auf dem Weg zum Heer
4.0. Die D-LBO ist aus Sicht der Bundeswehr deshalb von »heraus-
ragender Bedeutung«,[176] weshalb sie folgerichtig als Kategorie-A-
Projekt mit höchster Priorität eingestuft wird. Es steht damit wegen
seiner »besonderen Bedeutung im Fokus der Leitung des BMVg.«[177]

In den Digitalisierungsplänen der Bundeswehr spielt auch die
Einführung von 5G eine wichtige Rolle. Daher wurde dies bereits
seit Dezember 2018 in den »Test und Versuchskräften 4.0« in Munster erprobt. In einem »Systemzentrum Digitalisierung Land«, das
am 12. Februar 2021 seine Arbeit aufnahm, will man außerdem
Zukunftstechnologien erproben. Es soll als »Hirn der Digitalisierung«[178] in Munster seiner Zeit künftig stets ein ordentliches Stück
voraus sein: »Das Systemzentrum mit einer äußeren, inneren und
IT-Architektur der Zukunft, lässt die Test- und Versuchskräfte im
Modus eines ›Second Life‹ stets 10 Jahre der realen Zeit voraus sein.
Das Systemzentrum steht für das ›Think Big‹ der Strategie Digitalisierung Land.«[179]

Schlussendlich lässt sich festhalten, dass die Digitalisierung und
damit ein Stück weit auch Automatisierung der Bundeswehr in vollem Gange ist. Bei Wörtern wie »Vorauswahl«, »sekundenschnelle«
oder auch »geeignete Mittel vorschlagen« wird schnell klar, dass hier
die ›menschliche Komponente‹ am Ende wohl nur noch herzlich
wenig Einfluss auf das Kampfgeschehen haben dürfte. Sie angesichts

---

176 8. Bericht des Bundesministeriums der Verteidigung zu Rüstungsangelegen-
     heiten, Berlin, Dezember 2018, S. 23.

177 Erster Bericht zur Digitalen Transformation des Geschäftsbereichs des Bun-
     desministeriums der Verteidigung Berlin, Oktober 2019, S. 20. Das einzige
     andere ›Digitalisierungsprojekt‹ dieser Kategorie ist die »Harmonisierung
     der Führungsinformationssysteme« (HaFIS).

178 So soll das Heer digital werden, bmvg.de, 11.12.2019.

179 Strategie Digitalisierung Land. Ein »DO IT-System« für Entscheider, bun-
     deswehr.de, o. J.

der restlichen BMS-Beschreibung als »Ruhepol« zu bezeichnen, hat
schon fast etwas Komisches. Denn in dem Tempo, mit dem Gefechte hier vonstattengehen sollen, wird es einem Menschen überhaupt
nicht mehr möglich sein zu prüfen, ob die BMS-Entscheidung – von
der Zusammenführung aller verfügbaren Informationen über die
daraus abgeleitete Zielauswahl bis hin zur vorgeschlagenen Munition – militärisch gedacht Sinn ergibt (von ethischen Fragen ganz
zu schweigen). So warnten 62 KI-Forscher*innen in einem Offenen
Brief: »Hiermit bringen wir unsere tiefe Besorgnis über Waffensysteme zum Ausdruck, die Ziele ohne echte menschliche Kontrolle
auswählen und angreifen. Wir fordern einen rechtsverbindlichen
internationalen Regulierungsrahmen für die Nutzung dieser sogenannten ›Autonomie in Waffensystemen‹. [...] Autonomie in Waffensystemen bringt gewichtige ethische, sicherheitspolitische und
rechtliche Risiken mit sich.«[180]

Um die Großverbände gemäß dem Fähigkeitsprofil ausstatten
zu können, bedarf es also insgesamt gigantischer Aufrüstungsprogramme: mehr Panzer, mehr Artillerie, mehr Kriegsschiffe und
Kampfflugzeuge und das Ganze dann auch noch digitalisiert. Für
die nun anvisierten Auseinandersetzungen mit technologisch hochgerüsteten Gegnern musste grundlegend neue Ausrüstung her –
und die 2014 wohl nahezu zeitgleich mit dem Münchner Konsens
auf die Schiene gesetzte Agenda Rüstung sollte genau dies erreichen:
»Zentrales Element der rüstungspolitischen Reformbestrebungen
seit 2014 ist die Agenda Rüstung, die vom BMVg als ›eine Art ‚Fahrplan‘ auf dem Weg zu einem effektiveren Beschaffungswesen‹ gehandelt wird.«[181]

---

180 Offener Brief: Initiative für ein internationales Abkommen zu Autonomie in
     Waffensystemen: https://autonomewaffen.org
181 Haas, Michael u.a.: Grundlagen und Prozesse der Rüstungsbeschaffung.
     Ausgewählte europäische Staaten im Vergleich, Center for Security Studies
     (CSS), 25.01.2018, S. 8. Das Zitat stammt aus »Neue Wege im Rüstungswe-
     sen«, Bundesministerium der Verteidigung, Juni 2017.

5.
Industrie: Agenda Rüstung

Die Agenda Rüstung schaffte es paradoxerweise, das hoffnungslos derangierte Beschaffungswesen der Bundeswehr zum Ausgangspunkt für eine forcierte Aufrüstung der Truppe zu nutzen. Eine vernichtende Bestandsaufnahme der Bundeswehr-Großprojekte führte dabei nicht etwa zu einer grundlegenden strukturellen Neuaufstellung, sondern sie diente als Anlass, um eine »Strategie zur Stärkung der deutschen Verteidigungsindustrie« aufzulegen, wie das Schlüsselpapier in diesem Zusammenhang benannt wurde. Neben zahlreichen »Trendwenden«, auf die im folgenden Kapitel eingegangen wird, setzt diese Strategie vor allem auf drei Komponenten: Finanzierung, Konsolidierung und Exportorientierung.

5.1
Basics: Rüstungsindustrie in Deutschland

Das Wissen um die deutsche Rüstungsindustrie ist begrenzt: Es entbehrt nicht einer gewissen Ironie, wenn sich selbst die *FAZ* darüber beschwert, dass es über die »Branche wenig aktuelle Daten« gebe, man deshalb auf »Gegner der Rüstungsindustrie« angewiesen sei und selbst »das Wirtschaftsministerium« auf Daten einer »Erhebung der Informationsstelle Militarisierung« verweise.[182] Besagte Informationsstelle veröffentlichte im Sommer 2022 ein »Handbuch Rüstung«, in dem der Versuch unternommen wurde, die wesentli-

---

182   Hochburgen der Wehrtechnik, FAZ, 07.05.2022, S. 24.

chen deutschen Rüstungsfirmen mit Standorten und Kurzbeschrei-
bungen sowie weitergehenden Informationen bündig zusammen-
zufassen. Als wichtigste Rüstungskonzerne werden darin Airbus
Defense and Space (primär Deutschland und Frankreich, Umsatz
2021: $ 10,85 Mrd.), Rheinmetall ($ 4,79 Mrd.), KNDS (mit dem
deutschen Unternehmen Krauss-Maffei Wegmann: $ 2,79 Mrd.
(2020)), Hensoldt ($ 1,74 Mrd. USD) und Diehl-Defense ($ 651
Mio.) genannt. Weitere relevante Unternehmen seien zum Beispiel
noch MBDA, MTU-Aero Engines, Rhode & Schwarz, die U-Boot-
und Schiffbauer Lürssen und ThyssenKrupp Marine Systems sowie
die Kleinwaffenhersteller Heckler & Koch, Walther, Haenel und
SigSauer. Daneben verweist die Informationsstelle Militarisierung
in ihrem Handbuch aber auch darauf, dass es derzeit noch einen
großen »Wehrtechnischen Mittelstand« (<1000 Mitarbeiter, <300
Mio. Jahresumsatz) gebe, zu dem insgesamt 1.350 Unternehmen zu
zählen seien.[183]

Während sich die im Bereich tätigen Unternehmen durch eine –
wenn auch mühevolle – Auswertung diverser Branchenverzeichnis-
se noch halbwegs herausfinden lassen, wird es mit weiteren Details
umso schwieriger. Das fängt bereits mit der Beschäftigtenzahl an,
über die nur schwankende und ungenaue Angaben zu finden sind.
So beauftragte der Bundesverband der deutschen Sicherheits- und
Verteidigungsindustrie eine 2012 erschienene Studie zur »Quantifizierung der volkswirtschaftlichen Bedeutung der Sicherheits- und
Verteidigungsindustrie für den deutschen Wirtschaftsstandort«. Sie
differenzierte zwischen einem militärischen »Kernbereich« (Güter für Interdiktion und Wirkung), in dem 17.000 Menschen tätig
seien, und einen »Erweiterten Bereich« (Güter für Prävention und
Einsatzmanagement) mit weiteren 80.000 Beschäftigten. Bei diesen
zusammen 97.000 Beschäftigten wurden aber viele Trennlinien zwischen Verteidigungsindustrie und Sicherheitsbranche bewusst ver-

---

183   Seifert, Andreas: Handbuch Rüstung, Informationsstelle Militarisierung, Tü-
      bingen 2022.

wischt, da damals das Ziel bestand, den Kernkriegsbereich klein zu rechnen.[184]

Im Jahr 2015 sprach eine Studie der Hans-Böckler-Stiftung davon, die Zahl der Arbeitsplätze in der Rüstungsindustrie liege »unter 100.000«,[185] womit sie deutlich unter den 110.000 Mitarbeiter*innen blieb, die im November 2016 in der Studie »Analyse der strukturellen Lage der Verteidigungsindustrie in Deutschland« genannt wurden. Der vom damaligen Bundesministerium für Wirtschaft und Energie beauftragten Untersuchung zufolge seien 65.700 Menschen »direkt in der Verteidigungsindustrie in Deutschland beschäftigt«, hinzu kämen 46.300 indirekt Beschäftigte in einer ›zivilen‹ Zulieferindustrie, die zusammen auf einen Jahresumsatz von 20 Mrd. Euro kämen. Als Schwerpunkte wurden dabei Bayern, Baden-Württemberg, Nordrhein-Westfalen sowie Schleswig-Holstein angegeben (zu ergänzen wäre ggf. zumindest noch Hessen mit seinen Panzerbauern).[186]

Im August 2022 ging das Institut der deutschen Wirtschaft ebenfalls von »schätzungsweise« rund 110.000 Beschäftigten aus, »55.500 überwiegend hochqualifizierte Kräfte in den Unternehmen des Rüstungsbereichs« sowie »mindestens ähnlich hohen Beschäftigungswirkungen in Zulieferunternehmen«.[187]Aktuelle und belastbare Daten wären somit dringend geboten und hätten eigentlich

---

184 Schubert, Susanne/Knippel, Julian: Quantifizierung der volkswirtschaftlichen Bedeutung der Sicherheits- und Verteidigungsindustrie für den deutschen Wirtschaftsstandort, WifOR, Berlin November 2012. Siehe für eine Auswertung der Studie Seifert, Andreas: Transformation der Bundeswehr: Transformation der Rüstungsbranche?, in: Z. Zeitschrift Marxistische Erneuerung, Juni 2013.

185 Weingarten, Jörg u.a.: Perspektiven der wehrtechnischen Industrie in Deutschland, Hans-Böckler-Stiftung, Studie Nr. 109/Dezember 2015, S. 224.

186 Analyse der strukturellen Lage der Verteidigungsindustrie in Deutschland Studie im Auftrag des Bundesministeriums für Wirtschaft und Energie – Kurzfassung –, November 2015, S. 11.

187 Röhl, Klaus-Heiner u.a.: Zeitenwende in der Verteidigungswirtschaft? Sicherheitspolitik und Verteidigungsfähigkeit nach der russischen Invasion der Ukraine, IW-Policy-Paper 4/2022, S. 11.

auch bereits 2019 veröffentlicht werden sollen. Wie eine Anfrage der Linksfraktion im Bundestag ergab, soll zwar im Dezember 2021 ein Dienstleistungsauftrag »Strukturelle Lage der zivilen Sicherheits- und Verteidigungsindustrie in Deutschland« (SVI) vergeben worden sein, wann das Ergebnis aber schlussendlich veröffentlicht wird, war bisher unklar.[188]

Eines lässt sich trotz der etwas wackligen Datenlage jedoch mit Sicherheit sagen: Der Grund, weshalb der Rüstungsindustrie in Deutschland der rote Teppich ausgerollt wird, liegt weder an ihrer volkswirtschaftlichen Bedeutung noch an ihrer Rolle als vermeintlicher Jobmotor oder Innovationstreiber – langfristig könnte hier allerdings durch die Zeitenwende eine Änderung eintreten. Bislang lag aber zum Beispiel der Anteil der Rüstungsindustrie lediglich bei etwas über einem Prozent des Bruttoinlandsproduktes. Auch die viel beschworenen »Spin-Offs«, technologische Innovationen, die vom Rüstungssektor erfunden werden und danach massiv zur volkswirtschaftlichen Entwicklung beitragen, existieren lediglich in der Fantasie der Rüstungsbefürworter. Es ist eher umgekehrt: Innovationen gehen in zunehmendem Maße auf den zivilen Sektor zurück, derer sich die Rüstung dann bedient, sodass inzwischen sogar von einem »Spin-In« die Rede ist:[189] »Innovation findet sich immer weniger in staatlich finanzierten Verteidigungsprogrammen und immer mehr auf dem kommerziellen Markt.«[190]

Europaweit sieht es im Übrigen ähnlich aus – für die europäische Rüstungsindustrie veröffentlicht die größte Lobbyorganisation, die AeroSpace and Defence Industries Association of Europe

---

188   Die Bedeutung der Rüstungsindustrie für die Bundesregierung, Drucksache 20/1993, 19.05.2022, S. 3.

189   Fiott, Daniel: Strategic Investment. Making geopolitical sense of the EU's defence industrial policy, EUISS, Chaillot Paper 156, Dezember 2019, S. 25.

190   Chagnaud, Marie-Louise u. a.: Europa rüsten: Zum Stand der europäischen verteidigungstechnologischen und -industriellen Basis, in: Bartels, Hans-Peter u. a. (Hg.): Strategische Autonomie und die Verteidigung Europas. Auf dem Weg zu einer europäischen Armee? Bonn 2017, S. 59-74, S. 71.

(ASD), seit einigen Jahren Zahlen. Ihnen zufolge soll die gesamte europäische Rüstungsbranche 2020 zusammen 119 Mrd. Euro umgesetzt und 462.000 Menschen beschäftigt haben.[191] Nimmt man allein Volkswagen zum Vergleich, zeigt sich die Diskrepanz: Im selben Jahr arbeiteten 662.600 Menschen bei dem Autokonzern, dessen Umsatz sich auf 223 Mrd. Euro belief.[192] Generell sind auch die von Investitionen in die Rüstungsindustrie ausgehenden Beschäftigungseffekte gering, Gelder schaffen in nahezu jedem anderen Sektor mehr Arbeitsplätze, wie inzwischen zahlreiche Studien nachgewiesen haben.[193]

Dies führt zu der paradoxen Situation, dass eine Reihe militär- und rüstungsnaher Akteure die nachrangige volkswirtschaftliche Bedeutung der Rüstungsindustrie zwar unumwunden eingestehen, ihre massive Stärkung aber dennoch aus den oben beschriebenen strikt machtpolitischen Gründen einfordern. So kam etwa eine Publikation der Stiftung Wissenschaft und Politik zu dem Ergebnis, »volkswirtschaftlich« habe die Rüstungsindustrie »nur geringes Gewicht«, nur um im selben Atemzug dann auf die eigentlichen ›Vorzüge‹ der Branche zu sprechen zu kommen: »Rüstungsindustrie im eigenen Land bietet einer Regierung mehrere Vorteile: eigenständige militärische Handlungsfähigkeit, sicherheitspolitische Einflussnahme im Wege von Rüstungskooperation und -exporten, Mitentscheidung über Produktionsstandorte und Beschaffungen bei Projekten mit EU- und Nato-Partnern, Kompetenz bei der Beurteilung von Produkten, die zum Kauf angeboten werden.«[194]

---

191 The Aerospace and Defence Industries Association of Europe: Facts & Figures 2021, S. 4.

192 Wikipedia: Volkswagen AG.

193 Siehe z. B. Garrett-Peltier, Heidi: Job Opportunity Cost of War, Brown University, Costs of War Project, 24.03.2017; Dunne, J. P./Tian, N.: Military Expenditure, Economic Growth and Heterogeneity, in: Defence and Peace Economics, 1/2013, S. 15-31.

194 Linnenkamp, Hilmar/Mölling, Christian: Rüstung und Kernfähigkeiten. Alternativen deutscher Rüstungspolitik, SWP-Aktuell 45, Juni 2014, S. 2.

5.2
Agenda Rüstung: Zu teuer, zu spät und kaputt!

Ohne auf die Details des komplizierten Beschaffungswesens der
Bundeswehr einzugehen, lässt sich auch hier eines mit einiger Sicherheit sagen: es funktioniert nicht einmal ansatzweise.[195] Nach
einer unglaublichen Pannenserie – praktisch kein Bundeswehr-Be-
schaffungsprojekt kam in den Jahren zuvor ohne drastische Verzögerungen und teils regelrecht absurde Preiserhöhungen über die
Ziellinie – zog Verteidigungsministerin Ursula von der Leyen im
Februar 2014 öffentlichkeitswirksam vermeintlich die Notbrem-
se. Als Hauptverantwortliche für die Misere identifizierte sie den
Staatssekretär für Ausrüstung, Stéphane Beemelmans, der von seinen Aufgaben entbunden – sprich: gefeuert – wurde, und seinen
Abteilungsleiter, Detlef Selhausen, den man kurzerhand versetzte.

Im Zuge dessen kündigte von der Leyen auch als ersten Schritt
einer neuen Agenda Rüstung eine externe Überprüfung der Bundeswehr-Großprojekte an. Mit dieser Aufgabe wurden die Unter-
nehmensberatung KPMG, die Ingenieurgesellschaft P3 und die
Kanzlei Taylor Wessing betraut, die ihre Ergebnisse in Form des
Gutachtens »Bestandsaufnahme und Risikoanalyse zentraler Rüstungsprojekte« am 6. Oktober 2014 an die Verteidigungsministerin
übergaben. Darin wurden auf 1.200 Seiten, von denen allerdings
nur ein 51-seitiges Exzerpt öffentlich einsehbar gemacht wurde,
neun Großprojekte mit einem Gesamtvolumen von 57 Mrd. Euro
untersucht, wobei 140 Probleme und Risiken identifiziert wurden,
die teils interner Natur, teils aber auch aufseiten der Industrie zu
verorten seien. Daher kam das Gutachten zu dem Ergebnis, »dass
eine Optimierung des Rüstungsmanagements in nationalen und
internationalen Großprojekten dringend und ohne Verzug geboten
ist.«[196]

---

195   Vgl. ausführlich zum deutschen Beschaffungsprozess Haas u. a. 2018, S. 8ff.
196   KPMG, P3 Group, Taylor Wessing: Exzerpt– Umfassende Bestandsaufnahme
      und Risikoanalyse zentraler Rüstungsprojekte, Stand: 30. September 2014.
      S. 51.

Die Kernaussage des Gutachtens wurde von der damaligen Staatssekretärin für Ausrüstung, Informationstechnik und Nutzung, der früheren Unternehmensberaterin Katrin Suder, folgendermaßen zusammengefasst: »Waffensysteme kommen um Jahre zu spät, Milliarden teurer als geplant – und dann funktionieren sie oft nicht richtig oder haben Mängel.«[197] Auch von der Leyen selbst richtete eine erstaunlich deutliche Kritik an die Adresse der Rüstungsunternehmen: »Wir wollen nicht für Fehler bezahlen, die die Industrie gemacht hat.«[198] Nach solch starken Worten sahen viele Kommentatoren von der Leyen auf »Konfrontationskurs zur Rüstungsindustrie« (Süddeutsche Zeitung). Die Verteidigungsministerin wolle »mit aller Härte den Rüstungssektor neu ordnen« (Die Welt) und »bei der Rüstungsbeschaffung aufräumen« (Wirtschaftswoche).[199]

5.3
Perfekt orchestriert: Die »Schrotthaufen-Debatte«

Auf das Rüstungsgutachten folgte der erste Bericht zu Rüstungsangelegenheiten aus dem Jahr 2015, dessen Aufgabe es war, die Defizite im Beschaffungswesen ausführlich offenzulegen. Darin hieß es, die untersuchten Rüstungsgroßprojekte wiesen eine durchschnittliche Verspätung von 51 Monaten auf und lägen insgesamt 12,9 Mrd. Euro über dem ursprünglich geplanten Preis. Die daraufhin eingeleiteten Maßnahmen zur ›Verbesserung‹ der Lage (sofern eine effizientere Beschaffung von Waffen als solche bezeichnet werden kann), verpufften allerdings oder gingen gar nach hinten los. So wird trotz der damals beschlossenen personellen Aufstockung das für das Beschaffungswesen zentrale Bundesamt für Ausrüstung, Informationstechnik und Nutzung der Bundeswehr (BAAINBw) in Koblenz

---

197 »Die Bundeswehr beschafft, was sie benötigt – und nicht, was ihr angeboten wird!«, Interview mit Dr. Katrin Suder, Staatssekretärin im Bundesministerium der Verteidigung, in: Europäische Sicherheit & Technik, Februar 2015.

198 Von der Leyen kritisiert Rüstungsindustrie, n-tv, 07.10.2014.

199 Wagner, Jürgen: Agenda Rüstung, in: Wissenschaft & Frieden 4/2015, S. 19-22, S. 20.

bis heute häufig als wichtiger Teil des Problems identifiziert. Und
das unter von der Leyen eingerichtete Beratungswesen glich derart
einem Selbstbedienungsladen, dass es sogar zum Gegenstand eines
Untersuchungsausschusses wurde. So war es in gewisser Weise nur
konsequent, dass im nunmehr 14. Bericht zu Rüstungsangelegenheiten vom Dezember 2021 die Verspätungen mit 52 Monaten angegeben werden und sich die Kostensteigerungen auf 13,8 Mrd. Euro
summieren.[200]

Es ist also nicht gelungen – oder es war wohl eh nie gewollt –,
die Rüstungsindustrie stärker an die Kandare zu nehmen. Auffällig war ohnehin, wie entspannt und positiv die Waffenhersteller
von Anfang an auf die Agenda Rüstung reagierten. Schon aus der
ersten Pressemitteilung der größten Rüstungslobbyverbände zum
Gutachten im Oktober 2014 wurde ersichtlich, wohin die Reise gehen würde: »Die Studie bestätigt die Notwendigkeit der industrie-
seitig bereits seit längerem angemahnten ausreichenden Mittelbe-
reitstellung.«[201] Die Entwicklung der Rüstungsausgaben war dann
auch Thema im ab November 2014 tagenden »Dialogkreis«, der
sich aus 70 Vertreter*innen des Verteidigungsministeriums und
der Rüstungsindustrie zusammensetzte und im Juni 2015 einen
ersten Ergebnisbericht veröffentlichte. Darin wurde unmissverständlich festgehalten, es bestehe weiterhin die »Notwendigkeit
einer graduellen Erhöhung des Einzelplans 14 [Verteidigungs-
haushalt] und seines investiven Anteils«. Der in den Planungen

---

200 Nachdem das untersuchte Projektvolumen über die Jahre gestiegen ist, lie-
     ße sich allerdings argumentieren, dass es zu moderaten ›Verbesserungen‹
     im Beschaffungsprozess gekommen ist. Im jüngsten Bericht vom Juni 2022
     sanken die Verzögerungen zwar auf 39 Monate, das war aber vor allem dem
     geschuldet, dass einige ›Klassiker‹ ihr Auslieferungsende erreicht hatten und
     nicht mehr erfasst wurden. Die Kostenüberschreitungen schafften es den-
     noch, noch einmal zu steigen, nämlich nunmehr auf 16,9 Mrd. Euro. Die
     Rüstungsberichte finden sich unter: https://www.bmvg.de/de/themen/rues-
     tung/ruestungsmanagement/ruestungsbericht
201 Die Verbände zur Studie zu den zentralen Rüstungsprojekten, bdi.eu,
     07.10.2015.

bereits beschlossene Aufwuchs sei zwar begrüßenswert, falle aber »zu schwach« aus.[202]

Die Botschaft war angekommen, und in der Presse setzte unmittelbar nach Veröffentlichung des ersten Großprojekte-Gutachtens im Oktober 2014 ein, was man als »Schrotthaufen-Debatte« bezeichnen könnte. In der Presse waren Überschriften zu lesen wie »So Schrott ist die Bundeswehr« (Bild), die Truppe sei nichts anderes als »stahlgewordener Pazifismus« (Die Zeit) und das ganze Problem existiere vor allem, da die Bundeswehr seit Jahren »chronisch unterfinanziert« sei (Deutschlandfunk).[203]

Tatsächlich geht aus den einige Zeit ebenfalls vorgelegten »Berichten zur materiellen Einsatzbereitschaft der Hauptwaffensysteme der Bundeswehr« hervor, dass ein guter Teil der Gerätschaften wirklich nicht einsatzfähig ist. Die Frage, weshalb dies der Fall ist, ob diese Waffensysteme überhaupt erforderlich sind und wie dem Abhilfe geschaffen werden könnte, wurde allerdings im Rahmen der Agenda Rüstung ›erfolgreich‹ auf eine vermeintliche Unterfinanzierung der Truppe reduziert. Über dieses Märchen von der kaputtgesparten Bundeswehr wurde überaus erfolgreich ein gewisser Nährboden geschaffen, um die Akzeptanz für eine Erhöhung der Rüstungsausgaben in der diesbezüglich zumindest damals noch mehrheitlich eher kritisch eingestellten Bevölkerung zu vergrößern.

Doch im Rahmen der Agenda Rüstung wurde ressortübergreifend an einer Strategie zur systematischen Stärkung der deutschen Waffenindustrie gefeilt, die deutlich über reine Finanzierungsaspekte hinausging und deren Konturen der damalige Wirtschaftsminister Sigmar Gabriel (SPD) in einer Grundsatzrede ebenfalls im Oktober 2014 umriss.[204]

202 1. Ergebnisbericht: Dialog zu Themen der Agenda Rüstung zwischen BMVg und BDSV, Berlin, 29.06.2015, S. 39.

203 Wagner 2015, S. 20.

204 Rede von Bundesminister Gabriel zu den Grundsätzen deutscher Rüstungsexportpolitik bei der Deutschen Gesellschaft für Auswärtige Politik. Berlin, 08.10.2014.

5.4
Strategiepapier zur Stärkung der Verteidigungsindustrie

Die europäische Rüstungsindustrie ist stark fragmentiert, was nach Auffassung der EU-Kommission viel Geld kostet. Ausgangspunkt der bis heute dominierenden Überlegungen ist die Annahme, das Kosten-Nutzen-Verhältnis lasse im Militärbereich zu wünschen übrig. So wird häufig bemängelt, dass in Europa etwa ein Drittel bis die Hälfte der US-Militärausgaben aufgewendet, dafür aber lediglich zehn bis fünfzehn Prozent von deren Schlagkraft erzeugt würde.[205] Verantwortlich gemacht wird hierfür der als zu kleinteilig empfundene europäische Rüstungssektor, der sich auf viele Länder und Rüstungsbetriebe verteile und damit erhebliche Ineffizienzen verursache. Gewöhnlich geht man dabei davon aus, dass der Stückpreis bei einer Verdopplung der Produktion um zehn bis 15 Prozent sinkt.[206] Vorgerechnet wird deshalb gerne, die USA würden 30 große Waffensysteme unterhalten, in der EU seien es dagegen 178. Nach sehr vagen Berechnungen der Kommission hätte dies aufgrund fehlender Größenvorteile (Skaleneffekte) jährliche Mehrkosten von 25 Mrd. bis hin zu 100 Mrd. Euro zur Folge.[207]

Die ›Konsolidierung‹ (Bündelung bzw. Konzentration) gilt der Politik vor diesem Hintergrund als Königsweg hin zu mehr militärischer Schlagkraft pro eingesetztem Euro. Aus diesem Blickwinkel führt eine Bündelung des heimischen rüstungsindustriellen Komplexes zu niedrigeren Stückpreisen, was gleichzeitig die Chancen auf den Exportmärkten ›verbessert‹. Dies hilft wiederum, die Stückzahlen noch weiter erhöhen, wodurch die eigenen Truppen noch ›preiswerter‹ ausgestattet werden können – so zumindest die

---

205 Kamp, Karl-Heinz: Die Europa-Armee: Pro und Kontra, BAKS-Arbeitspapier Nr. 4/2015, S. 2.

206 Brzoska, Michael: It's not the money, stupid! Die Hauptprobleme im Beschaffungswesen der Bundeswehr, Greenpeace-Studie, 17.05.2022, S. 29.

207 EU verstärkt Zusammenarbeit im Bereich Sicherheit und Verteidigung, EEAS, 01.03.2018.

durchaus fragwürdige Theorie.[208] Jedenfalls beklagte Sigmar Gabriel in seiner Grundsatzrede im Oktober 2014 nicht nur einen »enormen Modernisierungsstau aufgrund fehlender finanzieller Mittel«, sondern auch die »Fragmentierung« der europäischen Rüstungslandschaft und den Bedarf für eine »exportpolitische Flankierung für die Verteidigungsindustrie«.

In den Worten des damaligen Wirtschaftsministers: »Die Verteidigungsindustrie in der EU ist nach wie vor national ausgerichtet und stark fragmentiert. Europa leistet sich den ›Luxus‹ zahlreicher Programme für gepanzerte Fahrzeuge, den intensiven Wettstreit zwischen drei Kampfflugzeugen und eine starke Konkurrenz z. B. im U-Boot-Bereich. […] Folgen dieser unbefriedigenden Situation sind hohe Kosten und nachteilige Folgen für den internationalen Wettbewerb, aber auch negative Auswirkungen für die Streitkräfte. Die Bundesregierung muss daher nach meiner Meinung verstärkt auf eine europäische Zusammenarbeit bis hin zum Zusammengehen von in einzelnen Mitgliedstaaten ansässigen Unternehmen setzen. […] Es ist erklärtes Ziel der EU und der Bundesregierung, den bisher stark zersplitterten europäischen Verteidigungsmarkt neu zu gestalten und die europäische wehrtechnische industrielle Basis zu stärken. Die starke und wettbewerbsfähige deutsche Industrie könnte von einer solchen Entwicklung deutlich profitieren.«[209]

---

208 Hiergegen wird häufig und völlig nachvollziehbar eingewendet, dass Konzentrationsprozesse aufgrund mangelnder Konkurrenz durchaus auch zu höheren Preisen führen können: »Konsortien wie Airbus sind riesige Unternehmen, die in Europa keine Konkurrenz haben. Ihr Know-how ist nicht ersetzbar. Die Konzerne wissen das und treten entsprechend auf. ›Die Unternehmen haben unglaubliche Macht, niemand wird beispielsweise Airbus fallen lassen wollen‹, sagt ein Bundestagsabgeordneter. ›Die verhandeln de facto auf Augenhöhe mit den Staaten.‹ Nachverhandlungen? Kulanz? Ausfallzahlungen? Kommen nicht vor, im Gegenteil. Die Politik wird erpressbar. Ein immer teurer werdendes Projekt ist peinlich, ein abgesagtes Projekt, das schon Milliarden gekostet hat, ist ein Desaster. Noch dazu, wenn der Hersteller dadurch in Schwierigkeiten gerät. Also diktieren die Konzerne die Regeln.« (Zwölf Gründe, warum Bundeswehrprojekte so oft schiefgehen, Die Zeit, 13.05.2015)

209 Gabriel 2014.

Bei aller Begeisterung für etwaige europäische Konsolidierungsvorhaben betonte Gabriel jedoch gleichzeitig unmissverständlich: »Die Erhaltung der Bündnisfähigkeit und der dazu notwendigen rüstungstechnologischen Kernkompetenzen sind ein zentrales außen- und sicherheitspolitisches Interesse der Bundesrepublik Deutschland.«[210] Weiter führte Gabriel deshalb aus, »dass der Schritt in europäische Kooperationen und Zusammenschlüsse am besten auf der Basis einer konsolidierten deutschen Rüstungsindustrie aus erfolgt, um auf Augenhöhe mit europäischen Partnern verhandeln und notfalls auch zusammengehen zu können«.[211] Mit anderen Worten: An einem europäischen Konsolidierungsprozess ist die Regierung überaus interessiert, aber nur aus einer Position der Stärke heraus, die es ermöglicht, die eigenen Unternehmen als ›Eurochampions‹ zu etablieren und so die deutsche rüstungsindustrielle Basis massiv zu stärken. So hielt auch der langjährige Wehrbeauftragte Hans-Peter Bartels (SPD) fest: »Der nationalen Konsolidierung muss dann im Übrigen eine europäische folgen, aber eben aus einer starken Position heraus. Wir brauchen in Europa am Ende nicht drei konkurrierende Kampfflugzeugprogramme und zwanzig für gepanzerte Fahrzeuge.«[212]

Diese Überlegungen bestimmen seither die deutsche Rüstungspolitik und sie flossen dann auch in das im Juli 2015 veröffentlichte »Strategiepapier der Bundesregierung zur Stärkung der Verteidigungsindustrie in Deutschland« ein. Auch hier wird eine »exportpolitische Flankierung der Verteidigungsindustrie« angekündigt und als Grund angegeben: »Exporte, insbesondere in EU-, NATO- und NATO-gleichgestellte Länder, liegen im sicherheits- und verteidigungspolitischen Interesse Deutschlands. Sie tragen bei zu höheren Stückzahlen und damit ggf. geringeren Beschaffungs-

---

210 Ebd.

211 Ebd.

212 »Panzer sind Sinnbild innerer Repression«, Die Welt, 23.07.2014.

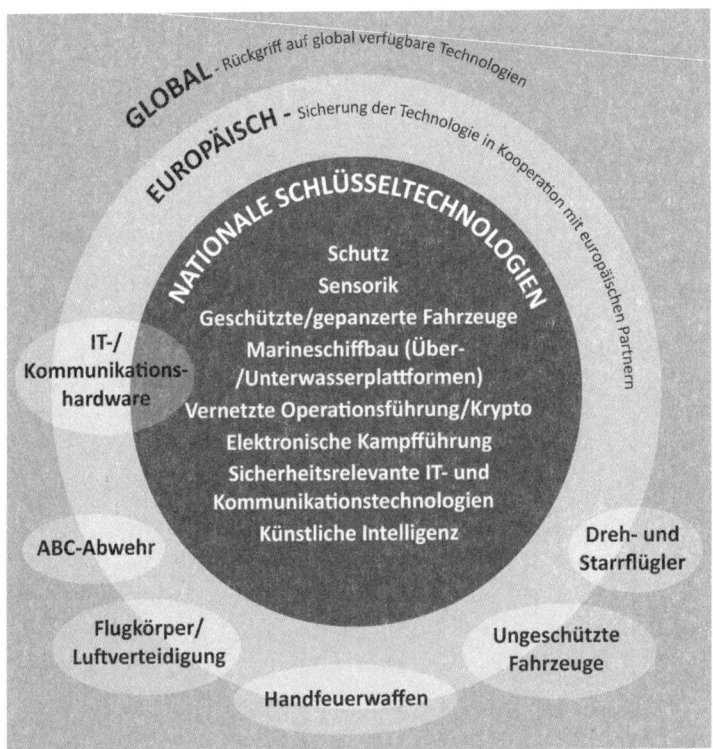

Abbildung C: Schlüsseltechnologien nach dem Strategiepapier der Bundesregierung zur Stärkung der Sicherheits- und Verteidigungsindustrie. Grafik: IMI

und Nutzungskosten der zivilen Behörden und Organisationen mit
Sicherheitsaufgaben und der Bundeswehr.«[213]

Deshalb wird auch hier das Ziel formuliert, »den bisher stark
fragmentierten europäischen Verteidigungsmarkt neu zu gestalten
und die wehrtechnische industrielle Basis Europas zu stärken«. Wie
schon nahezu wortgleich bei Gabriel wird auch in dem Strategiepapier der »Luxus« der (zu) vielen Beschaffungsprojekte beklagt und

---

213 Strategiepapier der Bundesregierung zur Stärkung der Sicherheits- und Verteidigungsindustrie, Berlin, 12.02.2020, S. 2.

erklärt, wie Abhilfe zu schaffen ist: »Es ist unser erklärtes Ziel, zukünftig neue Beschaffungsprogramme zunehmend gemeinsam mit
unseren Partnern in der Europäischen Union durchzuführen. [...]
Mehr gemeinsame, möglichst standardisierte Entwicklung und Beschaffung wird mittel- bis langfristig zu mehr Zusammenarbeit und
darüber hinaus auch zur Konsolidierung in der Verteidigungsindustrie in Europa führen. [...] Die Bundesregierung setzt verstärkt auf
eine europäische Zusammenarbeit bis hin zum Zusammengehen
von in einzelnen Mitgliedstaaten ansässigen Unternehmen unter
Wahrnehmung der nationalen Interessen. Die Bündelung techno-
logischer Stärken wird die wirtschaftliche Bedeutung europäischer
Projekte im internationalen Wettbewerb entscheidend erhöhen.«[214]
     Damit dabei aber nicht versehentlich wesentliche deutsche
Unternehmen geschluckt werden, misst auch das Strategiepapier
der Bundesregierung dem »Erhalt nationaler verteidigungsin-
dustrieller Schlüsseltechnologien« eine zentrale Bedeutung zu.[215]
Sie sollen vor dem europäischen, wie erst recht vor dem globalen
Wettbewerb solange geschützt werden, bis sie dort als dominante
Akteure auftreten können. Im Jahr 2020 erfuhr das Strategiepapier
eine Aktualisierung, in der, ohne rot zu werden, einmal mehr die
Notwendigkeit europaweiter Ausschreibungen und eines europäischen Rüstungsmarktes betont wurde, während es gleichzeitig die
Liste nationaler Schlüsseltechnologien noch einmal substanziell er-
weiterte. Das Papier führt drei Kategorien ein: Als »Global« werden
Technologien eingestuft, die keinerlei Beschränkungen unterliegen
und problemlos im Ausland beschafft werden können. Der Bereich
»Europäisch« beinhaltet die »Sicherung der Technologie in Kooperation mit europäischen Partnern«, schließt also faktisch selbst
manche NATO-Verbündete, insbesondere die USA, aus. Sechs Bereiche fallen hierunter, genannt werden Handfeuerwaffen, Dreh-

---

214 Strategiepapier der Bundesregierung zur Stärkung der Verteidigungsindus-
     trie in Deutschland, Berlin, 08.07.2015, S. 3.
215 Ebd., S. 5f.

und Starrflügler (v. a. Drohnen und Kampfflugzeuge), ungeschützte Fahrzeuge, ABC-Abwehr, Flugkörper/Lenkverteidigung sowie IT-/Kommunikationssoftware. Was »Nationale Schlüsseltechnologien« anbelangt, wurde bereits 2015 eine erste Liste erstellt, die in der fünf Jahre später aktualisierte Fassung erweitert und mit der ›zivilen‹ Sicherheitsindustrie vermischt wurde – neu hinzugekommen sind die Elektronische Kampfführung (EloKa), der Überwasserschiffbau, die Künstliche Intelligenz sowie IT- und Kommunikationstechnologie, die sich zu folgenden Bereichen gesellen: Geschützte/Gepanzerte Fahrzeuge, Unterwasserplattformen, Schutz, Sensorik, Vernetzte Operationsführung/Krypto.[216]

5.5
Europäisierung und Konsolidierung des Rüstungssektors

Vor allem, weil jeder Staat primär um ›seine‹ Rüstungskonzerne besorgt ist, wurde in Europa bislang bevorzugt auf nationaler Ebene gebündelt. So verringerte sich die Zahl der großen einzelstaatlichen Systemhersteller in Europa von 45 (1986) auf 30 (2001) und dann 20 (2016) über die Jahre deutlich.[217] Das Ganze hatte aber buchstäblich nationale Grenzen, länderübergreifende wirklich europäische Rüstungschampions sind bis heute rar gesät.

Dass es mit der Herausbildung eines europäischen Rüstungsmarktes im Gegensatz zu anderen EU-Bereichen nur stockend vorangeht, ist der Tatsache geschuldet, dass er bis heute faktisch kein Teil des Binnenmarktes ist. Die Mitgliedsländer können unter Berufung auf besondere nationale Sicherheitserwägungen (Artikel 346 AEUV[218]) die Regeln des Binnenmarktes für den Rüstungsbereich aussetzen und dadurch EU-weite Ausschreibungen vermeiden. Eigentlich als Ausnahme gedacht, nutzten sie diesen Passus, um ihre

---

216 Strategiepapier der Bundesregierung zur Stärkung der Sicherheits- und Verteidigungsindustrie 2020, S. 3.

217 Post-Truth, Post-West, Post-Order? Munich Security Report 2017, S. 21.

218 Vertrag über die Arbeitsweise der Europäischen Union.

jeweiligen Rüstungsmärkte permanent vor innereuropäischen Kon-
kurrenten abzuschotten und den gesamten Bereich der Kontrolle
und Überwachung der Kommission zu entziehen, sodass bis heute
der Löwenanteil der Rüstungsaufträge national bedient wird. Um
hier Abhilfe zu schaffen, legte die Kommission 2007 das »Verteidi-
gungspaket« (»Defence Package«) vor, das zwei Jahre später verabschiedet wurde und Mitte 2012 in der EU rechtlich bindend in Kraft
trat. Mit ihm sollen die Mitgliedsstaaten dazu bewogen werden,
Artikel 346 AEUV sparsamer anzuwenden, bislang indes mit über-
schaubarem Erfolg, sodass der angestrebte europäische Rüstungs-
markt augenblicklich noch in einiger Ferne liegen dürfte.[219]
     Einige ›Fortschritte‹ wurden allerdings dabei erzielt, die Mit-
gliedsstaaten dazu zu ›motivieren‹, länderübergreifende Beschaffungsprojekte mit deutlich größeren Stückzahlen aufzulegen. Vereinfacht man den komplizierten EU-Rüstungsprozess, so existieren im
Wesentlichen vier Mechanismen: Abgeleitet aus den Militärischen
Zielvorgaben entwickelt der »Plan zur Fähigkeitenentwicklung«
(»Capability Development Plan«, CDP) eine Prioritätenliste. Daran schließt die seit Mai 2017 bestehende »Koordinierte Jährliche
Überprüfung der Verteidigung« (»Coordinated Annual Review on
Defence«, CARD) an, bei der die Mitgliedsstaaten ihre Rüstungs-
planung offenlegen müssen und im Zuge dessen das Potenzial für
länderübergreifende Projekte ausgelotet werden soll. Die über CDP
und CARD vorgenommene Priorisierung leitet dann zum nächsten
Schritt über, der Auflegung konkreter länderübergreifender EU-
Projekte zur Schließung der Fähigkeitslücken. Hierfür liefert vor
allem die seit Dezember 2017 existierende »Ständige Strukturierte
Zusammenarbeit« (»Permanent Structured Cooperation«, PESCO)
den Rahmen für inzwischen 60 länderübergreifende Vorhaben.
     Obwohl sie sich hiermit auf teils recht weitgehende Rüstungs-
zusagen verpflichten mussten, ist eine PESCO-Teilnahme für viele

---

219 Siehe hierzu ausführlich Haydt, Claudia/Wagner, Jürgen: Die Militarisierung
     der EU, Berlin 2018, S. 173-250.

EU-Länder allein schon deshalb von großer Bedeutung, weil deren Projekte bevorzugt (zu 30 Prozent statt ansonsten 20 Prozent) über den »Europäischen Verteidigungsfonds« (»European Defence Fund«, EDF) finanziert werden können. Der EDF wurde im April 2021 vom Europäischen Parlament endgültig – und ungeachtet massiver rechtlicher Bedenken[220] – bewilligt, wodurch die EU erstmals einen offiziellen Rüstungshaushalt erhielt. Nun stehen im Zeitraum 2021 bis 2027 knapp 8 Mrd. Euro für die Erforschung und Entwicklung länderübergreifender EU-Rüstungsprojekte (mindestens drei Teilnehmende) zur Verfügung (plus nationaler Beiträge von bis zu 80 Prozent je nach Vorhaben). Die Ausschüttung dieser Gelder ist explizit an die Bedingung geknüpft, dass die europäische rüstungsindustrielle Basis davon profitieren muss, um so zur Konsolidierung des europäischen Rüstungssektors und zur Strategischen Autonomie beizutragen.[221]

Vor allem drei deutsch-französische Großprojekte sollen sich hier als europaweite Standardmodelle durchsetzen und von dort aus die globalen Rüstungsmärkte erobern: Die bewaffnungsfähige Eurodrohne (Medium-Altitude, Long-Endurance Remotely Piloted Air System, MALE RPAS), das Luftkampfsystem der Zukunft (Future Combat Air System, FCAS) sowie das Kampfpanzersystem der Zukunft (Main Ground Combat System, MGCS). Für die Eurodrohne ist die Finanzierung bereits in trockenen Tüchern, sie wird als bislang prominentestes PESCO-Projekt mittlerweile in diesem Rahmen entwickelt und mit bislang 100 Mio. Euro aus dem EDF

---

220 Fischer-Lescano, Andreas: Rechtsgutachten zur Illegalität des. Europäischen Verteidigungsfonds, Rechtsgutachten im Auftrag der Fraktion der GUE/NGL im EP, November 2018.

221 Die EU-Kommission etwa schreibt: »Der Europäische Verteidigungsfonds ist als ein Instrument zur Förderung der Wettbewerbs- und Innovationsfähigkeit der technologischen und industriellen Basis der europäischen Verteidigung konzipiert und trägt damit zur strategischen Autonomie der EU bei.« (Vorschlag für eine Verordnung des Europäischen Parlaments und des Rates zur Einrichtung des Europäischen Verteidigungsfonds, Brüssel, 13.06.2018 (COM(2018) 476))

finanziert. Für die beiden anderen, noch einmal bei weitem bedeutenderen Vorhaben wurden bislang lediglich kleine Teile der Entwicklungskosten bewilligt und sie stehen auch sonst vor einer Reihe von Problemen (siehe Kapitel 6.3). Neben erbitterten Streitigkeiten zwischen den beteiligten deutschen und französischen Konzernen um den Anteil am Kuchen geht es vor allem darum sicherzustellen, dass diese Vorhaben künftig auch weitgehend ungehindert in alle Welt exportiert werden können, weil nur so die hierfür (und für andere Rüstungsvorhaben) erwünschte kritische Größe erreicht werden kann, um deren Realisierung zu garantieren.

Die dahinterstehende ›Logik‹ brachte der langjährige Leiter der Münchner Sicherheitskonferenz, Wolfgang Ischinger, folgendermaßen auf den Punkt: »Die Zukunft heißt auch für die deutsche Rüstungsindustrie Europa. Die europäische Rüstungsindustrie wird nur gedeihen, wenn wir sie zusammenfügen. Nur so entfliehen wir einer Lage, in der auf dem indischen oder chinesischen Markt die Franzosen gegen die Deutschen und die Schweden um Aufträge kämpfen. Am Schluss siegt womöglich der amerikanische Konkurrent.«[222]

5.6
Freie Bahn für Waffenexporte

Die Frage von Rüstungsexporten reicht weit über die Profitinteressen einzelner Konzerne hinaus, schließlich handelt es sich wie oben beschrieben bei dem Erhalt einer starken rüstungsindustriellen Basis – für den Exporte wiederum zwingend notwendig sind – um ein machtpolitisches Interesse allererster Güte. In den Worten von Claus Günther, bis 2022 Vorsitzender des Ausschusses Sicherheit des

---

222 Chef der Sicherheitskonferenz sieht Rüstungsfusion positiv, Handelsblatt, 21.09.2012. Siehe auch Mölling, Christian: Wege aus der europäischen Verteidigungskrise. Bausteine für eine Verteidigungssektorreform, SWP-Studie, Berlin, April 2013, S. 12: »Beim Verkauf machen sich die Staaten gegenseitig Konkurrenz auf den Exportmärkten. Außerdem kommen sie den europäischen Rüstungsindustrien ins Gehege, die auf diesen Märkten direkt verkaufen wollen. Es entspinnt sich ein Unterbietungswettlauf wie etwa beim Eurofighterdeal in Indien.«

Bundesverbandes der deutschen Industrie: »Wir brauchen Exporte, denn allein durch die dünne nationale Auftragsdecke wird die deutsche Rüstungsindustrie nicht überlebensfähig sein.«[223] Noch prägnanter fasste dies in ihrer Zeit als Verteidigungsministerin Annegret Kramp-Karrenbauer zusammen: »Wer [...] Exporte um jeden Preis verhindern will, muss ehrlich sagen, dass er diese Industrie grundsätzlich in Deutschland nicht will.«[224]

Deutsche Rüstungsexportgenehmigungen		
Jahr	Lizenzen (in Mio. Euro)	Anteil an Drittstaaten
2004	3806	n. V.
2005	4215	n. V.
2006	4189	n. V.
2007	3668	34 %
2008	5788	54 %
2009	5043	49 %
2010	4754	29 %
2011	5414	42 %
2012	4704	55 %
2013	5846	62 %
2014	3974	61 %
2015	7500	59 %
2016	6848	54 %
2017	6242	61 %
2018	4820	53 %
2019	8015	44 %
2020	5820	50 %
2021	9350	n. V.

Quelle: Rüstungsexportberichte der Bundesregierung und der Gemeinsamen Konferenz Kirche und Entwicklung (GKKE)

---

223 Frieling, Klaus M.: Firmen und Politik beim Trialog: »Wir sind voneinander abhängig«, Cellesche Zeitung, 18.09.2014.

224 Kramp-Karrenbauer will Waffenexporte erleichtern, FAZ, 01.03.2019.

Hier liegt die Ursache dafür, dass es sich bei der Entwicklung der deutschen Rüstungsexportzahlen leider um eine regelrechte ›Erfolgsgeschichte‹ handelt. Wurden im Jahr 2004 noch Exporte im Wert von 3,806 Mrd. Euro bewilligt, erreichte dieser Wert 2021 mit 9,350 Mrd. Euro einen bisherigen Höchststand – vor allem, weil die Regierung kurz vor den Wahlen im September noch einmal einen ganzen Schub von Projekten bewilligte.[225] Allein im ersten Halbjahr 2022 wurden dann Exportgenehmigungen im Wert von 4,14 Mrd. Euro erteilt, eine deutliche Steigerung zum Vorjahreszeitraum (2,3 Milliarden).[226]

Erreicht wurden diese Rekordwerte obwohl die deutschen Exportrichtlinien, die aus dem Jahr 2000 stammenden »Politischen Grundsätze der Bundesregierung für den Export von Kriegswaffen und sonstigen Rüstungsgütern«, auf dem Papier durchaus so restriktiv klingen, wie von ihnen immer behauptet wird. Allerdings ist es hier wichtig zu wissen, dass es sich dabei um wenig mehr als um eine Absichtserklärung handelt, die in der politischen Realität nahezu beliebig zurechtgebogen werden kann: »Politische Grundsätze sind keine gesetzliche, sondern eine politische Regelung – eine politische Willensbekundung der Bundesregierung. Sie ändern die Rechtsgrundlagen nicht, sondern dienen im Rahmen der geltenden nationalen Gesetze und des Völkerrechts als zusätzliche politische Gestaltungsgrundlage für die Genehmigung oder Ablehnung konkreter Exportanträge für Rüstungsgüter.«[227]

Im Gegensatz dazu existieren auf EU-Ebene – eigentlich – sogar rechtlich bindende Rüstungsexportrichtlinien, die dem Wortlaut nach recht viele problematische Felder abdecken und bei strikter Anwendung einen Großteil der Waffenausfuhren unmöglich machen würden. Dabei handelt es sich um den »Gemeinsamen Stand-

225 Neuer Rekordwert bei Rüstungsexporten, tagesschau.de, 18.01.2022.

226 Rüstungsexportgenehmigungen im Wert von vier Milliarden Euro, dpa, 01.07.2022.

227 Nassauer, Otfried: Ende eines Dauerstreits? Regierungskoalition einigt sich auf neue Rüstungsexportrichtlinien, Streitkräfte & Strategien, 29.06.2019.

punkt 2008/944/GASP des Rates vom 8. Dezember 2008«, der acht
Kriterien enthält, bei deren Verletzung eine Exportgenehmigung
versagt (Kriterien 1-4) oder dies zumindest erwogen (Kriterien
5-8) werden sollte. Demnach müssen Empfängerländer u. a. die
Menschenrechte sowie das humanitäre Völkerrecht respektieren
(Kriterium 2) und es dürfen keine Exporte in Krisengebiete erfolgen (Kriterium 4). Allerdings ist es offensichtlich, dass auch der Gemeinsame Standpunkt nicht greift, was daran liegt, dass es den Na-
tionalstaaten obliegt, die Kriterien auszulegen, wie es ihnen gerade
beliebt. Es fehlt an einer unabhängigen Kontrolle, ob die Kriterien
eingehalten werden – und vor allem existieren keine Sanktions-
mechanismen, sollte eine Verletzung vorliegen. Ob ein Land wie
etwa Saudi-Arabien also die Menschenrechte verletzt (Kriterium 2),
kann jedes EU-Land für sich selbst entscheiden. Das Ergebnis dieser
Beinfreiheit ist ebenso fatal wie politisch erwünscht: »Obwohl auf
dem Papier ein Regelwerk für Rüstungsexporte der Mitgliedsstaaten
existiert (der sogenannte ›Gemeinsame Standpunkt‹), haben in der
Praxis immer wieder nationale Interessen Vorrang.«[228]

Besonders in Frankreich schielte man lange dennoch argwöh-
nisch auf die – immer noch als viel zu pingelig empfundene – deutsche Rüstungsexportkontrolle. Der Grund liegt nicht zuletzt darin,
dass sich die geplanten gemeinsamen Großprojekte Kampfpanzer-
und Kampfflugzeugsystem nur realisieren lassen werden, sollte ihr
Export gesichert sein – Tom Enders etwa, bis Frühjahr 2019 Chef
von Airbus, gab an: »Wie will Europa global mithalten, wenn wir
weiter wichtige Ressourcen damit verschwenden, vieles doppelt und
dreifach zu entwickeln, während gemeinsame Projekte beispielsweise durch nationale Exportrichtlinien ausgebremst werden? Das
ist die Gretchenfrage für die Zukunft der europäischen Rüstungsindustrie: Ohne die Fähigkeit zum Export werden Großprogram-
me – wie etwa das europäische Luftkampfsystem FCAS – nicht die

---

228 Besch, Sophia/Grebe, Jan: Rüstungsexportpolitik auf dem Prüfstand, Böll-
     Stiftung, Impulspapier 6, Juni 2020, S. 1.

Stückzahlen erreichen, um zu wettbewerbsfähigen Kosten zu produzieren.«[229] Ins selbe Horn blies auch die französische Botschafterin in Deutschland, Anne-Marie Descôtes: »Der europäische Markt allein reicht nicht aus, um die großen deutsch-französischen und europäischen Ausrüstungsvorhaben wirtschaftlich tragfähig zu machen, wie den neuen deutsch-französischen Kampfpanzer oder die nächste Generation von Kampfflugzeugen.«[230]

Vor diesem Hintergrund wurde am 26. Juni 2019 eine Neufassung der deutschen Exportrichtlinien veröffentlicht, die sogar eher ein Rückschritt war: Zwar wurden einige Kontrollelemente neu in die Richtlinien aufgenommen, vieles davon war aber eher kosmetischer Natur und reichlich vage formuliert. Vor allem wurde aber dafür gesorgt, dass vorhandene Schlupflöcher sperrangelweit offengehalten und unter Verweis auf die Debatte um europäische Rüstungsgroßprojekte sogar neue aufgemacht wurden. Ziel müsse es sein, die »europäische verteidigungsindustrielle Basis zu stärken« sowie die »Konvergenz von Entscheidungen über Ausfuhren von Rüstungsgütern zu fördern und gemeinsame Ansätze zu entwickeln«.[231] Friedensforscher befürchten deshalb zu Recht »de facto die Aushebelung der deutschen Rüstungsexportkontrolle durch europäische Rüstungskooperation.«[232]

Erreicht werden soll dies über den im Januar 2019 vereinbarten Aachener Vertrag, mit dem Deutschland und Frankreich recht kaltschnäuzig die Führung in europäischen Rüstungsfragen für sich reklamierten. Über die »Erarbeitung gemeinsamer Verteidigungspro-

---

229 Enders, Tom: Warum ein starkes Europa für die Luftfahrt so wichtig ist, Handelsblatt, 18.04.2019.

230 Descôtes, Anne-Marie: Vom »German-free« zum gegenseitigen Vertrauen, BAKS-Arbeitspapier 7/2019, S. 1.

231 Politische Grundsätze der Bundesregierung für den Export von Kriegswaffen und sonstigen Rüstungsgütern, BMWK, 26.06.2019.

232 Wisotzki, Simone/Mutschler, Max: Sind die überarbeiteten Politischen Grundsätze der Bundesregierung für den Export von Kriegswaffen und sonstigen Rüstungsgütern tatsächlich »restriktiver«? PRIF Blog, 04.07.2019.

gramme« soll der Ausbau eines europäischen Rüstungskomplexes vorangetrieben werden, wofür aber das Exportproblem gelöst werden muss: »Beide Staaten werden bei gemeinsamen Projekten einen gemeinsamen Ansatz für Rüstungsexporte entwickeln.«[233] Was dies zu bedeuten hatte, wurde in einem Zusatzabkommen zum Aachener Vertrag im Oktober 2019 offenbart. Darin wird eine nahezu unüberwindbare Hürde aufgestellt, den Export gemeinsamer Rüstungsprojekte zu blockieren: »Eine Vertragspartei widerspricht einer von der anderen Vertragspartei beabsichtigten Verbringung oder Ausfuhr an Dritte nicht, außer in dem Ausnahmefall, in dem ihre unmittelbaren Interessen oder ihre nationale Sicherheit dadurch beeinträchtigt würden.«[234] Doch die Vereinbarung geht sogar noch einen Schritt weiter, indem eine sogenannte De-minimis-Regelung eingeführt wird: Sollten in einem Produkt weniger als ein Fünftel der Komponenten aus einem Land verbaut sein, verzichtet es künftig gleich komplett auf ein Exportgenehmigungsverfahren.[235] Die De-minimis-Regel trat am 1. April 2020 in Kraft, was von der Gemeinsamen Konferenz Kirche und Entwicklung (GKKE) mit folgenden Worten kritisiert wurde: »Insbesondere die De-minimis-Grenze von 20 Prozent ermöglicht eine völlig neue Politik. Aus GKKE-Sicht ist ein derart hoher Wert unverantwortlich und untragbar, denn damit wäre eine weitgehende Aufgabe der bisherigen deutschen für den Drittlandsexport geltenden restriktiven Exportregeln verbunden, zumal eine unmittelbare Bedrohung der nationalen Sicherheit des Komponentenlieferlandes nur in ganz seltenen Ausnahmefällen ge-

---

233 Vertrag zwischen der Bundesrepublik Deutschland und der Französischen Republik über die deutsch-französische Zusammenarbeit und Integration (Aachener Vertrag), Kap. 2, Art. 4.

234 Abkommen zwischen der Regierung der Bundesrepublik Deutschland und der Regierung der Französischen Republik über Ausfuhrkontrolle im Rüstungsbereich, Artikel 1 (2).

235 Ebd., Anlage I (2). »Die Vertragsparteien verfahren nach dem ›De-minimis‹-Grundsatz bei einem Zulieferanteil bis zu einem prozentualen Schwellenwert von 20 % des Wertes des zu verbringenden oder auszuführenden Gesamtsystems.«

geben sein dürfte, die 20 %-Grenze oft unterschritten ist oder durch Stückelung unterschritten wird.«[236]

Inwieweit hier das geplante Rüstungsexportkontrollgesetz zu Verbesserungen führen wird, ist mehr als fraglich. Zwar wäre es überaus wünschenswert, wenn Exportvorschriften künftig über ein Gesetz einklagbar würden, allerdings brachte die Bundesregierung mit ihren Waffenlieferungen an die Ukraine bereits zuvor einen der zentralen Pfeiler der bisherigen Rüstungsexportkontrolle zum Einstürzen: nämlich dass keine Waffen in Krisen- oder gar Kriegsgebiete exportiert werden dürfen (siehe Kapitel 9.3).

---

236 Rüstungsexportbericht 2019 der GKKE, GKKE Schriftenreihe, Heft 68/2019, S. 79.

6.
Deutschland: Militaristische Trendwenden

Mit der Agenda Rüstung wurde auch der Startschuss für eine ganze Reihe von »Trendwenden« gegeben, über die ab etwa 2015 eine erhebliche Militarisierung Deutschlands in die Wege geleitet wurde. Die wichtigsten Trendwenden bezogen sich auf folgende Bereiche: Personal, Fläche, Rüstung und Finanzen.

6.1
Trendwende Personal: Aufwuchs des (Reserve)Heeres

Seit der Neuausrichtung der Bundeswehr sank der Umfang der Truppe laut *Statista* noch einmal deutlich von 246.000 (2010) auf einen Tiefststand von 178.000 (2016) Soldat*innen.[237] Für die sogenannte Landes- und Bündnisverteidigung werden aber wieder erheblich mehr Soldat*innen für erforderlich gehalten, weshalb im Zuge der Agenda Rüstung im Mai 2016 auch eine »Trendwende Personal« angekündigt wurde. Darauf aufbauend wurde erstmals Ende 2017 eine Mittelfristige Personalplanung (MPP) präsentiert, mit der seither die Vorgaben des Fähigkeitsprofils in konkrete Truppengrößen für die kommenden sieben Jahre übersetzt werden. Das alte Planziel von maximal 185.000 Soldat*innen (170.000 Berufssoldat*innen, 12.500 Freiwillig Längerdienenden und 2.500 Reservist*innen) wurde in einem ersten Schritt auf 192.500 (177.000; 12.500; 3.000) bis 2023 angehoben. Im Folgejahr wurde die Zielgröße noch einmal um 7.500 Soldat*innen erhöht, um dann mit der MPP 2019 erneut

---

237 Inklusive Freiwillig Wehrdienst Leistende (FWDLs).

auf die bis heute geltenden 203.000 Soldat*innen (186.000, 12.500; 4.500) bis zum Jahr 2025 anzuwachsen.[238]

Allerdings macht sich unter Militärexpert*innen schnell Skepsis breit, ob dieses Ziel erreicht werden kann.[239] Bereits Anfang 2019 schrieb zum Beispiel *Spiegel Online* über die absehbaren Rekrutierungsprobleme: »Die Bundeswehr hat zu wenig Soldaten, und die Truppe ist überaltert, sie braucht Nachwuchs. Doch diesen für sich zu gewinnen, dürfte in Zukunft noch schwieriger werden, als bislang bekannt. Wie *Bild am Sonntag* (*BamS*) unter Berufung auf interne Papiere des Verteidigungsministeriums berichtet, rechnet die Bundeswehr damit, dass 2020 von 760.000 Schulabgängern nur die Hälfte für die Armee geeignet ist. Der Rest habe entweder keinen deutschen Pass, bringe nicht die nötige sportliche Fitness mit oder lehne das Militär grundsätzlich ab. Von den übrig bleibenden jungen Menschen müsste sich unter dem Strich jeder Vierte bei der Armee bewerben, damit diese ihren Bedarf decken kann.«[240]

Um hier Abhilfe zu schaffen, wurden allerlei Stellschrauben gedreht: Mehr Werbung, Attraktivitätsgesetz, Bahnfahren im Flecktarn usw. Seit 2020 wird außerdem ein auf zwölf Monate angelegter »Heimatschutz-Freiwilligendienst« (»Dein Jahr für Deutschland«) als eine Art »Schnupperkurs bei der Bundeswehr« angeboten, um ebenfalls bei der Rekrutierung zu unterstützen.[241] Doch wie der Überprüfungsbericht zum Fähigkeitsprofil im Dezember 2019 einräumte, wird dies alles allenfalls helfen, den Bedarf für die VJTF-

---

238 Bundeswehr-Personalplanung bleibt bei Umfang von 203.000, Augengeradeaus, 18.12.2020.

239 »Wir haben keinen Anlass, von unserer Einschätzung abzurücken, dass die Trendwende Personal gescheitert ist: Der Elefant im politischen Raum ist die demographische Entwicklung. Unter den Brücken von Berlin spricht man leise über andere Umfangszahlen.« (Griephan-Briefe Nr. 28/2018)

240 Offenbar fast die Hälfte der Schulabgänger nicht für Bundeswehr geeignet, Spiegel Online, 27.01.2019.

241 Kirsch, Martin: Reserve für die Heimatfront. Freiwilliger Wehrdienst im Heimatschutz, IMI-Analyse 2021/22.

2023 zu decken – bei den für später geplanten Divisionen dürfte es in jedem Fall eng werden. Schon damals hatte sich die Bundeswehr deshalb von dem ursprünglichen Ziel verabschiedet, 2031 eine personell voll ausgestattete dritte Division zur Verfügung zu haben. Im Fähigkeitsprofil-Zwischenbericht Ende 2019 hieß es dazu: »Erste Abschätzungen für eine mit dem Zwischenschritt Ende 2031 zu erreichende vollumfängliche Erfüllung aller durch Deutschland akzeptierten NATO-Planungsziele weisen in Richtung eines deutlich höheren Gesamtbedarfs an Soldatinnen und Soldaten.«[242] In etwas anderen Worten fasste *Spiegel Online* den Kern dieser Aussagen folgendermaßen zusammen: »Die Militärplaner verabschieden sich auch von ihrer Zusage an die Nato, bis Ende 2031 drei voll ausgerüstete Heeresdivisionen mit jeweils etwa 20.000 Soldaten aufzustellen. Der dritte Großverband werde nun nur noch in ›gekaderter‹ Form geplant, also als Formation, die bei Bedarf mit Reservisten aufgefüllt würde.«[243]

Dies dürfte in Kombination mit einer verstärkten Einplanung für Inlandseinsätze[244] wohl auch der Grund für die jüngsten Versuche sein, die Ränge der Reserve deutlich aufzufüllen. Dafür wurde am 18. Oktober 2019 von der damaligen Verteidigungsministerin Annegret Kramp-Karrenbauer die »Strategie der Reserve« erlassen, die als ein wesentliches neues Element die sogenannte Grundbeorderung enthält. Sie schreibt vor, dass Soldat*innen nach Dienstzeitende nun relativ lange der Reserve zur Verfügung stehen müssen: »Alle ausscheidenden Soldaten werden künftig für einen Zeitraum von sechs Jahren in die Reserve eingegliedert, um den Bedarf der Truppenreserve und der territorialen Reserve im Konfliktfall decken zu können.«[245] Auch die Reserve wird damit voll und ganz

---

242   Modernisierungskatalog der Bundeswehr bis 2031: Geld ist knapp – Personal noch viel mehr, Augengeradeaus, 20.12.2019.

243   Bundeswehr zweifelt an eigener Einsatzfähigkeit, Spiegel Online, 20.12.2019.

244   Siehe Kirsch, Martin: Reservist*innen vor Ort. Verbindungskommandos als Katalysatoren für Inlandseinsätze, in: AUSDRUCK (Dezember 2020), S. 12-13.

245   Die Strategie der Reserve: Ein Ausblick, bundeswehr.de, 09.08.2019.

auf den Neuen Kalten Krieg ausgerichtet: »Konkretisiert und in
Arbeitsaufträge übersetzt werden die Vorgaben der Strategie der
Reserve in einer im Oktober 2020 erlassenen ›Weisung für die Re-
servistenarbeit in den Jahren 2020-2022‹. Hier wird die Sprache
noch deutlicher: Der Auftrag der Reserve im Rahmen der Lan-
des- und Bündnisverteidigung sei es, die ›Aufwuchsfähigkeit‹,
Verstärkung der ›Einsatzbereitschaft und Erhöhung der Durchhaltefähigkeit der Bundeswehr‹ sicherzustellen. Das ›bedeutet im
Kern, dass wir die Reserve in die Lage versetzen müssen, im Gefecht
zu bestehen.‹«[246]

Trotz der mannigfaltigen Rekrutierungsprobleme hielt die Bundeswehr in ihrer bislang jüngsten MPP vom Dezember 2020 an
ihrem Planziel fest, verschob es allerdings um zwei Jahre nach hinten (und erhöhte die Zahl der Zivilangestellten): »Bis 2027 bleibt
es somit bei den avisierten 203.000 Soldatinnen und Soldaten,
einschließlich der 4.500 Stellen für Reservedienst Leistende. Die
Zielstruktur für Zivilpersonal soll von 67.800 Haushaltsstellen auf
69.700 Haushaltsstellen angepasst werden.«[247] Auch hier regte sich
in Expert*innenkreisen Kritik, der gewöhnlich gut informierte In-
siderdienst *Griephan-Briefe* machte beispielsweise noch im Sommer
2021 aus seinem Unmut keinen Hehl: »Die Unwahrheit zum personellen Aufwuchs der Streitkräfte. Die Bundeswehr hat es in den
letzten Jahren nicht geschafft, den Personalstand altersgerecht (!) zu
halten: Die Weiterverpflichtung Altgedienter ersetzt nicht die Rekrutierung frischer Köpfe und Hände. Die Demographie erlaubt keinen Aufwuchs auf 200.000+! Wir wundern uns über den fehlenden
Mut der militärischen Führung, diesen Moment ›des Kaisers neue
Kleider‹ nicht aufzugreifen und eine realistische Größenordnung
(150.000+?) einzufordern.«[248]

---

246 Kirsch, Martin: Vision Reserve 2032+ Zurück in die Zukunft eines neuen
     Kalten Krieges, IMI-Analyse 2021/07.
247 Verteidigungsministerin legt Bundeswehr-Personalplanung bis 2027 fest
     Veröffentlichungsdatum, bmvg.de, 18.12.2020.
248 Griephan-Briefe Nr. 34/2021, S. 1.

Schon bevor die Bundeswehr im Rahmen der Zeitenwende noch einmal deutlich früher – und vermutlich mehr – Personal zu benötigen meint, stand die Truppe also vor erheblichen Rekrutierungsproblemen, die durch die »Trendwende Personal« nicht behoben werden konnten. Folgerichtig wurde der geplante Aufwuchs innerhalb der Ampel-Koalition am Vorabend der Zeitenwende noch ernsthaft infrage gestellt: »Nach Informationen der SZ könnte es dazu kommen, dass die Bundeswehr nicht weiter wachsen soll. Vor allem SPD und Grüne rütteln an der Zielmarke von 203.000 Soldatinnen und Soldaten in zehn Jahren; die Truppe könnte in etwa so groß bleiben, wie sie heute ist. [...] Die FDP, so heißt es, würde das mittragen, wenn sichergestellt sei, dass die Bundeswehr ihren künftigen Aufgaben nachkommen könne.«[249]

6.2
Trendwende Fläche: Gegenkonversion

Im Zuge der Neuausrichtung und Verkleinerung der Bundeswehr wurde im Jahr 2011 ein neues Stationierungskonzept verabschiedet, in dem eine Reduzierung der Standorte von 394 auf 264 vorgesehen war. Eine perspektivisch personell wieder wachsende Bundeswehr benötigt aber auch wieder mehr Platz, weshalb im Zuge der »Agenda-Trendwenden« zahlreiche Standortschließungen wieder einkassiert wurden – als Begründung hieß es im Sommer 2019 in einer Pressemitteilung des Verteidigungsministeriums: »Landes- und Bündnisverteidigung steht [jetzt] als gleichberechtigte Aufgabe neben den Einsätzen der Bundeswehr im Rahmen des internationalen Krisenmanagements. Darauf haben wir mit den Trendwenden Personal, Material und Finanzen reagiert. Mehr Personal und Material bedeuten auch mehr Bedarf an weiterer Infrastruktur.«[250]

---

249 Süddeutsche Zeitung zit. bei Vor Start der eigentlichen Koalitionsverhandlungen: Steht die Größe der Bundeswehr zur Disposition? Augengeradeaus, 27.10.2021.

250 Elf militärische Liegenschaften bleiben der Truppe erhalten, bundeswehrjournal.de, 01.08.2019.

Dieser infrastrukturelle »Mehrbedarf« führte zum Phänomen der »Gegenkonversion«, das mindestens drei Formen annehmen kann: Erstens die Inbesitznahme ziviler Flächen durch das Militär; zweitens die Reaktivierung aufgegebener Flächen, Liegenschaften und Ressourcen; und drittens den Abbruch oder die Verzögerung eines Konversionsprozesses.[251] Schon im Koalitionsvertrag von SPD und Union vom Februar 2018 war angekündigt worden, dass die Zeit der Liegenschaftsschließungen nun ihrem Ende zugehe: »Vor einer endgültigen Abgabe von Liegenschaften der Bundeswehr werden wir vor dem Hintergrund der Trendwenden jeweils noch einmal den zukünftigen Bedarf prüfen. Unseren Bedarf werden wir auch in Hinblick auf Liegenschaften prüfen, deren Abgabe bereits vollzogen ist.«[252]

Im Mai 2018 präsentierte die Bundeswehr daraufhin das Dokument »Schließungszeitpunkte von Liegenschaften der Bundeswehr«, mit dem für knapp 50 Liegenschaften die Abwicklung ausgesetzt oder nach hinten verschoben wurde.[253] In einem nächsten Schritt kündigte die Bundeswehr am 15. Januar 2019 durch eine Pressemitteilung mit dem sinnigen Titel »Eine wachsende Bundeswehr braucht Platz« an, insgesamt »acht zusätzliche Munitions- und Materiallager« wieder in Dienst stellen zu wollen: »Nach fast zweieinhalb Jahrzehnten des Schrumpfens wächst die Bundeswehr wieder. [...] Bereits im Koalitionsvertrag ist verankert, dass die bisherigen Planungen zur Abgabe von Liegenschaften umfassend zu überprüfen sind. Deswegen hat Verteidigungsministerin von der Leyen jetzt entschieden, acht Lagereinrichtungen schrittweise wieder in Betrieb zu nehmen. Die Umsetzung erfolgt sukzessive im

251 Kleiß, Alexander: Konversion rückwärts: Wiederaufrüstung in Baden-Württemberg, IMI-Studie 2018/03.

252 Ein neuer Aufbruch für Europa. Eine neue Dynamik für Deutschland. Ein neuer Zusammenhalt für unser Land, Koalitionsvertrag zwischen CDU, CSU und SPD, 19. Legislaturperiode, Ziffer 7502-7505.

253 Schließungszeitpunkte von Liegenschaften der Bundeswehr, bundeswehr.de, Stand: 15.01.2019.

Zeitraum 2020 bis 2031.«[254] Die endgültige Entscheidung über die Re-Aktivierung der acht Standorte wurde dann im Februar 2021 von Bundeswehr-Generalinspekteur Eberhard Zorn in einem Tagesbefehl mitgeteilt.[255]

Ein grundlegend neues Stationierungskonzept scheint die Bundeswehr bislang zumindest nicht vorlegen zu wollen – ähnlich wie auch bei der Mittelfristigen Personalplanung scheint man sich eher flexibel an der jeweils aktuellsten Version des Fähigkeitsprofils orientieren zu wollen, wie aus einer Antwort der Bundesregierung auf eine parlamentarische Anfrage hervorgeht: »Sich aus dem Fähigkeitsprofil der Bundeswehr sowie den eingeleiteten Trendwenden Personal, Material und Finanzen ergebende Veränderungen werden hinsichtlich eines ggf. geänderten Bedarfs an Infrastruktur untersucht. Dies schließt die Ermittlungen eines möglichen Mehrbedarfs der Bundeswehr an logistisch genutzten Liegenschaften und die Analyse der diesbezüglichen Bedarfsdeckung ein.«[256]

6.3
Trendwende Material: Rüstung für Großmachtkriege

Es liegt wie gesagt auf der Hand, dass mit dem Fähigkeitsprofil von 2018 ein erheblicher materieller Mehrbedarf einherging: »Konkret bedeuten die Planungen, dass die Bundeswehr in den Bereichen Heer, Luftwaffe und Marine kräftig aufwachsen muss, um den neuen Anforderungen gerecht zu werden.«[257]

---

254 Eine wachsende Bundeswehr braucht Platz, BMVg, Pressemitteilung, 15.01.2019. Konkret war die Rede von Altheim, Hardheim, Huchenfeld (Baden-Württemberg), Lorup (Niedersachsen), Königswinter (Nordrhein-Westfalen), Kriegsfeld (Rheinland-Pfalz), Bargum und Ladelund (Schleswig-Holstein).

255 Tagesbefehl des Generalinspekteurs: Änderungen in der Grobstruktur, bmvg.de, 05.02.2021.

256 Bleibt's beim Stationierungskonzept von 2011? Im Prinzip ja…, Augengeradeaus, 28.01.2019.

257 Bundeswehr-Pläne: Heer soll drei volle Divisionen bekommen, dbwv.de, 19.04.2017.

Die »Trendwende Material« soll deshalb nicht nur eine höhere Einsatzbereitschaft vorhandener Waffensysteme erreichen, sondern auch die im Fähigkeitsprofil genannten Zielgrößen beschaffen. Für die Marine wird darin ein Bedarf von 25 Kampfschiffen und 8 U-Booten artikuliert – im Jahr 2018 verfügte sie ›lediglich‹ über 14 Kampfschiffe und 6 U-Boote. Was die Luftwaffe anbelangt, soll sie laut Fähigkeitsprofil vier gemischte Einsatzgeschwader (Air Task Forces) für die NATO beisteuern. Sie soll dabei den Kern von 75 Prozent einer NATO-Großformation stellen, die insgesamt zwischen 150 und 250 Kampfflugzeuge umfassen kann.[258] Vor allem aber das Heer soll massiv aufgerüstet werden – und zwar schon bevor hier mit der Zeitenwende noch einmal ordentlich aufgesattelt wurde: »Es bedeutet ein Plus von 27 Bataillonen also ein Plus von etwa 20.000 Heeressoldaten, was etwa ein Drittel mehr ist als damals. Das schließt folgendes ein: den Ausbau der Artillerie auf fast das Fünffache – Hinzu kommt der Ausbau der Infanterie. Die braucht demnach fünfmal so viele Radpanzer wie damals. Zudem würden mehr Kampf- und Schützenpanzer benötigt. Insgesamt läuft die Heeresaufrüstung mindestens auf eine Verdopplung seiner Feuerkraft hinaus. Es soll zudem mehr Military Airbusse und Kampfdrohnen geben. Außerdem sollen bis zu 60 schwere Transporthubschrauber hinzukommen.«[259]

Aktuell unterhält die Bundeswehr rund 70 Hauptwaffensysteme, weshalb an dieser Stelle nur auf einige der wichtigsten Vorhaben zur Umsetzung des Fähigkeitsprofils in den wichtigsten Dimensionen eingegangen werden kann, die bereits vor Ausrufung der Zeitenwende auf den Weg gebracht worden waren.

---

258 Vogel, Dominic: Tornado-Nachfolge: Fähigkeiten und Anpassungszeiträume sind entscheidend, SWP-Aktuell 36, Mai 2020, S. 3.

259 Henken, Lühr: Deutschlands Anspruch als Global Player – Aufrüstungsprogramme und Militarisierung, Vortrag auf dem »Venedey-Form« der Friedenkoordination Berlin, Naturfreundehaus Berlin, Hermsdorfer Fließtal, 28.05.2022.

Die Luftwaffe | Die Luftwaffe verfügt derzeit über drei Tranchen (Baureihen) Eurofighter mit zusammen 141 Kampfjets[260] sowie über 93 Flugzeuge der alternden Tornado-Flotte. Vor allem die Tornado-Nachfolge war lange hochgradig umstritten, da es sich um die Flugzeuge handelt, die auch für die Nukleare Teilhabe der NATO vorgesehen sind, in deren Rahmen in etwa 100 Atomwaffen in fünf europäischen NATO-Ländern lagern, wobei in Deutschland wohl zehn Atomwaffen in Büchel (Rheinland-Pfalz) untergebracht sind (siehe Kapitel 8.1 und 9.1).[261]

Der Produktionsbeginn der Tornados reicht bis in die 1970er zurück, was zur Folge hat, dass die Kampfflugzeuge immer wartungsanfälliger und damit auch kostenintensiver werden. Bereits im Juni 2018 berichtete die *Welt*, das Beschaffungsamt der Bundeswehr habe errechnet, »dass der Betrieb des Tornados bis 2025 noch 3,56 Milliarden Euro kosten werde. Soll das Flugzeug bis 2030 weiterbetrieben werden, lägen die Ausgabe für Materialerhalt, Entwicklung und Beschaffung schon bei 7,74 Milliarden Euro. Und für eine Nutzungsverlängerung über 2035 hinaus würden 13,48 Milliarden Euro fällig – nur, um einen museumsreifen Flieger in der Luft zu halten«.[262]

Vor diesem Hintergrund informierte das Verteidigungsministerium am 21. April 2020, es präferiere die Anschaffung von 38 Eurofightern (Tranche 4) als Ersatz für die Eurofighter der ersten Generation (Tranche 1) sowie von 40 weiteren Eurofightern, die den Tornado als Jagdbomber ersetzen sollen (hinzu kam noch eine Option auf 15 weitere Eurofighter zur Elektronischen Kampfführung und dem Stören und Bekämpfen gegnerischer Luftabwehrstellun-

---

260 Ausgeliefert wurden 143 zwei Eurofighter sind 2019 abgestürzt.

261 Meist ist bis heute noch von rund 200 US-Atomwaffen, 20 davon in Deutschland, die Rede. Auf die Reduzierung des Arsenals haben Hans Kristensen und Matt Korda hingewiesen, in Deutschland berichtete darüber unter anderem Meier, Oliver: Heimlich abgerüstet, Zeit Online, 13.03.2021.

262 Jungholt, Thorsten: Der hohe Preis des Tornado-Streits, Die Welt, 21.04.2020.

gen). Zusätzlich dazu sollten insgesamt 45 der älteren F-18 von Boeing angeschafft werden. Davon waren 30 für die Nukleare Teilhabe (Version Super Hornet) und 15 für die Elektronische Kampfführung (Version Growler) vorgesehen. Allein die Kosten für die F-18 wurden in einer Greenpeace-Studie auf 7,67 Mrd. Euro bis 8,77 Mrd. Euro geschätzt.[263]

Es ging hier also insgesamt um 123 bis 138 neue Kampfflugzeuge, allerdings zögerten sich zentrale Beschaffungsentscheidungen immer weiter hinaus. Der Grund lag in diversen Streitereien um die Tornado-Nachfolge, so bevorzugte etwa der damalige Luftwaffenchef Karl Müllner bereits Ende 2017 die deutlich modernere F-35 statt der F-18, was ihn kurze Zeit später den Kopf kostete, weil hierin damals noch eine Gefahr für die Entwicklung des FCAS-Luftkampfsystems gesehen wurde.[264] Auf der anderen Seite gab es damals in der SPD teils noch grundsätzlich eine erhebliche Skepsis gegenüber der Nuklearen Teilhabe, weshalb es nicht gelang, hier eine Grundsatzentscheidung vor den Bundestagswahlen im September 2021 durchzudrücken.

Erreicht wurde deshalb ›nur‹, dass der Haushaltsausschuss im November 2020 5,5 Mrd. Euro für die Quadriga genannte vierte Tranche mit 38 weiteren Eurofighter freigab. Die Auslieferung soll 2025 beginnen und bis 2030 abgeschlossen sein. Nach bisherigen Planungen sollen damit die 33 Flugzeuge der ersten Tranche ersetzt werden, die nach kurzer Laufzeit wiederum als veraltet gelten, weil sie im Gegensatz zu den späteren Baureihen nicht für Luft-Boden-Angriffe einsetzbar sind.[265] Einerseits entspricht die Quadriga-Investition den NATO-Vorgaben: »Mit der Beschaffung der vierten Tranche Eurofighter ist Deutschland auch zukünftig in der Lage, seine Beiträge zu den NATO-Planungszielen in den Fähigkeiten

---

263 Nassauer, Otfried/Scholz, Ulrich: Teuer und umstritten – die Tornado-Nachfolge, Greenpeace, Hamburg, Juli 2020.

264 Morcinek, Martin: Inspekteur der Luftwaffe muss gehen, n-tv.de, 16.03.2018.

265 Luftwaffe bekommt neue Eurofighter als Ersatz für erste Generation, Augengeradeaus, 05.11.2020.

Advanced Air Combat Capability und Joint Precision Strike Capability sicherstellen zu können. Durch das Beschaffungsvorhaben sollen über einen möglichst langen Zeitraum 140 Eurofighter zuverlässig ihre Aufgaben erfüllen können.«[266] Auf der anderen Seite wird dadurch laut Angaben der Bundeswehr die Nutzungsdauer der Eurofighter »bis weit über das Jahr 2050 ermöglicht«, was sie in der Theorie zumindest zur idealen Brückenlösung macht, bis das FCAS – falls je – zur Auslieferung bereitsteht.[267]

Im Zentrum des von Deutschland und Frankreich (mit Spanien als Juniorpartner) entwickelten FCAS-Luftkampfsystems steht die Entwicklung eines atomwaffenfähigen Tarnkappenkampf-flugzeugs, das aber von bemannten und unbemannten Drohnen-schwärmen begleitet werden soll. Dafür gab der Bundestag im Juni 2021 die Gelder für den deutschen Anteil von 4,468 Mrd. Euro für die Projektphasen 1b und 2 mit Einschränkungen frei (2024 muss der Haushaltsausschuss noch einmal Gelder bewilligen), die bis zur Fertigstellung eines Demonstrator genannten Prototyps 2027 reichen sollen. Faktisch haben die Abgeordneten dabei die Katze im Sack gekauft, da der Bundesrechnungshof kritisierte, dass zum Zeitpunkt der Abstimmung »weder die Konzeptstudie noch die Phase 1A bisher beendet werden konnten und abschließende Ergebnisse insofern nicht vorliegen.« Ferner hätten die Abgeordneten überhaupt nicht wissen können, über was sie abgestimmt hätten, schließlich konnte »dem Parlament noch kein endverhandeltes Vertragswerk vorgelegt werden«. Deshalb schlussfolgerte der Rechnungshof, das Projekt sei »mit sehr großen Risiken behaftet«.[268]

---

266 Bundeswehr bekommt neue Eurofighter, bmvg.de, 06.11.2020.

267 »Mit der Beschaffung der Tranche 4 wird eine signifikante Verlängerung der Nutzungsdauer des Waffensystems EUROFIGHTER in Deutschland bis über das Jahr 2050 ermöglicht.« (15. Bericht des Bundesministeriums der Verteidigung zu Rüstungsangelegenheiten, Juni 2022, S. 65)

268 Reichart, Thomas: Finanzstreit um Kampfjet – FCAS: Das nächste Milliardengrab? zdf.de, 15.06.2021.

Allerdings sind damit bislang nur Bruchteile der insgesamt auf
100 Mrd. Euro geschätzten gesamten Entwicklungskosten abge-
deckt – wie diese astronomischen Summen aufgebracht werden
sollten, stand zumindest zum damaligen Zeitpunkt noch in den
Sternen. Es bleibt außerdem abzuwarten, ob es gelingen wird, die
heftigen Streitereien zwischen der deutschen und französischen
Seite beizulegen. Da aber das FCAS in der Zeitenwende-Rede
von Kanzler Olaf Scholz quasi eine Finanzierungsgarantie erhalten hatte und jede Seite größte Mühe haben dürfte, ein derartiges Mammutprojekt im Alleingang zu stemmen, ist ein Scheitern
eher unwahrscheinlich. So bemerkte etwa der CSU-Bundestags-
abgeordnete Reinhard Brandl: »FCAS ist nicht eines unter vielen
Rüstungsvorhaben der Bundeswehr. Es ist das strategische Projekt
in Europa zur langfristigen Sicherung unserer Souveränität im Bereich der militärischen Luftfahrt. An diesem Projekt wird sich entscheiden, ob wir in Europa langfristig noch Kampfflugzeuge selbst
bauen oder uns in eine vollständige Abhängigkeit von den USA begeben.«[269]

Deutlich weiter fortgeschritten ist der Bau der bewaffnungs-
fähigen Eurodrohne, die beschlossen wurde, während gleichzeitig
noch heftige Streitereien über eine Bewaffnung der geleasten Heron-TP-Drohnen der Bundeswehr tobten. Gebaut wird die Eurodrohne unter deutscher Führung von Airbus D&S (DEU), Dassault
Av (FRA), Leonardo (ITA) sowie Airbus S.A.U. (ESP). Insgesamt
ist der Ankauf von 21 Systemen à drei Drohnen geplant, die Gelder
für den deutschen Anteil wurden im Juni 2021 vom Haushaltsausschuss bewilligt, inzwischen ist von ersten Auslieferungen im
Jahr 2030 die Rede: »Das favorisierte Bewaffnungspaket steht fest
und wird aus Brimstone III-Raketen und GBU-49 Gleitbomben
bestehen. Die Kosten sind enorm: Deutschland wird insgesamt 21
Drohnen, 12 Bodenkontrollstationen und vier verlegefähige Simu-

269 Greiner, Johannes: Europäisches Kampfjet-Projekt FCAS geht in die nächste
     Phase, Donaukurier, 23.06.2021.

latoren beschaffen. Der Haushaltsausschuss hat für die Entwicklung, die Beschaffung und die anfängliche Nutzung der Eurodrohne [...] etwa 3,8 Mrd. Euro freigegeben. Das Gesamtprojekt wird mit 7,6 Mrd. Euro beziffert, der Verteilschlüssel für die Kosten beläuft sich für Deutschland auf 31 Prozent, auf die anderen beteiligten Staaten entfallen je 23 Prozent.«[270] Ursprünglich wollten die Hersteller 10 Mrd. Euro verlangen, sie gingen mit ihrem schlussendlichen Angebot deutlich nach unten, was aber buchstäblich einen hohen Preis hatte: »So erließen sie [die Verhandelnden der Regierung] den Unternehmen, die die ›Eurodrohne‹ liefern sollen, umfangreiche Haftungsbeschränkungen und gewährten Haftungsfreistellungen. Selbst die Gewährleistungspflicht der Unternehmen soll nur zwölf statt wie sonst üblich 24 Monaten gelten. [...] Besonders pikant: Die Auftragnehmer können laut Vertrag die Arbeit einstellen, sobald 110 Prozent der vereinbarten Kosten angefallen sind. Darüber hinaus gehende Kostenrisiken in der Entwicklung oder dem Bau der Drohnen, wie sie bei solchen Großprojekten nicht unüblich sind, liegen bei den auftraggebenden Staaten.«[271]

Die Marine | Was die Marine anbelangt, so verfügt Deutschland bekanntlich über keinen Flugzeugträger, was die aktuell zwölf deutschen Fregatten zur derzeit größten maritimen ›Preisklasse‹ macht. Ein Schiff der Bremen-Klasse (F-122) sollte noch 2022 ausgemustert werden, hinzu kommen vier Fregatten der Brandenburg-Klasse (F-123), drei der Sachsen-Klasse (F-124) sowie vier Fregatten der bislang neuesten Baden-Württemberg-Klasse (F-125), deren letztes Schiff im Januar 2022 ausgeliefert wurde.[272] All diese Schiffe werden allerdings für hochintensive Gefechte für untauglich gehalten, die

270 Pletsch, Marius: Eurodrohne und zukünftiges Kampfflugzeug im FCAS, IMI-Standpunkt 2021/043.

271 tagesschau.de zit. bei Wagner, Jürgen: Eurodrohne: Groschengrab mit Ansage, IMI-Standpunkt 2021/015.

272 Henken, Lühr: Volle Kraft voraus auf fremde Küsten. Marinerüstung in Deutschland, in: AUSDRUCK (September 2021), S. 8-12.

F-125 wurde zum Beispiel als »Stabilisierungsfregatte« konzipiert, um in Einsätzen gegen kleine oder mittlere Gegner zum Zuge zu kommen. Dagegen ist die kommende F-126-Generation (früher: Mehrzweckkampfschiff 180) für den »Einsatz im gesamten Intensitätsspektrum« gedacht.[273] Im Juni 2020 billigte der Haushaltsausschuss den Bau von vier F-126, der damals noch auf 5,7 Mrd. Euro veranschlagt wurde – aktuell ist eine Auslieferung ab 2028 vorgesehen. Eigentlich bestehe ein »konzeptioneller Bedarf von sechs Schiffen«, aber »aufgrund begrenzter Finanzmittel« habe man sich zunächst nur vier Schiffe gönnen können, berichtet die Bundeswehr. Allerdings existiere bis Juni 2024 die Möglichkeit zur »Auslösung der Optionen für zwei weitere Schiffe«, hieß es in der Meldung weiter.[274] In den Medien war zu lesen, die F-126 schließe eine »deutsche Fähigkeitslücke« für »harte maritime Kampfeinsätze« und sei das »größte Rüstungsprojekt der Deutschen Marine seit dem Zweiten Weltkrieg.«[275]

Unterhalb der Fregatten siedeln sich die kleineren und wendigeren Korvetten an, aufgrund dieser Eigenschaften ›eignen‹ sie sich besonders für die »Randmeerkriegführung«, auf deren Bedeutung bereits in der Konzeption der Bundeswehr von 2018 prominent abgehoben wurde: »[Die] Befähigung zur Randmeerkriegführung […] bleibt unverändertes Ziel für die Ausgestaltung der deutschen SeeSK. Im Rahmen der LV/BV spielen dabei der Nordflankenraum der NATO und die Ostsee […] zunehmend eine wichtige Rolle.« Vor allem sei es erforderlich, für die »Baltischen Staaten« falls nötig eine »Nachversorgung über die Ostsee« sicherzustellen.[276] Die ersten fünf Korvetten K130 wurden zwischen 2004 und 2006 gebaut, gelten aber bereits jetzt wieder als völlig veraltet. Ein zweites Los mit

---

273 15. Bericht zu Rüstungsangelegenheiten, Juni 2022, S. 96.

274 Ebd., S. 97.

275 »Harte maritime Kampfeinsätze« – Die F126 soll eine deutsche Fähigkeitslücke schließen, Die Welt, 12.04.2022.

276 Konzeption der Bundeswehr 2018, S. 58.

deutlichen Kampfwertsteigerungen und ebenso vielen Exemplaren wurde im Juni 2017 beschlossen. Ursprünglich waren hierfür rund 2 Mrd. Euro vorgesehen, inzwischen ist der Preis auf etwa 2,4 Mrd. Euro gestiegen und auch die Auslieferung des ersten Kampfschiffs wird sich von 2023 auf mindestens 2025 verzögern. Eigentlich erachtete die Bundeswehr für die Erfüllung der NATO-Planziele die Anschaffung eines dritten Loses für notwendig, was allerdings vor der Zeitenwende ebenfalls an den Finanzen scheiterte: »Die Richtungsentscheidung zur Ergänzungsbeschaffung von weiteren fünf Korvetten (Boote 11-15 zur Sicherstellung der Einsatzverfügbarkeit bei gleichzeitiger Verwertung des 1. Loses) stellt sich angesichts der gegenwärtigen Finanzlinien als vorerst nicht finanzierbar dar.«[277]

Darüber hinaus sah das Fähigkeitsprofil auch einen Aufwuchs der U-Boote vor, wofür der Bundestag im Juni 2021 die Gelder bewilligte. Freigegeben wurden 2,79 Mrd. Euro für den deutschen Anteil von zwei U-Booten (U212 CD), die zusammen mit Norwegen gebaut werden. Die Auslieferung des ersten norwegischen U-Bootes ist auf 2029 terminiert, die beiden deutschen Schiffe sollen 2032 bzw. 2034 folgen.[278]

Die Panzerflotte | Für die Verstärkung der Panzerflotte wurde bereits im April 2015 der Rückkauf von 100 ausgemusterten Leopard 2 angekündigt, die eigentlich schon zur Verwertung an die Industrie abgegeben worden waren. Ihre Gesamtzahl stieg dadurch wieder auf 320 Exemplare. Um ›zukunftssicher‹ und für die zugesagten NATO-Großverbände ›bestens‹ gerüstet zu sein, wurde im Mai 2017 darüber hinaus bei 104 Exemplaren für einen Preis von rund 760 Mio. Euro eine Kampfwertsteigerung auf die Variante Leopard 2 A7V in Auftrag gegeben.[279] Die ersten Exemplare

---

277 15. Bericht zu Rüstungsangelegenheiten, Juni 2022, S. 85.

278 Kieler Werft sichert sich U-Boot-Auftrag, n-tv.de, 09.07.2021.

279 Lobitz, Frank: Der Kampfpanzer Leopard 2 A7V – Aufwuchs bei den gepanzerten Kampftruppen, ESUT, 07.07.2020.

wurden im September 2021 der Truppe übergeben, namentlich dem Panzerbataillon 393, das zur Panzergrenadierbrigade 37 gehört, die für die VJTF-2023 vorgesehen ist.[280] Kurz vor Ausrufung der Zeitenwende wurde schließlich gemeldet, es sei geplant, auch alle restlichen Leopard 2 auf die Version A7V umrüsten. Interessent ist der diesbezügliche Hinweis, die Kampfwertsteigerung ermögliche eine Verlängerung der Nutzungsdauer des Leopard, bis schließlich das deutsch-französische Kampfpanzersystem der Zukunft (MGCS) als Ersatz Mitte der 2030er bereitstünde: »Mit der Auslieferung der Leopard 2 A7V verfügt das Heer wieder über 320 KPz Leopard 2. Das Heer verfolgt das Ziel, alle Kampfpanzer auf den technischen Stand Leopard 2 A7V zu bringen. Die modernisierten Kampfpanzer sind notwendig, um die Zeitspanne bis zur Einführung eines Nachfolgesystems, das unter dem Namen ›Main Ground Combat System‹ in einem frühen Stadium der Realisierung ist, mit bedrohungsgerechten Gefechtsfahrzeugen abzudecken.«[281]

Wie beim FCAS wird auch beim »zweiten Super-Projekt der deutsch-französischen Zusammenarbeit im Rüstungssektor«,[282] dem MGCS-Kampfpanzersystem, ganz auf neue Technologien gesetzt: »Deutschland und Frankreich haben sich daher entschlossen, den Panzer der nächsten Generation gemeinsam zu entwickeln. […] Dahinter steckt kein einzelnes zu entwickelndes Fahrzeug mehr, sondern – wie die Bezeichnung schon sagt – ein ganzes Verbundsystem, eine Kombination aus heute zum Teil noch futuristisch anmutender Hochtechnologie, Big Data und Waffentechnik. Überlegenheit und Durchsetzungsfähigkeit lauten die

---

280 Reinhardt, Dirk: Neue Kampfpanzer an Bundeswehr in Bad Frankenhausen übergeben, mdr.de, 15.09.2021.

281 Heiming, Gerhard: Leopard 2 A7V: Neue Kampfpanzer für die Panzerlehrbrigade 9, ESUT, 09.02.2022.

282 Uzulis, André: MGCS – Ein neues Kampfsystem für das Heer, loyal.de, 01.04.2021.

Ziele.[283] Ab 2035 soll das System Leopard 2 bzw. Leclerc ablösen, wovon sich Deutschland verspricht, seine Marktstellung weiter ausbauen zu können, wie in Mitteilungen des Verteidigungsministeriums nachzulesen ist: »Durch die Investition in dieses Projekt wird es der deutschen Verteidigungsindustrie ermöglicht, sich durch die Entwicklung und Anwendung zukunftsweisender Landsystemtechnologien auch langfristig als weltweit führende Landsystemindustrie zu positionieren. Mit dem MGCS System wird die nationale Schlüsseltechnologie ›geschützte/gepanzerte Fahrzeuge‹ im Sinne der Strategie der Bundesregierung erhalten und gestärkt. Das Vorhaben MGCS System hat das Potenzial, mittelfristig das größte europäische landbasierte Rüstungsprojekt für die Entwicklung eines europäischen Landkampfsystems zu werden.«[284]

Erste Gelder wurden im März 2020 freigegeben und zwar für eine ursprünglich auf 18 Monate geplante »System-Architektur-Definitionsstudie« (SADS). Eingestellt wurden 75 Millionen Euro (Frankreich steuerte denselben Betrag bei), mit denen der Auftakt für den Bau eines Prototyps (»Gesamtsystemdemonstrator«) gegeben wurde, der ursprünglich 2027 fertiggestellt sein sollte. Die Gesamtkosten bis zu diesem Zeitpunkt wurden auf 1,5 Milliarden Euro geschätzt, die zur Hälfte auf Deutschland entfallen sollten.[285] Allerdings kommt es auch hier wie schon beim FCAS zu heftigen Kämpfen um den Anteil am Kuchen, sodass sich das Projekt bereits um ein Jahr verschoben hat und Ende 2021 sogar vor einer Verzögerung um bis zu zehn Jahre gewarnt wurde.[286] Für das Kampfpanzersystem wird damit gerechnet, dass sich die Entwicklungskosten auf um die acht Mrd. Euro bei einem möglichen Gesamtumsatz von bis zu 100 Milliarden Euro belaufen werden

---

283 Ebd.

284 Neues Bodenkampfsystem: Nächste Schritte beraten, bmvg.de, 12.03.2020.

285 Heiming, Gerhard: MGCS – Studien für die Nachfolge der derzeitigen Kampfpanzergeneration, ESUT, 16.03.2020.

286 Hegmann, Gerhard: Gefechtsbereit in 24 Jahren? Europas Super-Panzer droht eine absurde Verspätung, Die Welt, 30.11.2021.

– und auch hiervon waren bis zur Zeitenwende gerade einmal ein Bruchteil bewilligt.[287]

Neben der Aufrüstung der Leopard-2-Panzer auf die neueste Version gilt auch der Schützenpanzer Puma als »Brückentechnologie für das Main Ground Combat System«.[288] Er spielt zugleich eine zentrale Rolle, um die Zusagen gegenüber der NATO einhalten zu können. Denn während man in Bundeswehrkreisen davon ausgeht, man wäre bei der Zahl der Leopards für die Umsetzung des Fähigkeitsprofils gerade noch ausreichend aufgestellt,[289] sieht es beim Puma anders aus. Ursprünglich hatte die Bundeswehr vorgehabt, 405 Exemplare zu bestellen, eine Zahl, die in einem Änderungsvertrag im Juli 2012 auf 350 reduziert wurde – Kostenpunkt schlussendlich: 6 Mrd. Euro. Nach zahlreichen Verzögerungen (insgesamt 70 Monate) und Kostensteigerungen (3 Mrd. Euro) war die Lieferung zwar im August 2021 abgeschlossen, nun aber gleich wieder veraltet. Deshalb erhielten die Konstrukteure Rheinmetall und Krauss-Maffei Wegmann (KMW) im Juni 2021 zur Belohnung gleich noch einmal den Auftrag, für etwa 1 Mrd. Euro 154 der ausgelieferten Schützenpanzer bis 2027 erst einmal überhaupt auf NATO-VJTF-Standard aufzubohren. »Darüber hinaus wurden Optionen für die Umrüstung von weiteren 143 Puma im Wert von 820 Millionen Euro vereinbart, sollten diese vollständig ausgelöst werden, würden diese

---

287 »Techniker sprechen von einem Systemverbund, für dessen Entwicklung schätzungsweise 8 Milliarden Euro fällig werden. Für Beschaffung und Betrieb werden Ausgaben von 100 Milliarden Euro genannt.« (AIRSHOW: Deutschland und Frankreich mit Verträgen für Luftkampfsystem, Handelsblatt, 14.06.2019)

288 15. Bericht zu Rüstungsangelegenheiten, Juni 2022, S. 102.

289 »Obwohl die Rahmenorganisation des jetzigen Heeres eine realistische Basis für den Ausbau zum Fähigkeitsprofil 2031 bietet, ist die materielle Basis an verfügbaren Waffensystemen sehr eng. 328 Leopard 2 A6-7 für sieben Panzerbataillone mit 44 Kampfpanzern in der Regelgliederung und 350 PUMA des I. Loses und 227 eines noch ungesicherten II. Loses für neun Panzergrenadierbataillone zu je 44 Schützenpanzern bieten keinen großen Spielraum, da ja auch Ausbildung, Umlaufreserve und Gerätereserven berücksichtigt werden müssen.« (Dreifke 2021, S. 10)

Panzer 2029 der Truppe zur Verfügung stehen. Die Realisierung, zumindest eines Teiles der vereinbarten Optionen, ist maßgeblich dafür, ob das Heer seinen ›Plan Heer‹ erfolgreich umsetzen kann. Für die dortige als Zwischenschritt 2 bezeichnete Division (vorheriger Arbeitstitel Division 2027) werden insgesamt 266 ›kriegstaugliche‹ Schützenpanzer Puma benötigt.«[290] Mit der Auslieferung der für die VJTF-Übernahme vorgesehenen ersten 40 aufgebohrten Schützenpanzer im Februar 2022 lag die Bundeswehr hier im Plan.[291] Allerdings stand bis zur Zeitenwende die wichtige Entscheidung über die Ziehung der Nachrüstoptionen für die restlichen Pumas ebenso aus wie der Beschluss für ein zweites Los Pumas oder eine andere Alterative, um die in die Jahre gekommenen Schützenpanzer Marder aussortieren zu können.

Digitalisierung des Heeres | Der Puma spielt auch eine Schlüsselrolle bei der Digitalisierung des Heeres, wobei künftig alle wesentlichen Informationen im Battle Management System zusammenlaufen sollen. Nachdem der Testverband in Munster eine individuelle Empfehlung für das Produkt Sitaware der dänischen Firma Systematic abgegeben hatte,[292] wurde im Dezember 2019 der Auftrag für die Einführung des neuen Battle Management Systems vergeben, was als wesentliches Element für die Übernahme der VJTF-2023 galt: »Die Entscheidung für das neue Battle Management System der Bundeswehr ist gefallen. Die heutige Auftragsvergabe durch das Bundesamt für Ausrüstung, Informationstechnik und Nutzung der Bundeswehr an Systematic stellt den Abschluss eines Vorgangs dar, der mit umfangreichen Tests der Kandidaten durch das Heer in Munster begann und in dessen Ergebnis die Bundeswehr nun das Battle Management System SitaWare Frontline von Systematic für die VJTF

---

290 Schützenpanzer Puma – Modernisierung auf den Rüststand S1 beauftragt, soldat-und-technik.de, 29.06.2021.

291 Bach, Andreas: Die Ausrüstungsplanung des Deutschen Heeres 2022, ESUT, 13.05.2022.

292 Digitalisierung im Heer, bundeswehr.de, o. J.

2023 (L) beschaffen wird.«[293] Nur wenige Monate später wurde dann über die Einführung des neuen Systems für die VJTF-Brigade berichtet: »Die Bundeswehr führt zur digitalen Führung von Gefechten ein vernetztes Kontrollsystem ein. Das neue ›Battle Management System (BMS)‹ wurde am Dienstag im sächsischen Frankenberg von Soldaten der Panzergrenadierbrigade 37 vorgestellt. […] Die neue Technik wird seit Anfang April 2020 in der Streitkräftebasis und seit 11. Mai 2020 im Heer eingeführt. Das System soll das Rückgrat der Digitalisierung der Bundeswehr bilden und es Einheiten ermöglichen, ein komplexes Lagebild auf den Bildschirmen in den Fahrzeugen zu erfassen.«[294]

Auf der anderen Seite musste aber bei vielen weiteren wichtigen Vorhaben im Rahmen der Digitalisierung Landbasierter Operationen (D-LBO) »bereits umfassend gekürzt werden«, wurde noch am 8. Februar 2022 geklagt. »Das Defizit im Bereich der materiellen Ausstattung der Bundeswehr sowie insbesondere zu geringe Haushaltsmittel kamen dabei ebenfalls zum Tragen wie fehlende Umrüstkapazitäten im Bereich der Rüstungsindustrie. Um die IT-Ausstattung D-LBO in die Plattformen integrieren zu können, muss im bisherigen Umrüstprozess der jeweiligen Hersteller für nahezu jeden einzelnen Plattformtyp eine Musterintegration durchgeführt werden. Hier sprechen wir von einem zeit- (etwa ein bis zwei Jahre) und kostenintensiven Vorgang.«[295]

6.4
Trendwende Finanzen:
Märchen, Erpressungsversuche und ungedeckte Schecks
Neben der Schrotthaufen-Debatte stellten die vermeintlichen Zusagen, die die Bundesregierung den Verbündeten angeblich beim

---

293 Frank, Dorothee: SitaWare Frontline – Das neue Battle Management System der Bundeswehr, ESUT, 05.12.2019.

294 Bundeswehr führt digitales System zur Gefechtsführung ein, dpa, 27.05.2020.

295 Dani, Enrico: Digitalisierung landbasierter Operationen – Sachstand und Weiterentwicklung, ESUT, 08.02.2022.

NATO-Gipfel in Wales im September 2014 gegeben hatte, ein weiteres wichtiges Druckinstrument für Erhöhungen des Rüstungshaushaltes dar. Man habe sich dem Begehren der Bündnismitglieder nicht mehr länger verweigern können und sich deshalb dazu verpflichtet, bis 2024 mindestens 2 Prozent des BIP für das Militär auszugeben – das ist zumindest das, was zumeist in die damaligen Beschlüsse hineininterpretiert wurde. Bei der Wales-Vereinbarung handelte es sich tatsächlich aber um eine rechtlich nicht-bindende Absichtserklärung, sich in Richtung dieser Marke zu bewegen – vager geht es eigentlich nicht mehr.

Dennoch nutzte die damalige Verteidigungsministerin Ursula von der Leyen die seinerzeitige Debatte, um vehement auf höhere Ausgaben zu drängen. Als Architektin des Ganzen verkündete sie außerdem bereits am 26. Januar 2016, im Rahmen der Agenda Rüstung sei errechnet worden, dass die Bundeswehr bis 2030 Investitionen von 130 Mrd. Euro tätigen müsse (für militärische Beschaffungen waren 2017 gerade einmal 4,18 Mrd. Euro vorgesehen).[296] Später gab das Fähigkeitsprofil von 2018 aus, für die Umsetzung der NATO-Ziele würde ein Militärhaushalt im Umfang von 1,5 Prozent des BIP bis 2024 benötigt, eine Zielgröße, die von der Bundesregierung gegenüber der NATO so auch zugesagt wurde – zum damaligen Zeitpunkt (2018) brachte es der Verteidigungshaushalt aber ›nur‹ auf 1,17 Prozent des BIP.[297]

Das Verteidigungsministerium löste dieses Dilemma ansatzweise darüber, dass es über Jahre hinweg ungedeckte Schecks ausstellte, die auch als Verpflichtungsermächtigungen bezeichnet werden. Außerdem gelang es ihm mit einer überaus ›kreativen‹ Strategie, die Abgeordneten unter Druck zu setzen, noch mehr Gelder zu bewilligen. Der große Showdown in diesem Zusammenhang bahnte sich über die erste Jahreshälfte 2021 an: Bereits im Februar hatte

296 Haas u. a. 2018, S. 16.

297 Kirsch, Martin: Erneuter Alleingang oder Münchner Konsens 2.0?, in: AUSDRUCK (Dezember 2019), S. 22-25, S. 24.

das Verteidigungsministerium dem Bundestag eine lange Liste mit 51 sogenannten 25-Millionen-Vorlagen übermittelt, die noch vor der Bundestagswahl im September verabschiedet werden sollten. Gleichzeitig wurde in einem mehr als ungewöhnlichen Schritt eine weitere Zusammenstellung übergeben: »In einer zweiten Liste werden Vorhaben genannt, deren Finanzierung derzeit ›nicht gesichert ist‹. Genannt werden 15 Projekte, darunter die Nachfolge für das Kampfflugzeug Tornado und die Beschaffung eines schweren Transporthubschraubers.«[298]

Als sich dann die für Juni 2021 vorgesehene letzte Abstimmung über diese ganzen Rüstungsprojekte anbahnte, hatte das Verteidigungsministerium kurzerhand auch noch das politische Prestigeprojekt FCAS auf die Nicht-finanzierbar-Liste gesetzt. Wie bereits beschrieben, handelt es sich dabei um das Schlüsselprojekt auf dem Weg zu einem deutsch-französischen Rüstungskomplex, in das bereits viel politisches Kapital geflossen war und dessen Scheitern einen ziemlichen Scherbenhaufen hinterlassen hätte: »Strategisch gesehen wird das Luftkampfsystem der Zukunft der Testfall schlechthin für eine europäische Sicherheitspolitik sein. [...] Der Druck auf die deutsche Regierung also ist immens [...] FCAS war von Beginn an eher ein politisches denn ein militärisches Konzept, und vielleicht liegt darin ein Geburtsfehler. [...] FCAS ist keine freiwillige Industriekooperation, sondern ein Projekt der politischen Machtzentren in Paris und Berlin.«[299]

Das Verteidigungsministerium argumentierte deshalb schon seit einiger Zeit, länderübergreifende EU-Großprojekte müssten aufgrund ihrer (industrie-)politischen Bedeutung entweder über andere Haushalte finanziert oder über eine Zusicherung kontinuierlich und deutlich steigender Militärausgaben abgesichert werden. Vor diesem Hintergrund hatte sich das BMVg zu einem Er-

---

298 Verteidigungsministerium plant noch zahlreiche Rüstungsprojekte, Handelsblatt, 03.02.2021.

299 Brink, Nana: Die Wunderwaffe, in: Internationale Politik, Mai-Juni 2021, S. 64-68.

pressungsversuch entschlossen, bei dem es hoch pokerte, indem den Abgeordneten die sprichwörtliche Pistole auf die Brust gesetzt wurde: Entweder ihr sorgt in der ein oder anderen Form für viele zusätzliche Milliarden oder wir fahren zentrale deutsch-französische Rüstungsprojekte gegen die Wand. Das saß augenscheinlich, denn am selben Tag wie die Abstimmung über die Rüstungsprojekte wurde auch der Entwurf des Bundeshaushalts 2022 und die Finanzplanung für die Jahre bis 2025 vom Kabinett beschlossen. Darin wurde der Verteidigungshaushalt gegenüber dem Eckwerte-Papier aus dem März 2021 um insgesamt 4 Mrd. Euro erhöht – für 2022 waren dann 50,33 Mrd. Euro (statt 49,30 Mrd. Euro) vorgesehen. Auch noch in diesem Finanzplan war ab 2023 eine Absenkung des Verteidigungshaushaltes geplant, die jedoch gegenüber den Eckwerten geringer ausfiel: 2023: € 47,34 Mrd. (statt € 46,33 Mrd.); 2024: € 47,16 Mrd. (statt € 46,15 Mrd.); und 2025: € 46,74 Mrd. (statt € 45,73 Mrd.).[300]

Als »gutes Ergebnis« bezeichnete Kramp-Karrenbauer denn auch das Resultat der Auseinandersetzungen.[301] Und tatsächlich hatte sie mit hohem Einsatz gespielt und Milliarden gewonnen, eine Einschätzung, die auch in militärnahen Kreisen geteilt wird: »Damit war die Verteidigungsministerin mit ihren Verhandlungen – oder eher: mit ihrem Pokern? – erfolgreich: Sie hatte dem Haushaltsausschuss des Parlaments angekündigt, mehrere Rüstungsprojekte zur Billigung vorzulegen, auch wenn dafür keine Finanzierung im Haushalt absehbar war. Das hatte unter anderem zu Streit selbst mit Abgeordneten aus der Koalition geführt; letztendlich erhält Kramp-Karrenbauer aber nun nach der Planung für das kommende Jahr das Geld für diese bislang nicht finanzierten langfristigen Projekte. [...] Die entsprechenden Verträge allerdings kann das Verteidigungsministerium schon in diesem Jahr schließen,

---

300 Wagner, Jürgen: Geldregen für die Bundeswehr, in: AUSDRUCK (September 2021), S. 42-43.

301 Milliarden-Plus bei Verteidigungsetat – AKK: »Gutes Ergebnis für die Truppe«, rnd.de, 23.06.2021.

sobald das Parlament zugestimmt hat – und die haben dann auch
Einfluss auf den Spielraum, den ein künftiges Parlament und die
künftige Bundesregierung im Verteidigungshaushalt der kommenden Jahre haben.«[302]

Gleichzeitig war es aber nicht gelungen, sämtliche Wunschvor-
haben finanziert zu bekommen, und auch für viele andere Projekte
war eine langfristige Deckung zum damaligen Zeitpunkt dennoch
faktisch nicht vorhanden. Die Lösung hierfür nannte sich einmal
mehr: Verpflichtungsermächtigungen – noch kurz vor Beginn des
russischen Angriffskrieges gegen die Ukraine im Februar 2022 war
zu lesen: »Mit den so genannten Verpflichtungsermächtigungen
kann das Verteidigungsministerium Verträge für Rüstungsgüter ab-
schließen, deren Kosten erst in den nächsten Jahren fällig werden.
[…] Im vergangenen Jahr wurden dafür nach einer Übersicht des
Finanzministeriums 24,8 Milliarden Euro eingeplant, von denen bis
2025 pro Jahr bis zu vier Milliarden und nach 2025 dann 13,4 Milliarden Euro benötigt werden. […] Die Forderung nach *realistischer
Planung* enthält den dezenten Hinweis, dass das Wehrressort in den
vergangenen Jahren, laienhaft gesprochen, ungedeckte Schecks auf
die Zukunft erhalten hat.«[303]

6.5
Trendwenden: Viel Lärm um wenig?

Rekapituliert man also die ›Erfolge‹ der Trendwenden, so ergibt eine
Bestandsaufnahme am Vorabend der Zeitenwende ein gemischtes
Bild. Auf die bereits vorher durchgesetzten dramatischen Erhöhungen des Verteidigungshaushaltes wird noch einmal im nächsten Kapitel eingegangen. Doch auch abseits dessen waren wichtige Schritte
für einen Komplettumbau der Bundeswehr einschließlich elemen-

---

302 Verteidigungshaushalt soll 2022 und danach stärker steigen als geplant –
      Erstmals über 50 Mrd. Euro, Augengeradeaus, 22.06.2021.

303 Finanz-Warnbrief ans Verteidigungsministerium: »Realistische Planung« bei
      langfristigen Ausgaben, Soldaten-Altersgrenze steht zur Disposition, Augen-
      geradeaus, 04.02.2022.

tarer Beschaffungsprojekte auf den Weg gebracht worden. Auf der anderen Seite war es nicht gelungen, für eine Reihe zentraler Projekte grünes Licht zu erhalten: »Die deutsche Rüstungspolitik versagt: Seit einigen Jahren steht sie unter dem Motto Trendwende Material, und trotzdem ist es ihr nicht gelungen, die prekäre Ausstattungslage der Bundeswehr signifikant zu verbessern.[304]

Kurz gesagt, trotz vieler ›Fortschritte‹ war für die Umsetzung der ambitionierten Pläne und Zusagen subjektiv zumindest deutlich zu wenig Geld vorhanden. Die Tornado-Nachfolge stand aus, Optionen für neue Kriegsschiffe konnten nicht gezogen und das neue Los der Schützenpanzer nicht angeschafft werden – und dann fehlte es auch noch an Personal, um das ganze Kriegsgerät, wäre es überhaupt erst einmal angeschafft, auch bedienen zu können. Der Ärger war zum damaligen Zeitpunkt in militärnahen Kreisen groß: »Es ist vor allem der fehlende Konsens um die nachhaltige, stetige Steigerung des deutschen Verteidigungshaushalts in Richtung des Zwei-Prozent-Zieles, welcher die vollständige Realisierung des vorliegenden Fähigkeitsprofils 2018 der Bundeswehr gefährdet.«[305]

Obwohl die bislang jüngste Fortschreibung des Fähigkeitsprofils im Dezember 2020 ungerührt an der bisherigen »nationalen Ambition«, so der eigene Wortlaut, festhielt,[306] sorgte der Generalinspekteur der Bundeswehr, Eberhard Zorn, für Aufsehen, als er im Januar 2021 angab, es sei erforderlich, die »militärischen Zielvorstellungen noch einmal [zu] überprüfen«, eine Absenkung zu erwägen und dies »mit unseren Nato-Partnern abgestimmt« zu tun.[307] Lautstark versuchte das Verteidigungsministerium also zu signalisieren, dass

304 Sebaldt 2020, S. 177.

305 Meyer zum Felde, Rainer: Deutsche Verteidigungspolitik – Versäumnisse und nicht eingehaltene Versprechen, in: Sirius 2020; 4(3), S. 315-332, S. 322.

306 Fortschreibung des Fähigkeitsprofils der Bundeswehr, bmvg.de, 18.12.2020.

307 Generalinspekteur sieht finanzielle Auswirkungen der Pandemie auf den Verteidigungsetat: »Militärische Zielvorstellungen überprüfen«, Augengeradeaus, 03.01.2021.

zahlreiche der politisch gewollten Rüstungsgroßprojekte mit dem aktuellen und künftigen Haushalt nicht zu finanzieren seien. Anfang Februar 2021 ließ man dann gleichzeitig die geheime »Finanzbedarfsanalyse 2022« an den *Spiegel* durchsickern, in der deutlich davor gewarnt wurde, mit den in Aussicht stehenden Geldern seien die NATO-Planziele nicht zu erfüllen. Die aus Sicht des Verteidigungsministeriums hierfür benötigten Summen waren allerdings weit niedriger als die Beträge, die nun über das Bundeswehr-Sondervermögen ausgeschüttet werden: »Um aber den kompletten Bedarf bis 2026 zu decken, schreiben die Planer, müsste der Verteidigungshaushalt [...] im nächsten Jahr um 9 Milliarden Euro erhöht werden, 2024 um 15,9 Milliarden und zwei Jahre später sogar um 20,7 Milliarden. Völlig undenkbar, vor allem nachdem Corona die öffentlichen Haushalte verwüstet hat.«[308]

Die Umsetzung der mit dem Münchner Konsens artikulierten Weltmachtansprüche drohte somit zu scheitern oder zumindest auf halbem Wege stecken zu bleiben – bis der russische Angriffskrieg die Zeitenwende einläutete. Fachkreise wussten zu würdigen: »Bundeskanzlerin Merkel hat sich diesen Kurswechsel jedoch nie zu eigen gemacht. Zwar hat die von ihr geführte große Koalition über zwei Legislaturperioden hinweg die Stärkung des NATO-Abschreckungs- und Verteidigungsdispositivs auf konzeptioneller Ebene konstruktiv mitgestaltet und weitreichende Zusagen und Versprechungen (wie Erfüllung des Zwei-Prozent-Ziels und eines dementsprechend ambitionierten Kräfte- und Fähigkeitenbeitrags für die NATO-Bündnisverteidigung) gegeben. Doch auf vollständige Umsetzung und Einlösung dieser Zusagen hat sich ihre Regierung aufgrund des Widerstands der seit 2018 nach links gerückten SPD nicht einigen können. 2018 führte die deutsche Verweigerung der Lastenteilung, vor allem des Zwei-Prozent-Ziels, und damit die faktische Implementierungsverweigerung des zugesagten deut-

---

308 Gebauer, Matthias/von Hammerstein, Konstantin: Der Bundeswehr geht das Geld aus, Spiegel Online, 05.02.2021.

schen Kräfte- und Fähigkeitspakets für die NATO (3 Heeresdivisionen, 4 Luftwaffengruppen, 25 Marine-Kampfschiffe) zu einer der schwersten transatlantischen Krisen in der Geschichte der NATO – und der präzedenzlosen Androhung des US-Präsidenten Donald Trump beim NATO-Gipfeltreffen, seinen eigenen Weg zu gehen. […] Die von Bundeskanzler Olaf Scholz in Reaktion auf Putins Angriffskrieg am 27. Februar 2022 erklärte ›Zeitenwende‹ und seine Regierungserklärung im Deutschen Bundestag dürften dieses Problem bereinigt haben.«[309]

309 Meyer zum Felde, Rainer: Was ein Militärbündnis zwischen Russland und China für die NATO bedeuten würde, in: Sirius 2022; 6(2), S. 165-184, S. 174.

7.
Zeitenwende: Historische Finanzspritze per »Sondervermögen«

Mit der am 27. Februar 2022 in seiner Regierungserklärung ausgerufenen Zeitenwende kündigte Bundeskanzler Olaf Scholz zahlreiche tiefgreifende Maßnahmen an, insbesondere was die künftige finanzielle Ausstattung der Bundeswehr anbelangt. Nach der am 29. Mai 2022 verkündeten Einigung zwischen der Ampel-Regierung und der Unionsfraktion in Sachen Sondervermögen für die Bundeswehr im Umfang von 100 Mrd. Euro war der Weg für die im Juni endgültig beschlossene größte Geldspritze in der Geschichte der Truppe frei. Ohne den Schock des Ukraine-Krieges und das über die Agenda Rüstung sehr ›erfolgreich‹ in den Köpfen eingebrannte Bild von einer in Grund und Boden gesparten Bundeswehr wäre dieser Coup wohl sicher nicht so ohne Weiteres möglich gewesen. Dennoch gab es um die Ausgestaltung der Grundgesetzänderung und des Begleitgesetzes zum Sondervermögen teils heftige Auseinandersetzungen. In fast allen Punkten konnten sich dabei die Hardliner durchsetzen, allerdings gelang es ihnen nicht, das 2-Prozent-Ziel als verbindliche Untergrenze des deutschen Militärhaushaltes ins Grundgesetz selbst hineinzudrücken. Es gibt also keine rechtliche Verpflichtung, den offiziellen Verteidigungshaushalt um die etwa 25 bis 30 Mrd. Euro anzuheben, die nach gegenwärtigen Planungen erforderlich wären, um das 2-Prozent-Ziel zu erreichen, wenn das Sondervermögen 2026 aufgebraucht sein wird. Da dies unter Beachtung der Schuldenbremse nur über einen Kahlschlag in anderen Haushalten möglich wäre, wird es sich dabei um eine der zentralen Auseinandersetzungen der kommenden Jahre handeln.

7.1
Chronisch unterfinanziert?

Vor allem seit die Agenda Rüstung ab 2014 initiiert wurde, bemühen interessierte Kreise gebetsmühlenartig das Bild von der kaputtgesparten Bundeswehr. Zuletzt begründete Verteidigungsministerin Christine Lambrecht in einem Tagesbefehl damit auch die Notwendigkeit für das Sondervermögen der Bundeswehr: »Jahrzehntelang wurden unsere Streitkräfte unterfinanziert. Es entstand ein riesiger Investitionsstau und der Kernauftrag der Landes- und Bündnisverteidigung wurde immer weiter ausgehöhlt. […] Mit dem Sondervermögen machen wir jetzt einen großen Aufschlag – und werden unsere dringendsten Fähigkeitslücken in großer Breite und dauerhaft schließen.«[310]

Wirklich ärgerlich ist, dass die Medien diese Erzählung ebenfalls nahezu ohne Ausnahme unhinterfragt übernehmen. Um nur ein Beispiel unter vielen zu nennen, hieß es etwa Ende März 2022 bei *Spiegel Online*: »Das Sondervermögen für die Bundeswehr […] bedeutet eine Zäsur in der deutschen Sicherheitspolitik. Folgen wird eine massive Aufrüstung nach Jahrzehnten, in denen das Militär Schritt für Schritt kleingespart wurde. Laut Kanzler Olaf Scholz (SPD) ist durch das 100-Milliarden-Paket eine deutliche Stärkung der deutschen Streitkräfte zu erwarten.«[311]

Um es in aller Deutlichkeit zu sagen: Solche Aussagen haben mit der Realität wenig zu tun. Nicht einmal bevor die Verteidigungsausgaben nach 2014 im Zuge der Agenda Rüstung noch einmal spürbarer anzogen, konnte von Etatkürzungen gesprochen werden. Der Militärhaushalt stieg nämlich von (umgerechnet) rund 24 Mrd. Euro im Jahr 2000 bereits deutlich auf etwa 32,5 Mrd. Euro im Jahr 2014. Er lag damit auch drastisch über dem eigentlich verbindlich vereinbarten Sparziel vom Juni 2010. Damals war festgelegt worden, alle

---

310   Tagesbefehl zum Sondervermögen der Bundeswehr, bmvg.de, 03.06.2022.
311   Deutschland hat bald größte konventionelle Nato-Armee in Europa, Spiegel Online, 31.05.2022.

Abbildung D: Quelle: Kabinett einigt sich auf mehr Geld und Sondervermögen für
die Bundeswehr, bmvg.de, 16.03.2022. Eigene Darstellung.

Ressorts müssten bis 2014 insgesamt 81,6 Mrd. Euro einsparen und
die Bundeswehr solle dazu 8,3 Mrd. Euro beitragen. Gemäß dem
daran angelehnten Bundeswehrplan sollte der Rüstungshaushalt bis
2014 auf 27,6 Mrd. Euro reduziert werden – ein Beschluss, der augenscheinlich rasch wieder einkassiert worden war. Allerdings zog
seither das Ausmaß der Etatsteigerungen noch einmal deutlich an:
Über 34,3 Mrd. Euro (2016) und 38,5 Mrd. Euro (2018) erreichte
das Budget schließlich 46,9 Mrd. Euro (2021), indem unter anderem
auch Corona-Hilfsgelder für die Truppe ›genutzt‹ wurden.[312] Selbst
inflationsbereinigt handelt es sich hier um einen Anstieg des Militärhaushaltes zwischen 2014 und 2021 um satte 35 Prozent – dass es
dennoch gelang, erfolgreich das Bild der chronisch unterfinanzier-
ten Truppe zu verankern, ist die wohl größte ›Errungenschaft‹ der
Agenda Rüstung.

---

312 Pflüger, Tobias: Coronaprofiteur Bundeswehr. Steigender Militärhaushalt
     trotz Pandemie, in: AUSDRUCK (März 2021), S. 14-16.

Nachdem wie beschrieben massiv Druck ausgeübt wurde, erreichte das Verteidigungsministerium für das Jahr 2022 noch einmal deutliche Steigerungen auf schlussendlich 50,4 Mrd. Euro. Dementsprechend stiegen im Übrigen auch die Gelder für Rüstungsinvestitionen sprunghaft an: Waren im Jahr 2014 noch 3,82 Mrd. Euro für militärische Beschaffungen (plus Materialerhaltung (2,59 Mrd.), Betreiberlösungen (1,48 Mrd.) und Forschung und Entwicklung (854 Mio.)) vorgesehen, wurden 2021 bereits 7,7 Mrd. Euro für diesen Posten bereitgestellt (Materialerhaltung (5,1 Mrd.), Betreiberlösungen (2,9 Mrd.) und Forschung und Entwicklung (1,6 Mrd.)).[313]

Für 2022 sind allein für die militärische Beschaffung 9,9 Mrd. Euro eingestellt worden,[314] die Bundeswehr ist also eindeutig kein Fall für den Geldhahn, sondern für den Rechnungshof – nun einen dreistelligen Milliardenbetrag auszuloben bedeutet vor allem Unsummen in einem ineffizienten und zumindest teils auch korrupten Beschaffungswesen zu versenken. Eine der wenigen vernünftigen Stimmen, die dem etwas entgegensetzen, stammt vom Friedensforscher Herbert Wulf: »Aber, so heißt es, die Bundeswehr ist unterfinanziert. [...] Es sei daran erinnert, dass die Ausgaben für Verteidigung (nach NATO-Kriterien) in Deutschland seit 2014 von knapp 34 Milliarden Euro auf über 53 Milliarden im Jahr 2021 erhöht wurden. Es ist ein Mythos, dass die Bundeswehr schlecht ausgerüstet ist, weil sie zu wenig Geld bekommt. Mangelnde Finanzen sind nicht das eigentliche Problem, sondern verkrustete Strukturen bei der Beschaffung, strukturelle Defizite bei Entwicklung, Produktion und Beschaffung und erhebliche zeitliche Verzögerungen bei der Auslieferung der bestellten Waffen.«[315]

Auch ohne die jüngste Finanzspritze durch das Sondervermögen ist es also absurd, dass sich Heeresinspekteur Alfons Mais hinstellte und argumentierte, die Truppe stehe wegen Geldmangels

313   Siehe die Berichte zu Rüstungsangelegenheiten der Jahre 2014 und 2022.

314   Verteidigungshaushalt 2022 beschlossen, bmvg.de, 20.05.2022.

315   Wulf, Hebert: Panikpolitik, Internationale Politik und Gesellschaft, 15.03.2022.

»blank« da.[316] Dennoch klaffte noch Anfang Februar 2022 zwischen
dem, was das Finanzministerium im Finanzplan bis 2026 für die
Bundeswehr vorgesehen hatte, und dem, was das Verteidigungsministerium zu benötigen meinte, um die NATO-Fähigkeitsziele umsetzen zu können, eine gewaltige Lücke – eine rund 38 Mrd. Euro
große Lücke, um genau zu sein. Denn vor allem bei den Planungen
für die Haushalte nach 2022 gingen die Vorstellungen von Finanz-
und Verteidigungsministerium ganz erheblich auseinander, wie die
Nachrichtenagentur *dts* am 12. Februar 2022 berichtete: »Danach
benötigt die Bundeswehr im Jahr 2023 statt der vom Finanzministerium bislang in der mittelfristigen Planung vorgesehenen 47,3
Milliarden Euro 53,7 Milliarden Euro. Dieses Delta wächst jährlich:
2024 werden statt 47,1 Milliarden Euro 55,4 gebraucht, 2025 57,2
statt 46,7 Milliarden. Und 2026 beträgt der Bedarf statt 46,7 stolze
59,1 Milliarden Euro. Der Fehlbetrag summiert sich insgesamt auf
37,6 Milliarden Euro. […] In einer ersten Reaktion hatte das Finanzministerium die Forderungen zurückgewiesen.«[317]

So groß diese Differenz auch erscheint, die Bundeswehr gab
hiermit erneut an, sie benötige für die Umsetzung des Fähigkeitsprofils ›nur‹ 1,5 Prozent des BIP – was dann kam, hätte sie sich wohl
nicht in ihren kühnsten Träumen vorstellen können.

7.2
Sondervermögen: Grundgesetzliche Aufrüstung

Als Reaktion auf den russischen Angriff auf die Ukraine kündigte Kanzler Olaf Scholz am 27. Februar 2022 in seiner Regierungserklärung die besagte Zeitenwende an, die nunmehr in aller Mun-
de ist. Obwohl die Rede eine ganze Reihe überaus problematischer
Passagen und Ankündigungen enthielt, erhielten die Aussagen, die
sich mit der künftigen finanziellen Ausstattung der Bundeswehr

---

316 »Bundeswehr steht mehr oder weniger blank da«, Tagesspiegel, 24.02.2022.

317 Verteidigungsministerium will zusätzliche Milliarden für Bundeswehr, dts
     Nachrichtenagentur, 12.02.2022.

beschäftigten, mit einiger Berechtigung die mit Abstand größte Aufmerksamkeit. Bereits im Oktober 2021 soll laut Informationen des Spiegel ein sechsseitiges Argumentationspapier aus dem Verteidigungsministerium vorgelegen haben, in dem es konkret um ein »Sondervermögen Bundeswehr« in Höhe von 102 Mrd. Euro gegangen sein soll. Sogar eine Liste mit konkret zu finanzierenden Projekten sei darin enthalten gewesen, die in etwa mit dem übereinstimmen soll, was auch offiziell im Zuge des Sondervermögens beschlossen wurde.[318] Leider wurde der Versuch, über das Informationsfreiheitsgesetz an das Dokument zu gelangen, abgeschmettert, indem es als »Verschlusssache mit dem Geheimhaltungsgrad ›VS-NUR FÜR DEN DIENSTGEBRAUCH‹ (VS-NfD) eingestuft« wurde.[319]

Eingetütet wurde das Ganze dann augenscheinlich handstreichartig von einem sehr überschaubaren Personenkreis: »Dem Vernehmen nach beschlossen Bundeskanzler Olaf Scholz (SPD) und Finanzminister Christian Lindner (FDP) erst am Vorabend der Bundestagssondersitzung vom 27. Februar à deux die Errichtung des Sondervermögens. Darüber diskret informiert wurden jedoch am gleichen Abend offenbar nur der Vizekanzler, Wirtschaftsminister Robert Habeck (Bündnis 90/Die Grünen) und Verteidigungsministerin Christine Lambrecht (SPD), während die Spitzen der Koalitionsparteien und -fraktionen zunächst nur über die geplanten deutschen Waffenlieferungen an die Ukraine unterrichtet wurden. Erst als das Redemanuskript von Bundeskanzler Scholz den Vorsitzenden der Bundestagsfraktionen, dann also auch Oppositionsführer Friedrich Merz, am 27. Februar wie üblich kurz vor Beginn der Bundestagssitzung zugeleitet wurde, wurden die Einzelheiten bekannt, über die in den Fraktionen aber nicht mehr diskutiert wer-

318 Gebauer, Matthias/Hammerstein, Konstantin von: Die 100-Milliarden-Bazooka, Spiegel Online, 01.03.2022.

319 Antrag auf Informationszugang nach § 1 Informationsfreiheitsgesetz (IFG) BEZUG 1. Ihr Antrag vom 29. März 2022 2. BMVg– R I 1– Az 39- 22 -17/AS/ V126 vom 30. März 2022 G, RI1– 39– 22 -17/AS/V126, Berlin, 23.06.2022.

den konnte. Die meisten Abgeordneten erfuhren erst aus der Rede von Scholz den Umfang des Sondervermögens und seine Absicht, die deutschen Verteidigungsausgaben dauerhaft auf über zwei Prozent des Bruttoinlandsprodukts anzuheben – wie es Deutschland der NATO nicht erst seit 2014 immer wieder zugesichert, aber nie eingelöst hatte.«[320]

Mit Blick auf die Finanzen enthielt die Regierungserklärung vor allem zwei weitreichende Ankündigungen. Erstens wurde wie im obigen Zitat bereits angedeutet ein hoher Sockel für die offiziellen Militärausgaben ausgelobt: »Wir werden von nun an – Jahr für Jahr – mehr als zwei Prozent des Bruttoinlandsprodukts in unsere Verteidigung investieren.«[321] Nicht umsonst war eine solche Größenordnung zwar lange von der NATO gefordert, aber ebenso lange für völlig undenkbar gehalten worden – zuletzt existierten Aussagen, diesen Wert Anfang der 2030er erreichen zu wollen. Denn was hier so harmlos mit Zahlen im sehr niedrigen einstelligen Bereich daherkommt, entpuppt sich bei näherer Betrachtung als eine Erhöhung der Ausgaben um riesige Milliardenbeträge. Laut *Statista* belief sich das deutsche Bruttosozialprodukt im Jahr 2021 auf 3.570 Mrd. Euro. Wäre hierfür bereits die Scholz'sche Formel angewandt worden, hätte sich der Militärhaushalt in diesem Jahr statt der tatsächlich eingestellten 46,9 Mrd. Euro also auf mindestens 71,4 Mrd. Euro belaufen müssen.

Obwohl der Militäretat nach der endgültigen Einigung auf den Bundeshaushalt 2022 am 20. Mai 2022 mit 50,4 Mrd. Euro satte 3,5 Mrd. Euro über dem Vorjahresniveau liegt, ist es somit offensichtlich, dass zu den von Kanzler Scholz ausgerufenen 2 Prozent eine erhebliche Lücke klafft. Diese Kluft soll künftig jährlich durch die zweite in der Zeitenwende-Regierungserklärung enthaltene Bundeswehr-Budgetaussage geschlossen werden: »Bessere Ausrüstung,

---

320 Labuhn, Wolfgang: Das »Sondervermögen Bundeswehr« belastet die »Ampel-Koalition«, ESUT, 29.03.2022.

321 Regierungserklärung von Bundeskanzler Olaf Scholz, Berlin, 27.02.2022.

modernes Einsatzgerät, mehr Personal – das kostet viel Geld. Wir
werden dafür ein Sondervermögen ›Bundeswehr‹ einrichten. […]
Der Bundeshaushalt 2022 wird dieses Sondervermögen einmalig
mit 100 Milliarden Euro ausstatten. Die Mittel werden wir für notwendige Investitionen und Rüstungsvorhaben nutzen.«[322]

7.3
Kriegskredit mit Fokus Bundeswehr

Nicht unerwähnt sollte bleiben, dass der Begriff »Sondervermögen«
natürlich grob irreführend ist, es handelt sich um einen »Kriegskredit«, der in Form von Schulden aufgenommen und spätestens
ab 2031 aus dem Bundeshaushalt auch wieder getilgt werden muss.
Selbst der Reservistenverband merkte recht humorlos an: »Die 100
Milliarden für die Truppe sind als ›Sondervermögen‹ ausgewiesen, in Wahrheit jedoch neue Schulden außerhalb des allgemeinen
Haushalts.«[323] Das Geld wird 2022 per Kredit aufgenommen, um
2023 wieder die Schuldenbremse einhalten zu können. Obwohl zwischenzeitlich auch über andere Optionen spekuliert worden war,[324]
wurde das Sondervermögen schließlich per Grundgesetzänderung
über die Bühne gebracht, da es ansonsten rechtlich doch auf sehr
wackligen Beinen gestanden hätte. Und hierfür brauchte es wegen
der erforderlichen Zweidrittelmehrheit im Bundesrat die Unionsfraktion, die sich – gerade erst von der Regierungsbank geflogen –
unversehens gleich wieder in einer Position sah, Forderungen stellen zu können.

In den Verhandlungen um die Ausgestaltung des Sondervermögens pochte die Union vor allem auf zwei Forderungen: Einmal,
dass die 100 Mrd. Euro ausschließlich der Bundeswehr zugutekommen dürften; und zweitens wollte sie das 2-Prozent-Ziel gleich mit

---

322 Ebd.

323 Uzulis, André: 100 Milliarden zusätzlich – und immer noch Fragen offen,
      loyal.de, 09.06.2022.

324 Krüger, Paul-Anton: Die 100-Milliarden-Euro-Frage, Süddeutsche Zeitung,
      23.05.2022.

ins Grundgesetz als verbindliche Untergrenze des Militärhaushaltes mit hineindrücken.[325] Letztlich lautete die eigentliche Grundgesetzänderung folgendermaßen: »(1a) Zur Stärkung der Bündnis- und Verteidigungsfähigkeit kann der Bund ein Sondervermögen für die Bundeswehr mit eigener Kreditermächtigung in Höhe von einmalig bis zu 100 Milliarden Euro errichten. Auf die Kreditermächtigung sind Artikel 109 Absatz 3 und Artikel 115 Absatz 2 [Schuldenbremse] nicht anzuwenden. Das Nähere regelt ein Bundesgesetz.«[326]

Der recht allgemein gehaltene Begriff der »Bündnis- und Verteidigungsfähigkeit« war dabei hinreichend schwammig formuliert, sodass vor allem die Grünen darauf pochen konnten, das 100 Mrd. Euro Sondervermögen solle auch für andere sicherheitsrelevante Bereiche außerhalb der Bundeswehr genutzt werden können. Augenscheinlich konnten – oder wollten – sich die Grünen bei der Einigung an diesem Punkt aber nicht durchsetzen: »Beim Streitpunkt der Verwendung des Geldes wurde vereinbart, dass auch Maßnahmen zur Cybersicherheit, für den Zivilschutz sowie zur Stabilisierung von Partnerländern ergriffen werden – aber ›aus dem Bundeshaushalt finanziert‹, also nicht aus dem Sondervermögen. Die Union hatte darauf gepocht, dass das Sondervermögen ausschließlich für die Bundeswehr verwendet wird. Vor allem die Grünen wollten, dass mit dem Geld auch Cyberabwehr sowie Unterstützung für Partnerstaaten finanziert wird.«[327]

---

325 Zwischenzeitlich stand sogar die Möglichkeit im Raum, dass es zu einer Erhöhung des Militärhaushaltes auf 2 %/BIP zuzüglich der Gelder des Sondervermögens kommen könnte. Der Bundeswehrverband interpretierte zum Beispiel die Aussagen des Kanzlers in diese Richtung: »Bundesvermögen werden außerhalb des Bundeshaushaltes bewirtschaftet – für die Bundeswehr heißt das, dass die nun angekündigten 100 Milliarden Euro nicht mit dem Verteidigungsetat für das laufende Jahr verrechnet werden, sondern tatsächlich »on top« kommen.« (Bombeke, Yann: Das Sondervermögen für die Bundeswehr – was es damit auf sich hat und wofür es verwendet werden soll, dbwv.de, 28.02.2022)

326 https://www.gesetze-im-internet.de/gg/art_87a.html

327 Weg frei für Bundeswehr-Milliarden, tagesschau.de, 30.05.2022.

Es scheint dabei zu einer Einigung zwischen Ampel und Union gekommen zu sein, ohne den eigentlichen Gesetzestext noch einmal zu überarbeiten. Interessant ist jedenfalls, dass der *Tagesspiegel* berichtet, die grüne Außenministerin Annalena Baerbock hätte zunächst in harten Verhandlungen erreicht, dass das Sondervermögen nicht ausschließlich der Bundeswehr zugutekommen müsse, faktisch seien die Grünen aber dann wieder eingeknickt – weshalb sagt im Übrigen auch viel über die Prioritäten der Partei aus: »In den Verhandlungen zum Entschließungsantrag des Bundestags zur Lieferung schwerer Waffen hatte die Union dann als Preis ihrer Zustimmung erreicht, dass statt der Baerbock-Formel wieder die Ausstattung der Bundeswehr genannt wurde, was sie auch für die Verhandlung zur Grundgesetzänderung einforderten.«[328] Fest steht auf alle Fälle, wer hier seinen Kopf durchgesetzt hat: »Punktsieg für die Union, eine Niederlage für die Grünen«.[329]

7.4
Countdown bis 2027

Etwas gemischter fällt das Urteil beim zweiten zentralen Bereich aus, um den gestritten wurde: dem 2-Prozent-Ziel. Auf Grundlage der Einigung zwischen Ampel und Union wurde ebenfalls der Entwurf für ein »Gesetz zur Finanzierung der Bundeswehr und zur Errichtung eines ›Sondervermögens Bundeswehr‹« vorgelegt, das am 1. Juli 2022 in Kraft trat.[330] Es gibt Aufschluss über gleich mehrere lange unklare Faktoren, namentlich Anfang und Gesamtdauer sowie die Bemessungsgrundlage für die Verrechnung mit dem 2-Prozent-Ziel: »Mit Hilfe des Sondervermögens werden im mehrjährigen

---

328 Ismar, Georg/Monath, Hans: 100-Milliarden-Projekt für »Zeitenwende«. Scholz' Sondervermögen steht – was geplant ist und wo die Ampel nachgeben musste, Tagesspiegel, 30.05.2022.

329 Ebd.

330 Gesetz zur Finanzierung der Bundeswehr und zur Errichtung eines »Sondervermögens Bundeswehr« (Bundeswehrfinanzierungs- und sondervermögensgesetz– BwFinSVermG), Ausfertigungsdatum: 01.07.2022.

Durchschnitt von maximal fünf Jahren zwei Prozent des Bruttoinlandsprodukts auf Basis der aktuellen Regierungsprognose für Verteidigungsausgaben nach NATO-Kriterien bereitgestellt. […] Das
Sondervermögen hat den Zweck, die Bündnis- und Verteidigungsfähigkeit zu stärken und dazu ab dem Jahr 2022 die Fähigkeitslücken der Bundeswehr zu schließen, um damit auch den deutschen
Beitrag zu den geltenden NATO-Fähigkeitszielen gewährleisten zu
können.«[331]

Nach NATO-Kriterien, die viele versteckte Kosten mit berück-
sichtigen,[332] belief sich der deutsche Militärhaushalt 2021 auf 53
Mrd. Euro (offiziell: 46,9 Mrd. Euro). Auch für die kommenden Jahre ist von einer mindestens ebenso großen Differenz auszugehen.
Für 2022 schätzte die NATO die deutschen Ausgaben nach ihren
Kriterien auf 55,635 Mrd. Euro (statt offiziell 50,4 Mrd. Euro). Laut
Prognose der Bundesregierung sollte das BIP 2022 um 2,2 % auf
3.648 Mrd. Euro steigen – das 2 %-Ziel hätte demzufolge rund 73
Mrd. Euro betragen, es ergäbe sich also eine Deckungslücke von
rund 17,5 Mrd. Euro. In den Eckwerten des Bundeshaushaltes vom
16. März 2022 sind für die Jahre 2023 bis 2026 jährliche offizielle
Militärausgaben von 50,1 Mrd. Euro vorgesehen, was bedeutet,
dass die Lücke bei steigendem BIP und unter Berücksichtigung der
NATO-Kriterien im Schnitt mindestens 20 Mrd. Euro, tendenziell
wohl eher mehr betragen dürfte. Das Institut der Deutschen Wirtschaft rechnet im Jahr 2026 sogar mit einer Lücke von bis zu 35 Mrd.
Euro.[333]

In Addition von offiziellem Haushalt und Sondervermögen werden jedoch weder 2022 noch 2023 die 2 % erreicht – 2022 sollten
lediglich 90 Mio. Euro aus dem Sondervermögen entnommen werden, im Jahr darauf werden nach aktuellen Planungen ›nur‹ 8,5 Mrd.

331 Ebd.

332 Wagner, Jürgen: NATO-Kriterien: Versteckte Rüstungsausgaben, Telepolis,
     04.12.2019.

333 Röhl u. a. 2022, S. 9.

Euro zugeschossen.[334] Weil das Sondervermögen auf maximal fünf Jahre begrenzt sein soll, bleiben also für die Jahre 2024 bis 2026 über 90 Mrd. Euro, die zur Verfügung stehen – das heißt zusätzlich rund 30 Mrd. Euro jährlich für Aufrüstungsvorhaben jedweder Art. Da das Sondervermögen verfällt, sollte es nicht bis 2026 aufgebraucht sein, ist davon auszugehen, dass dies bis dahin auch geschehen sein wird. Die alles entscheidende Frage ist: Was passiert danach mit dem offiziellen Militärhaushalt und dem 2-Prozent-Ziel?

Drei Optionen sind denkbar: Erstens könnte die Eckwerte-Planung wieder einkassiert und der offizielle Militärhaushalt jährlich schrittweise deutlich angehoben werden, wie dies in früheren Jahren regelmäßig der Fall war. Hierdurch würde sich bis 2026 die Lücke zu den 2-Prozent und damit auch der mögliche öffentliche Aufschrei bei einer allzu drastischen Anhebung des Budgets deutlich verringern. Allerdings hat es nicht den Anschein, als sei die aktuelle Regierung allzu sehr auf jährliche Debatten über einen steigenden Rüstungshaushalt erpicht, schließlich fallen die wesentlichen Entscheidungen in die Zeit nach den nächsten Bundestagswahlen und damit gegebenenfalls nicht mehr in ihrer Verantwortung. Der Kabinettsbeschluss zum Haushaltsgesetz für 2023 und die Finanzplanung bis 2026 deutet klar in diese Richtung. In ihm wurde im Juli 2022 festgelegt, dass sich der offizielle Militärhaushalt 2023 wie geplant auf 50,1 Mrd. Euro belaufen und auf diesem Niveau wie in den Eckwerten vorgesehen bis 2026 eingefroren werden soll.[335]

Als Option zwei scheint also das Festhalten an der Eckwerte-Planung bevorzugt zu werden, was aber bedeutet: Um auf das 2-Prozent-Ziel zu kommen, müsste der Militärhaushalt für 2027 schlagartig um rund 20 bis 25 Mrd. Euro angehoben werden – und das bei Einhaltung der »Schwarzen Null«, also auf Kosten massiver Einsparungen in anderen Haushalten. Es steht zu hoffen, dass es

---

334 Bundeswehr: 2023 kommen 8,5 Milliarden Euro aus dem Sondervermögen, ESUT, 04.07.2022.

335 Kabinett: Beschluss zu Haushaltsgesetz 2023 und Finanzplan 2022 bis 2026, bmvg.de, 01.07.2022.

gelingt, in Erwartung der in diesem Zusammenhang bereits absehbaren Debatten, in den kommenden Jahren möglichst breiten Widerstand gegen eine solche Verstetigung des Sondervermögens zu
organisieren. Im Idealfall lässt sich genug Druck erzeugen, dass sich
die nächste Bundesregierung dazu entschließt, das 2-Prozent-Ziel
einfach nach 2026 still und heimlich ad acta zu legen – das wäre die
dritte und natürlich beste mögliche Option.

Jahr	2022	2023	2024	2025	2026
Haushalt (2 %)	72,96	74,78	75,38	75,98	76,60
Off. Haushalt	50,40	50,10	50,10	50,10	50,10

Quelle: Offizieller Haushalt: Gesetzentwurf der Bundesregierung, Drucksache
20/3100, 05.08.2022. Zwei-Prozent auf Basis der Prognose der Bundesregierung
zur Entwicklung des BIP bis 2026, Statista, 27.04.2022.

Um genau dies zu verhindern, beharrte die Union lange darauf,
das 2-Prozent-Ziel sogar als verbindliche Untergrenze des Militärhaushaltes mit in die Grundgesetzänderung aufzunehmen. Hiermit
konnte sie sich nicht durchsetzen, allerdings heißt es nun aus den
Reihen der Unionsfraktion, eine Grundgesetzergänzung in diese
Richtung sei ohnehin nie das Ziel gewesen, das 2-Prozent-Ziel sei
vielmehr über das Sondervermögen-Begleitgesetz etabliert worden:
»Unions-Fraktionsvize [Johann] Wadephul betont, ein eigenes Bundeswehr-Finanzierungsgesetz solle die Details zur Erreichung des
Zwei-Prozent-Ziels absichern. Die Lösung sieht nun so aus, erläutert er auf *Tagesspiegel*-Anfrage: Der Bund verpflichte sich mit dem
Bundeswehr-Finanzierungsgesetz erstmalig per Gesetz, die zwei
Prozent, also aktuell rund 70 Milliarden Euro im Jahr, für die Bundeswehr und Verteidigung, dauerhaft einzuhalten. ›Das geschieht
zunächst durch den Bundeshaushalt plus Sondervermögen. Wenn
dieses aufgebraucht ist, muss der Bundeshaushalt entsprechend erhöht werden‹, so Wadephul.«[336]

---

336 Ismar/Monath 2022.

Gemeint ist hier wohl das bereits erwähnte »Gesetz zur Finanzierung der Bundeswehr und zur Errichtung eines ›Sondervermögens Bundeswehr‹« – die Interpretation von Wadephul, dadurch werde die Regierung verpflichtet, dauerhaft die 2 Prozent einzuhalten, ist aber gelinde gesagt gewagt. Im Gesetz heißt es: »Nach Verausgabung des Sondervermögens werden aus dem Bundeshaushalt weiterhin die finanziellen Mittel bereitgestellt, um das Fähigkeitsprofil der Bundeswehr und den deutschen Beitrag zu den dann jeweils geltenden NATO-Fähigkeitszielen zu gewährleisten.«[337]

Die Verpflichtung auf die NATO-Fähigkeitsziele ist allerdings mehr als vage, schließlich hat die Bundesregierung einen weiten Spielraum selbst zu entscheiden, wie viel sie ins Bündnis einbringen will. Außerdem hatte die Bundeswehr noch im Februar 2022 selbst berechnet, für die bisherigen Zusagen würden ›nur‹ 1,5 Prozent des BIP benötigt. Wie es weitergeht, ist also relativ unklar und wird eine Frage der politischen Kräfteverhältnisse sein. Die Tragweite der spätestens 2026 anstehenden Auseinandersetzungen um eine Verstetigung des Sondervermögens ist also schwerlich zu überschätzen. Bereits jetzt bereiten interessierte rüstungsnahe Kreise hierfür den Boden, während gleichzeitig die Sondervermögens-Gelder in die Anschaffung von Kriegsmaterial in bislang ungekanntem Ausmaß investiert werden.

---

337 Gesetz zur Finanzierung der Bundeswehr und zur Errichtung eines »Sondervermögens Bundeswehr«, §1(3).

8.
Rüstung – Rüstung – Rüstung:
Die Projekte

Diverse mehr oder wenig aufschlussreiche Listen, was über das Sondervermögen alles beschafft werden soll, kursierten schon länger. Offiziell brachte erst ein dem Sondervermögen-Gesetz vom Juni 2022 angehängter Wirtschaftsplan wenigstens etwas Licht ins Dunkel. Es handelt sich um eine Art Rundum-Sorglos-Paket – nahezu alle Interessen werden bedient: Auf der Liste landeten sowohl bislang nicht finanzierbare Kernvorhaben für die Aufstellung der NATO-Großverbände als auch die beiden EU-Schlüsselprojekte FCAS und MGCS. Daneben wurden auch einige Posten aus dem offiziellen Haushalt in das Sondervermögen hineinverschoben.[338] Abgerundet wird das Ganze durch beträchtliche Summen, die für die Durchdigitalisierung der Truppe ausgelobt wurden.

Allerdings gilt es zu beachten, dass es sich hierbei um ein »lebendiges Dokument« handelt, das ständig angepasst werden soll. Noch ist alles recht vage: Mehreren sich grob an den Teilstreitkräften orientierenden Dimensionen[339] werden zwar Gesamtbeträge zu-

---

338 In der Summe addieren sich die aus dem ›normalen‹ Haushalt ins Sondervermögen verschobenen Projekte auf 18 Mrd. Euro. Siehe Y – Magazin der Bundeswehr, August/September 2022, S. 9.

339 »Neben diesen vier ›Dimensionen‹ gibt es noch zwei kleinere Posten: Für Forschung, Entwicklung und künstliche Intelligenz (KI) sollen 500 Millionen Euro ausgegeben werden. Dabei geht es vor allem um eine bessere ›land- und seegebundene robuste Navigation‹ unter so genannten Navigation-Warfare-Bedingungen, wie der Störung von Satellitensignalen, sowie

geordnet, darüber hinaus fehlen aber für die insgesamt 38 aufgelisteten Vorhaben konkrete Preisangaben und Zeithorizonte, die nur für wenige Projekte aus anderen Quellen halbwegs bekannt sind. In ersten Berichten über das Gesetz zum Sondervermögen wurden für die Dimensionen Luft (40,9 Mrd.), Land (19,3 Mrd.), Marine (16,6 Mrd.) und Digitalisierung (20,7 Mrd.) insgesamt deutlich höhere Beträge veranschlagt, als es schlussendlich tatsächlich der Fall war. Im angehängten Wirtschaftsplan zum Sondervermögen summieren sich die einzelnen Dimensionsbeträge ›nur‹ auf rund 82 Mrd. Euro, vermutlich um sich für die kommenden Jahren noch eine gewisse Flexibilität für die Verteilung unter den Teilstreitkräften zu erhalten. Jedes Projekt über 25 Mio. Euro muss auch aus dem Sondervermögen vom Haushaltsausschuss des Bundestages gesondert bewilligt werden.

Für die 8,5 Mrd. Euro, die im Jahr 2023 dem Sondervermögen entnommen werden sollen, existieren bereits etwas genauere Angaben: Als größter Einzelposten sollen fünf Mrd. Euro in die Dimension Luft fließen (unter andern an FCAS, C-130J, Eurodrohne, Pegasus und P-8A Poseidon), 800 Mio. Euro gehen an die Marineprojekte (Korvette K130 und F-126) und an Land scheinen für 2023 ›nur‹ 304 Mio. Euro für die Nachrüstung des Puma vorgesehen zu sein. Für die Digitalisierung sind 668 Mio. Euro eingeplant, der Löwenanteil von 580 Mio. Euro geht an Projekte im Rahmen der Digitalisierung landbasierter Operationen.[340] Es folgt ein Überblick über die wohl wichtigsten Vorhaben des Wirtschafts- bzw. Rüstungsplans, geordnet nach den in ihm enthaltenen Dimensionen.

---

die Überwachung und Sicherung größerer Räume mittels KI. Außerdem gibt es für die Beschaffung von Bekleidung und Ausrüstung der Soldat:innen rund 2 Milliarden Euro.« (Beucker, Pascal: Im militärischen Kaufrausch, taz, 02.06.2022)

340 Heiming, Gerhard: Erste Buchungen im Sondervermögen, ESUT (August 2022), S. 15-16, S. 16.

8.1
»Dimension Luft«: 33,4 Mrd. Euro

Kampfjet F-35: Die Entscheidung für das Nachfolgemodell des Tor-
nado-Kampfjets wurde zuerst von Olaf Scholz in seiner Zeitenwende-Rede erwähnt und kurze Zeit später auch offiziell verkündet. Sie
fiel nun zugunsten von 35 F-35 (Lockheed Martin) aus, die für die
umstrittene Nukleare Teilhabe der NATO gedacht sind, bei der in
Deutschland lagernde US-Atomwaffen im Ernstfall von deutschen
Piloten ins Ziel geflogen würden (siehe Kapitel 9.1). Für geschätzte
8,4 Mrd. Dollar liefert die F-35 Tarnkappenfähigkeit, und sie ist von
den USA auch für die aufgewerteten B-61-12-Atomwaffen bereits
zertifiziert, die durchschlagskräftiger und treffsicherer als bisher
werden sollen. Lange war für die Tornado-Nachfolge wie erwähnt
die weniger moderne F-18 (Version Super Hornet) bevorzugt worden, da die F-35 als Bedrohung für den Bau des geplanten deutsch-
französischen Kampfflugzeugsystems erachtet wurde. Allerdings
war diese ›Gefahr‹ vom Tisch, nachdem Scholz auch eine FCAS-
Finanzierungsgarantie ausgesprochen hatte.

    Eurofighter: Elektronische Kampfführung (ELOKA): Ur-
sprünglich war auch hier vorgesehen, F-18 (Version Growler) an-
zuschaffen. Wohl um Airbus zu bedienen und ggf. auch um das
Unternehmen für die Auseinandersetzungen mit Frankreich um das
FCAS zu ›ertüchtigen‹, werden nun ELOKA-Eurofighter für rund
vier Mrd. Euro[341] produziert, die in der Grundausstattung nicht über
diese Fähigkeit verfügen. Das Verteidigungsministerium schreibt
jedenfalls als Begründung, sich doch für die teurere ›Eigenmarke‹
entschieden zu haben: »›Heute kommen wir mit der Ausrüstung der
Bundeswehr einen guten, einen wichtigen Schritt voran‹, erklärte
Verteidigungsministerin Christine Lambrecht […]. Mit der Weiterentwicklung des Eurofighters für den elektronischen Kampf blieben
wichtige Schlüsseltechnologien in Deutschland und in Europa […].
Darüber hinaus sichere sich Deutschland so eine starke Rolle im zu-

---

341 Griephan-Briefe 13/2022.

künftigen Kampfflugzeugsystem FCAS, das gemeinsam mit Frankreich entwickelt wird.«[342]

Addiert man allerdings F-35 und Eloka-Eurofighter, so macht das 50 Kampfjets – in Wirtschaftskreisen wird deshalb davon ausgegangen, dass auch noch eine fünfte Eurofighter-Tranche mit mindestens 43 Exemplaren kommen wird, um die Tornados zahlenmäßig vollständig zu ersetzen – im März 2022 hieß es sogar, Airbus rechne mit einer weiteren Bestellung von 60 Eurofightern.[343] Das würde schon eher zu Meldungen passen, denen zufolge das Verteidigungsministerium »von einem langfristigen Bestand von rund 180 Eurofightern« ausgehe. Sollte es dabei bleiben, dass die erste Tranche außer Dienst gestellt würde, würde dies tatsächlich eine fünfte Tranche erfordern, die allerdings bislang zumindest nicht im Sondervermögen abgebildet ist.[344]

Future Combat Air System (FCAS): Wie beschrieben wurden die Gelder bis 2027 bereits im Juni 2021 beschlossen. Hier handelt es sich um eines von mehreren Projekten, die aus dem Verteidigungshaushalt in das Sondervermögen verlagert wurden, wobei von den geschätzten 100 Mrd. Entwicklungskosten hier nur der deutsche Anteil von 4,468 Mrd. Euro bis 2027 enthalten ist. Die späteren – deutlich höheren – Entwicklungskosten werden nach dem Aufbrauchen des Sondervermögens dem offiziellen Verteidigungshaushalt (Einzelplan 14) vor die Füße fallen, was dann in Druck auf Budgeterhöhungen umgemünzt werden dürfte. So heißt es im Wirtschaftsplan zum Sondervermögen: »Future Combat Air System (FCAS), veranschlagte Haushaltsmittel bis 2027, danach weitere festzulegende Haushaltsmittel aus Einzelplan 14 nötig.«[345]

---

342 F-35: Nachfolger für den Tornado, bmvg.de, 14.03.2022.

343 Kiani-Kreß, Rüdiger: Eurofighter: Ein weiteres Leben für den Totgesagten, WirtschaftsWoche, 17.03.2022.

344 Hoffmann, Lars: Viele offene Fragen beim Tornado – Ersatz und der Weiterentwicklung des Eurofighters, ESUT, 18.06.2022.

345 Gesetz zur Finanzierung der Bundeswehr und zur Errichtung eines »Sondervermögens Bundeswehr«, Anlage (zu § 5 Absatz 1).

Schwerer Transporthubschrauber (STH): Das Nutzungsdauer-ende des CH-53G wird auf 2030 veranschlagt, eine – teure – Nach-folge war aber eines der Projekte, das 2021 auf Unbezahlbar-Liste der damaligen Verteidigungsministerin Kramp-Karrenbauer ge-landet war. Über das STH-Aufgabenspektrum lässt sich nachlesen: »Landstreitkräfte müssen hochflexibel und umfassend zur Durch-führung von Operationen in allen Intensitätsstufen, insbesondere im multinationalen Einsatzspektrum, befähigt sein. Mit der durch den STH bereitzustellenden taktischen Luftverlegefähigkeit unter-streicht Deutschland seine Rolle als verantwortungsvoller außen- und sicherheitspolitischer Akteur und verlässlicher Bündnispart-ner in einem Bereich knapper multinationaler Ressourcen.«[346] Am 1. Juni 2022 wurde berichtet, die Wahl sei auf den CH-47F Chinook von Boeing gefallen, die Gesamtkosten werden auf fünf, in anderen Quellen auf sechs bis acht Mrd. Euro geschätzt.[347]

Bewaffnung Heron-TP-Drohne: Der beträchtliche Widerstand innerhalb von Teilen der Grünen und der SPD gegen eine Bewaff-nung der von Israel geleasten Heron-TP-Drohne brach nach Aus-rufung der Zeitenwende vollständig in sich zusammen. Auch hier wurde per Kanzlererklärung eine Grundsatzentscheidung gefällt, wobei beschlossen wurde, 140 Raketen zum Preis von 152 Mio. Euro zu kaufen.[348]

P-8 Poseidon: Im Wirtschaftsplan ist dieser Posten der Di-mension Luft zugeordnet, er trägt aber vor allem zur Unterwasser-kriegsführung bei, über deren Bedeutung die Bundeswehr schreibt: »Die Fähigkeit zur schnellen und weiträumigen U-Boot-Jagd und Seefernaufklärung stellt einen wichtigen Beitrag zum Schutz der Küstengewässer und internationaler Seeverbindungslinien dar. Ins-besondere die Fähigkeit zum Unterwasserseekrieg aus der Luft ist

---

346 14. Bericht zu Rüstungsangelegenheiten, Dezember 2021, S. 56.

347 Für fünf Milliarden Euro: Bundeswehr bekommt Transporthubschrauber CH-47F, Handelsblatt, 01.06.2022.

348 Szymanski, Mike: Bundeswehr bekommt Kampfdrohnen, Süddeutsche Zei-tung, 05.04.2022.

vor allem im Bündnis NATO hoch priorisiert.«[349] Bisher betreibt die Bundeswehr fünf Orion-Seefernaufklärer zur U-Boot-Jagd, deren Zulassung aber 2025 ausläuft. Bereits im Juni 2021 wurde der Ankauf von fünf P-8 Poseidon (Boeing) für 1,5 Mrd. Euro vom Haushaltsausschuss abgesegnet. Nun sollen wohl weitere sieben Seefernaufklärer hinzukommen.[350]

8.2
»Dimension See«: 8,8 Mrd. Euro

Fregatte F-126: Wie beschrieben, wurden im Jahr 2020 vier derartige von der Damen Shipyards Group zusammen mit Blohm + Voss und Thales gebaute Schiffe mit Option auf zwei weitere beauftragt. Die veranschlagten Kosten von 5,27 Mrd. Euro werden nun ins Sondervermögen umgeschichtet. Medienberichten zufolge soll unter Berufung auf eine Quelle aus dem Verteidigungsministerium auch die Option auf die beiden weiteren Schiffe gezogen und aus dem Sondervermögen bezahlt werden.[351]

Korvette K130: Gebaut wird die Korvette von der ARGE K130, die sich aus inzwischen vier Werften zusammensetzt (Lürssen, Nordseewerke Emden, Blohm + Voss und German Naval Yards). Unklar ist hier bislang, ob es sich ›nur‹ um eine Verlagerung der Kosten für das zweite Los vom Verteidigungshaushalt in das Sondervermögen handelt oder ob auch ein bislang stets als nicht-finanzierbar geltendes drittes Los gebaut werden soll. Dies scheint laut Rüstungsbericht vom Juni 2022 zwar angestrebt zu werden, eine endgültige Entscheidung ist aber augenscheinlich noch nicht gefallen: »Die Richtungsentscheidung zur Ergänzungsbeschaffung von weiteren fünf Korvetten (Boote 11-15 zur Sicherstellung der Einsatzverfügbarkeit bei

---

349 14. Bericht zu Rüstungsangelegenheiten, Dezember 2021, S. 73.

350 Bundestag billigt 100-Mrd-Euro-Paket für die Bundeswehr, Augengeradeaus, 03.06.2022. Ob alle zwölf Seefernaufklärer oder ›nur‹ die nun zusätzlich ins Auge gefassten Maschinen aus dem Sondervermögen bezahlt werden sollen, ist unklar.

351 Luftwaffe kauft CH-47-Hubschrauber, taz, 01.06.2022.

gleichzeitiger Verwertung des 1. Loses als wirtschaftlichste Lösung)
wird weiterhin verfolgt.«[352]

U-Boot U212 CD: Das bereits beschlossene und von deutscher
Seite von ThyssenKrupp Marine Systems gebaute U-Boot wird
ebenfalls vom Einzelplan 14 in das Sondervermögen überführt –
gleichzeitig soll eine Option auf den Bau zweier weiterer U-Boote
gezogen werden.[353]

8.3
»Dimension Land«: 16,6 Mrd. Euro

Truppenpanzer Fuchs (Nachfolge): Die Bundeswehr betreibt rund
825 Truppentransportpanzer Fuchs, die ausgetauscht werden sollen
– lange soll dafür eine von Rheinmetall entwickelte Fuchs-Version
1A9 favorisiert worden sein. Allerdings trat Deutschland im Juni
2022 dem Programm Common Armoured Vehicle System (CAVS)
unter Leitung der finnischen Patria bei, eine Entscheidung, über
deren Hintergründe es in der rüstungsnahen Europäischen Sicherheit & Technik hieß: »Gut informierten Kreisen zufolge lag es wohl
an dem Preis, den Rheinmetall für einen Fuchs 1A9 aufgerufen hat.
Demnach soll das Grundfahrzeug um das Mehrfache teurer sein
als der 6×6 von Patria, für den Litauen im Rahmen seiner 2021er
Bestellung, welche 200 Fahrzeuge umfasst, etwas weniger als eine
Million Dollar pro Fahrzeug zahlen soll. Gleichzeitig bedeutet der
bloße Programm-Beitritt eines Landes keine automatische Kauf-
entscheidung. Denkbar ist auch die Absicht der Bundeswehr, den
Wettbewerb um die Fuchs-Nachfolge mit einem ernstzunehmen-
den Kandidaten zu erweitern und sich so in eine bessere Verhand-
lungsposition gegenüber der Industrie zu bringen.«[354]

---

352   15. Bericht zu Rüstungsangelegenheiten, Juni 2022, S. 85.

353   Mergener, Hans-Uwe: Sondervermögen: Zahlreiche Marine-Projekte enthal-
      ten, ESUT, 02.06.2022.

354   Geiger, Waldemar: Fuchs Nachfolge – neue 6×6 Fahrzeuge für die Bundes-
      wehr, ESUT, 10.08.2022.

Schützenpanzer Puma (Nachrüstung): Obwohl bis dato stets davon die Rede war, insgesamt sollten ›lediglich‹ 266 der 350 zusammen von KMW und Rheinmetall gebauten Schützenpanzer auf den neuesten Kampfwertstand gebracht werden, ist im Wirtschaftsplan nun die Rede von einer »Optionsauslösung konsolidierte Nachrüstung aller restlichen PUMA 1. Los«.[355]

Schützenpanzer Marder (Nachfolge): Lange galt die Anschaffung eines zweiten Loses mit 229 Puma-Schützenpanzern als Nachfolge für den Marder, sobald finanzierbar, als gesetzt.[356] Noch im März 2022 hieß es, die Entscheidung für die Anschaffung eines zweiten Puma-Loses sei gefallen.[357] Kurze Zeit darauf wurde aber gemeldet, es sollten nun deutlich weniger Pumas besorgt und die restlichen Exemplare wohl durch Radschützenpanzer auf Boxer-Basis ergänzt werden.[358] Im Wirtschaftsplan vom Juni 2022 war dann nur noch von einer »Nachfolge Schützenpanzer Marder« die Rede, was auf einen Kurswechsel hindeutete, der dann auch Mitte Juli 2022 offiziell verkündet wurde, als es hieß, das Verteidigungsministerium habe entschieden, ein zweites Los mit ›nur‹ 111 Puma-Schützenpanzern zu beschaffen.[359]

Interessant ist der Hinweis, ursächlich sei ein Richtungsstreit zwischen zwei Heeresflügeln, wobei ein Teil eben eine mobilere Variante auf Boxer-Basis zu befürworten scheint, die sich ›besser‹ für den Einsatz in den Mittleren Kräften eignen: »Im Kern geht es bei dem Konflikt offenbar um die künftigen Schwerpunkte des Heeres. Bisher setzten die Planer in größerem Umfang auf eine Verteidigung nahe der deutschen Grenzen. Dafür wollten sie neben den schweren

---

355 Gesetz zur Finanzierung der Bundeswehr und zur Errichtung eines »Sondervermögens Bundeswehr«, Anlage (zu § 5 Absatz 1).

356 Zum Beispiel bei Dreifke 2021.

357 Frank, Dorothee: Das 2. Los Puma kommt, Behördenspiegel, 22.03.2022.

358 Geiger, Waldemar: Heer will Marder durch Pumas und Maschinenkanonenboxer ersetzen, soldat-und-technik.de, 18.05.2022.

359 Geiger, Waldemar: 2. Los Puma: Bundeswehr soll 111 zusätzliche Schützenpanzer erhalten, soldat-und-technik.de, 15.07.2022.

Leopard-2-Kampfpanzern vor allen gut geschützte Puma-Schützen-
panzer. […] Angesichts der wachsenden Bedeutung schneller Ein-
greiftruppen im Rahmen der Nato und den Erfahrungen im Ukrainekrieg drängt nun offenbar Heeresinspekteur Alfons Mais auf
mehr mobile Kampfverbände. Diese sollen wie die US Army vor
allem Kampfwagen mit Radantrieb nutzen, weil die wegen ihres geringeren Gewichts schneller verlegt werden können als Kettenfahr-
zeuge.«[360]

Main Ground Combat System (MGCS): Von deutscher Seite
ist hier Krauss-Maffei Wegmann federführend (mit Rheinmetall in
einer Juniorrolle), auf französischer Seite ist es Nexter, die sich zur
Holding KNDS (KMW + NEXTER Defense Systems) zusammengeschlossen haben. Trotz Entwicklungskosten von geschätzten 8 Mrd.
Euro (wohlgemerkt, damit ist noch kein einziger nutzbarer Panzer
beschafft) dürfte wie beschrieben im Zeitraum des Sondervermögens weniger als 1 Mrd. Euro auf deutscher Seite anfallen. Auch
hier werden erneut Sachzwänge und Pfadabhängigkeiten geschaffen, die Druck auf spätere Erhöhungen des Verteidigungshaushaltes
ausüben werden. Denn beim MGCS findet sich im Wirtschaftsplan
zum Sondergesetz eine ganz ähnliche Formulierung wie bereits
beim FCAS: »Main Ground Combat System (MGCS), veranschlagte
Haushaltsmittel bis 2024, danach weitere festzulegende Haushaltsmittel aus Einzelplan 14 nötig«.[361]

8.4
»Dimension Führungsfähigkeit/Digitalisierung«:
20,7 Milliarden Euro

Rechenzentrumsverbund: Das sieben Mrd. Euro teure Herkules-
Projekt stellte die Basis-IT-Infrastruktur der Bundeswehr bereit. Bereits 2019 beschloss der Bundestag ein Folgeprojekt unter Leitung

---

360   Kiani-Kreß, Rüdiger: Ein Streit in der Bundeswehr bremst den Puma-Panzer,
      WirtschaftsWoche, 03.06.2022.
361   Gesetz zur Finanzierung der Bundeswehr und zur Errichtung eines »Sonder-
      vermögens Bundeswehr«, Anlage (zu § 5 Absatz 1).

der staatseigenen BWI GmbH: »Mit dem Sondervermögen werden jetzt die seit 2019 gehegten Pläne zur Modernisierung der existierenden Rechenzentren und zum Bau weiterer Serverstandorte für über eine Milliarde Euro realisierbar. Die Rechenzentren dienen als Rückgrat aller weiteren Digitalisierungsschritte.«[362]

Satellitenkommunikation (SatComBW): Bislang greift die Bundeswehr für die Kommunikation mit im Einsatz befindlichen Soldat*innen auf zwei Satelliten von Thales zurück. Bis 2029 sollen zwei neue Kommunikationssatelliten in die Umlaufbahn gebracht werden.

Tactical Wide Area Network (TaWAN): Ziel des TaWAN ist es, ein Digitalfunknetzwerk über den Einsatzraum zu legen und so für die Vernetzung der dortigen Akteur*innen zu sorgen: »Im Gegensatz zum Wide Area Network in Deutschland, einem eigenständigen militärischen Glasfasernetzwerk, das die Bundeswehrstandorte in Deutschland miteinander verbindet, soll es sich bei TaWAN um eine Art militärisches W-Lan auf dem Gefechtsfeld handeln.«[363]

Digitalisierung landbasierter Operationen (DLBO): Hier geht es um das Kernstück bei der Digitalisierung der Bundeswehr. Dazu gehört neben den Kosten für Gefechtsstände und das Battle Management System unter anderem auch die im Rahmen der Digitalisierung landbasierter Operationen (DLBO)-Basic vorgesehene Anschaffung neuer Funkgeräte. »In dem Unterprojekt Tactical Edge Networking (TEN) haben sich das deutsche und das niederländische Heer zusammengeschlossen, um für zwölf Milliarden Euro ein interoperables, verschlüsseltes Kommunikationssystem zu entwickeln. Bis 2030 sollen auf diese Weise 25.000 Fahrzeuge und 155.000 Soldaten abhörsicher vernetzt werden.«[364]

---

362 Kirsch, Martin: 100.000.000.000 Euro – Wer profitiert vom Sondervermögen?, in: AUSDRUCK (September 2022), S. 23-28, S. 28 (zit. als Kirsch 2022a).

363 Ebd.

364 Monroy, Matthias: Bundeswehr legt 40 Jahre altes Funkgerät neu auf, golem. de, 17.05.2022.

Infanterist der Zukunft (IDZ): ›Abgerundet‹ wird das alles durch das System IDZ, das im Wirtschaftsplan allerdings dem Bereich »Beschaffung von Bekleidung und persönlicher Ausrüstung« zugeordnet wurde. Dennoch ist es für die Durchdigitalisierung der Truppe von großer Bedeutung, da es die Soldat*innen untereinander, ihre Gerätschaften und Fahrzeuge vernetzt: »Vertrieben wird das Gesamtsystem vom Generalunternehmer Rheinmetall nebst diversen Unterauftragnehmern. Es beinhaltet Tabletcomputer, Stromversorgung und weitere Dinge, die auch rund um ein ziviles Smartphone gebraucht würden – samt Betriebssystem (TacNet) von Rheinmetall.«[365]

---

365 Kirsch 2022a, S. 28.

9.
Die Zeitenwende
als Militarisierungstreiber

Bundeskanzler Olaf Scholz räumte bereits in seiner Zeitenwende-Rede selbst eine Reihe bis dato durchaus noch strittiger Punkte ab, beispielsweise indem er sich klar für die bis dahin noch extrem kontrovers diskutierte Bewaffnung der Heron-TP-Drohnen aussprach. Weitreichend war auch sein Bekenntnis zur Nuklearen Teilhabe, der kurz darauf eine noch bizarrere Debatte um eine mögliche europäische Atombewaffnung – mit deutschen Zugriffsrechten, versteht sich – auf dem Fuße folgte. Später kam es dann zur Aufstockung der deutschen Präsenz an der NATO-Ostflanke sowie zur Ankündigung, die Aufstellung der ersten schweren NATO-Division deutlich nach vorne zu ziehen. Abgerundet wurde das Ganze dann auch noch von immer forscher artikulierten deutschen Führungsansprüchen, mit denen rhetorisch klar an den Münchner Konsens angeknüpft wurde, die aber nun auch militärisch-materiell in ganz anderen Dimensionen als bislang unterlegt sein werden.

9.1
Renaissance der Atomwaffen

Am 22. Januar 2021 trat der Atomwaffenverbotsvertrag in Kraft, der u. a. von Deutschland jahrelang torpediert und bis heute nicht unterzeichnet wurde. Ein Grund dafür ist, dass mit ihm auch die Nukleare Teilhabe illegal wäre, bei der deutsche Tornados – und künftig F-35 –im Ernstfall hierzulande lagernde US-Atomwaffen ins Ziel fliegen würden. Sowohl in der SPD als auch bei den Grünen gab es lange Zeit erhebliche Widerstände gegen die Lagerung von

US-Atomwaffen in Deutschland, die sich besonders an der Nachfolge der hierfür vorgesehenen Bundeswehr-Tornados entzündeten.
Im Prinzip enthielt allerdings bereits der Ampel-Koalitionsvertrag
von Dezember 2021 ein Bekenntnis zur Nuklearen Teilhabe: »Wir
werden zu Beginn der 20. Legislaturperiode ein Nachfolgesystem
für das Kampfflugzeug Tornado beschaffen. Den Beschaffungs- und
Zertifizierungsprozess mit Blick auf die nukleare Teilhabe Deutschlands werden wir sachlich und gewissenhaft begleiten.«[366]
    Mit der von Scholz im allerletzten Satz seiner Zeitenwende-Rede
scheinbar nebensächlich noch erwähnten Entscheidung zur Tornado-Nachfolge wurden dann die Kritiker*innen auch innerhalb von
SPD und Grünen per Kanzlerdekret endgültig zum Verstummen
gebracht. Weiter wird allein Washington über alle zentralen Ent-
scheidungsbefugnisse für den Einsatz dieser Atombomben verfügen, insbesondere die Codes verbleiben in den Händen der USA,
im Ernstfall würden sie aber von deutschen Tornado- bzw. F-35-
Pilot*innen ins Ziel gebracht.
    Wie konkret diese Waffen innerhalb des westlichen Militär-
bündnisses in die Kriegsplanung eingebunden sind, zeigte unter anderem eine NATO-Übung, über die im Oktober 2020 in der Presse
folgendes zu lesen war: »Die deutsche Luftwaffe trainiert mit Nato-
Partnern die Verteidigung des Bündnisgebiets mit Atomwaffen.
So hat dpa-Informationen zufolge in dieser Woche eine geheime
Bündnisübung mit dem Namen ›Steadfast Noon‹ begonnen. Dabei
wird unter anderem der Einsatz von Jagdbombern trainiert, die im
Kriegsfall mit Nuklearwaffen bestückt werden könnten. Ein Schau-
platz der Übung ist in diesem Jahr der Fliegerhorst Nörvenich in
Nordrhein-Westfalen. Er gilt als möglicher Ausweichstandort für
die taktischen US-Atomwaffen vom Typ B61, die nach offiziell un-
bestätigten Angaben im rheinland-pfälzischen Büchel lagern.«[367]

---

366 Koalitionsvertrag 2021–2025 zwischen SPD, BÜNDNIS 90/DIE GRÜNEN
      und FDP, 24.11.2021, S. 118.
367 Bundeswehr probt den Atomkrieg-Ernstfall, n-tv.de, 13.10.2020.

Auch im neuen Strategischen Konzept der NATO, das Ende Juni 2022 verabschiedet wurde, wird unmissverständlich betont, nukleare Abrüstung sei zwar wünschenswert, an sie sei aber auf absehbare Zeit nicht zu denken. Schließlich seien die »strategischen nuklearen Kräfte des Bündnisses«, vor allem der USA, mit Abstrichen aber auch die Großbritanniens und Frankreichs, »der oberste Garant für die Sicherheit des Bündnisses.« Und aus diesem Grund wird auch hartnäckig an der Nuklearen Teilhabe festgehalten – zwar sind kritische Stimmen, wie gesagt, spätestens seit dem russischen Angriff auf die Ukraine weitgehend verstummt, dennoch betont das Konzept noch einmal zur Sicherheit: »Die nationalen Beiträge an Flugzeugen mit dualer Einsatzfähigkeit für den NATO-Auftrag der nuklearen Abschreckung bleiben bei dieser Anstrengung von zentraler Bedeutung.«[368]

Ferner wird auf der einen Seite beklagt, die »Russische Föderation modernisiert ihre nuklearen Kräfte«.[369] Geflissentlich unter den Tisch fällt aber, dass auch die USA derzeit die in Europa lagernden Atomwaffen seit 2021 und wohl bis 2026 für etwa 10 Mrd. Dollar auf den Typ B61-12 ›modernisieren‹. Da die B61-12 als Gefechtsfeldwaffe weitaus ›besser‹ in einer Auseinandersetzung zwischen westlichen und russischen Truppen eingesetzt werden könnte als ihr Vorgängermodell, senkt sich hierdurch die nukleare Einsatzschwelle, was die Gefahr vergrößert, dass dies auch tatsächlich irgendwann einmal geschehen könnte. Viel ist also geschehen, seit im März 2010 alle im Bundestag vertretenen Parteien einen Antrag zum Abzug der US-Atomwaffen unterzeichnet hatten.[370]

Zu den Entscheidungen über die Nukleare Teilhabe gesellte sich schnell auch eine Debatte über eine mögliche Europäisierung der französischen Atomwaffen (»Force de Frappe«) oder gar ein eige-

---

368 Strategisches Konzept der NATO 2022, Ziffer 29.

369 Ebd., Ziffer 8.

370 Deutschland muss deutliche Zeichen für eine Welt frei von Atomwaffen setzen, 24.03.2010, Drucksache 17/1159.

nes EU-Atomwaffenarsenal hinzu. Eine ›zufriedenstellende‹ Lösung
in dieser Angelegenheit gilt wie beschrieben als wesentliche Vor-
bedingung für eine unter dem Schlagwort Strategische Autonomie
angestrebte größere Unabhängigkeit von den USA. Welche Überlegungen sich dahinter verbergen, verdeutlichen die Ausführungen
eines ehemaligen deutschen Top-Diplomaten: »Das 21. Jahrhundert
könnte ein pazifisches werden, mit China und den USA als den beiden Polen. Ausgemacht ist eine sino-amerikanische Bipolarität jedoch nicht. Eine EU mit Weltmachtqualität könnte einen dritten Pol
bilden. […] Europa ist erst voll souverän, wenn es sich selbst verteidigen kann. […] Europa braucht robuste nicht-nukleare Fähigkeiten für zwei Hauptzwecke: zur Verteidigung und zur Intervention.
[…] Verteidigungspolitische Autonomie erfordert eine eigenständige nukleare Abschreckungsfähigkeit. […] Dies würde Deutschland und seiner ›Kultur der militärischen Zurückhaltung‹ einiges
abverlangen: bei Verteidigungsausgaben, Einsätzen und Rüstungsexporten. Dafür braucht es eine tabulose Debatte über die Rolle des
Militärischen für ein Europa, das ›sein Schicksal selbst in die Hand‹
nimmt (Bundeskanzlerin Angela Merkel).«[371]

Auf der anderen Seite stellt das eigene Atomwaffenarsenal für
Frankreich aber auch ein wesentliches Machtmittel dar, um nicht
zuletzt dem wachsenden deutschen Einfluss in der Europäischen
Union etwas entgegensetzen zu können – und das lässt sich das
Land auch einiges kosten: »Jedes Jahr gibt Frankreich 4,5 Milliarden
Euro für die nukleare Abschreckung aus, 20 Prozent seines Militär-
budgets, hochgerechnet 20 Centimes pro Tag und Bürger. Die nötige
Modernisierung des weniger als 300 Köpfe zählenden Atomwaffen-
arsenals wird in den nächsten fünf Jahren allein 37 Milliarden Euro
kosten und auf insgesamt 50 Milliarden beziffert.«[372]

371   Lübkemeier, Eckhard: Europa schaffen mit eigenen Waffen? Chancen und
      Risiken europäischer Selbstverteidigung, SWP-Studie, September 2020,
      S. 12ff.

372   Meister, Martina: Macron lobt »stabilisierende Tugend« der Atomwaffen, Die
      Welt, 07.02.2020.

Dennoch wird in Deutschland auf möglichst weitgehende Mit-
spracherechte gedrängt, schließlich stellt ein wie auch immer ge-
arteter möglichst direkter Zugriff auf Atomwaffen schon lange
ein wichtiges Ziel dar. Einen der neueren Vorstöße in diesem Zusammenhang unternahm der CDU-Verteidigungspolitiker Johann
Wadephul Anfang Februar 2020: »Wir müssen eine Zusammenarbeit mit Frankreich bei den Nuklearwaffen ins Auge fassen […].
Deutschland sollte bereit sein, sich mit eigenen Fähigkeiten und
Mitteln an dieser nuklearen Abschreckung zu beteiligen. Im Gegen-
zug sollte Frankreich sie unter ein gemeinsames Kommando der EU
oder der Nato stellen.«[373]

Der französische Präsident Emmanuel Macron reagierte auf
derlei Forderungen am 7. Februar 2020 mit einer Grundsatzrede,
in der er allen Vorstellungen, sein Land werde substanzielle Ent-
scheidungsbefugnisse in Atomwaffenfragen abgeben, eine mehr als
deutliche Absage erteilte. Der Blog *Augengeradeaus* fasste die zwei
Kernbotschaften – Absage und Angebot – der Macron-Rede folgendermaßen zusammen: »Zur Force de Frappe, der französischen
Atomstreitmacht, sagte Macron im Wesentlichen nichts Neues: die
Entscheidung über den Einsatz behalte sich Frankreich selbst vor;
eine Einbindung in die Nukleare Planungsgruppe der NATO ist
nicht geplant. Frankreich werde aber gerne mit seinen Partnern in
einen strategischen Dialog über diese Waffen eintreten.«[374]

So klar Macron etwaigen Vorstellungen einer Europäisierung
der Force de Frappe eine Absage erteilte, so deutlich bot er aber
eben auch an, das Atomwaffenarsenal – unter französischer Ho-
heit – in den europäischen Dienst zu stellen: »Um es deutlich zu
sagen: Die vitalen Interessen Frankreichs haben fortan eine europäische Dimension.« Er brachte dabei die Option für den besagten
»strategischen Dialog« über die »Rolle der nuklearen Abschreckung

---

373 Wadephul wirbt für Atomwaffen-Kooperation, n-tv.de, 02.02.2020.
374 Zum Nachlesen: Macron grundsätzlich zur Verteidigungspolitik – Frank-
     reichs wie Europas, Augengeradeaus, 08.02.2020.

Frankreichs« ins Spiel, die aus seiner Sicht bis hin zur Beteiligung an
konkreten Manövern gehen kann: »Die europäischen Partner, die
sich in dieser Richtung engagieren wollen, könnten eingebunden
werden in die Übungen der französischen Abschreckungskräfte.«[375]
Dies ging in Deutschland vielen aber nicht weit genug, weshalb
Teile der Reaktionen aus einer Mischung aus Enttäuschung, Ärger
und manchmal sogar wenig versteckten Drohungen bestanden,
dann müsse Deutschland eben über eigene Atomwaffen nachden-
ken. So polterte beispielsweise Jacques Schuster, Chefkommentator
der *Welt*, kurz nach Macrons Rede: »Präsident Emmanuel Macron
hat den europäischen Partnern einen ›strategischen Dialog‹ angeboten – und macht zugleich klar, dass er die Kontrolle über die
französischen Atomwaffen behalten will. Das kann Deutschland
nicht hinnehmen. [...] ›Die größte Eselei der deutschen Nach-
kriegsgeschichte war die Unterschrift unter den Atomsperrvertrag‹,
schrieb Johannes Gross vor Jahrzehnten. [...] Sollten die Amerikaner unter Donald Trump oder einem seiner Nachfolger auf die Idee
kommen, die Europäer ihrem Schicksal zu überlassen und die Nato
für überflüssig zu erklären, muss eine Europäische Verteidigungsgemeinschaft in letzter Konsequenz gemeinsam über den Einsatz
von Atomwaffen entscheiden. Verweigert sich Frankreich, die letzte
Atommacht der EU, dieser Einsicht, wird es nicht mehr nur ein einzelner Publizist sein, der die deutsche Unterschrift unter den Atomsperrvertrag für eine Eselei hält.«[376]
Im Prinzip wurde an diese Debatte nun im Zuge der Zeitenwende erneut angeknüpft, etwa vom Chef der Europäischen Volkspartei
(EVP), dem CSU-Politiker Manfred Weber, der im Juni 2022 angab:
»Die heutige Europäische Union ist, das muss man mal ganz brutal
sagen, nackt in einer Welt von Stürmen. Wir können uns als Europäer heute sowohl konventionell als auch nuklear nicht selbst vertei-

---

375 Speech of the President of the Republic on the Defense and Deterrence Strategy, #Publié le 7 February 2020#.

376 Schuster, Jacques: Frankreich muss die Macht über seine Atomwaffen teilen,
Die Welt, 07.02.2020.

digen ohne die Partner von außen. Und das heißt, wir müssen jetzt auch über die nukleare Option reden.«[377] Auch CDU-Chef Friedrich Merz forderte kurz darauf, es dürfe in Nuklearwaffenfragen »keine Tabus« mehr geben. Der französische Staatssekretär für europäische Angelegenheiten, Clément Beaune, reagierte hierauf, indem er darauf verwies, die französische Position hätte sich seit Macrons Grundsatzrede nicht verändert: »Dieser Vorschlag Präsident Macrons ist immer noch auf dem Tisch«, wobei er hinzufügte: »Wir glauben, die französische nukleare Abschreckung ist ein Weg, europäische Interessen zu schützen«.[378] An der grundsätzlichen Konstellation, dass Deutschland gerne Einflussmöglichkeiten auf das französische Arsenal hätte und Paris dies ablehnt, hat sich also nichts geändert. Und ebenso wenig an der Tatsache, dass deshalb zumindest in Teilen der Medien recht offen atomare Alleingänge gefordert werden, wenn etwa Dirk Kurbjuweit, Autor im *Spiegel*-Hauptstadtbüro, schreibt: »Wenn sich Europa nicht hundertprozentig auf die USA verlassen kann, wenn sich Deutschland nicht hundertprozentig auf Frankreich und Großbritannien verlassen kann, braucht dann nicht auch Deutschland Atomwaffen? Mir läuft es eiskalt den Rücken runter, wenn ich diese Worte schreibe. Aber wenn man all das zu Ende denkt, was derzeit passiert, muss man sich dieser Frage stellen.«[379]

Kurzfristig ist wohl kaum mit einer deutschen Atombewaffnung zu rechnen, die Entwicklungen gilt es aber im Auge zu behalten. Schließlich handelt es sich hier um eine der Kernfragen, die beantwortet werden muss, damit sich all die hochtrabenden Pläne einer hochgerüsteten Militärmacht EU auch tatsächlich im großen Stil realisieren lassen werden. Und dass dem Kanzler hieran gelegen ist, wurde in seiner Zeitenwende-Rede mehr als deutlich.

---

377 Bongen, Robert u.a.: Sicherheit: Brauchen wir Atomwaffen? Panorama, 02.06.2022.

378 »Nukleare Kapazität ist unsere Lebensversicherung«. CDU-Chef Merz – Europa muss Atommacht werden, Tagesspiegel, 03.06.2022.

379 Kurbjuweit, Dirk: Deutsche Atomwaffen? Darüber muss man reden, Spiegel Online, 20.06.2022.

9.2
Blankoscheck für europäische Rüstungsgroßprojekte

Allen Lippenbekenntnissen zur deutsch-französischen Rüstungszu-
sammenarbeit zum Trotz geht das Hauen und Stechen um die An-
teile am Kuchen der beiden europäischen Rüstungsprojekte Kampf-
panzer- und Kampfflugzeugsystem munter weiter. Wohl aus diesem
Grund stärkte der Kanzler den beiden teils schwer ins Trudeln gera-
tenen europäischen Schlüsselprojekten in seiner Zeitenwende-Rede
auf maximal möglichste Form den Rücken: »Wir werden technologisch auf der Höhe der Zeit bleiben. Darum ist es mir zum Beispiel
so wichtig, dass wir die nächste Generation von Kampfflugzeugen
und Panzern gemeinsam mit europäischen Partnern – und insbesondere mit Frankreich – hier in Europa bauen. Diese Projekte haben oberste Priorität für uns.«[380]

Doch selbst nach diesem klaren Bekenntnis rissen die Meldungen über Verzögerungen ebenso wenig ab wie Warnungen vor einem
Scheitern der beiden Prestigeprojekte. So präsentierte Rheinmetall
im Juni 2022 den Kampfpanzer KF51 Panther, der noch vor 2030 auf
den Markt gebracht werden soll, während gleichzeitig berichtet wurde,
mit einer Erstauslieferung des MGCS sei wohl nicht vor 2040 zu rechnen: »Doch das Main Ground Combat System (MGCS) leidet unter
Verzögerungen und Rivalitäten. Unter anderem wurde Rheinmetall
von den ›Partnern‹ de facto bei der Führung des Projektes ausgeboo-
tet. Der Panther ist auch darauf eine Antwort. […] Für den MGCS
kompliziert der Panther die Lage gewaltig. Es ist kaum anzunehmen,
dass Länder die den Panther bestellen, schon nach nur zehn Jahren
das System wechseln wollen, der Panther nimmt dem MGCS poten-
zielle Kunden weg. Gleichzeitig wächst der Druck auf dem Projekt.
Die höheren Kosten und die späte Auslieferung müssen sich nun
am Panther messen. Der MGCS muss ihn deutlich übertreffen.«[381]

---

380   Scholz 2022.

381   Kramper, Gernot: KF51 Panther – Rheinmetall stellt eigenen Kampfpanzer
      mit 130-mm-Kanone vor, Stern, 01.07.2022.

Ganz ähnlich knirschte es beim FCAS zwischen Dassault und Airbus derart, dass das französische Unternehmen im Juni 2022 warnte, wenn überhaupt sei wohl mit einer Erstauslieferung nicht um das Jahr 2040, sondern erst 2050 zu rechnen.[382] Im selben Monat schlug auch die Bundeswehr in ihrem »15. Rüstungsbericht« extrem kritische Töne an: »Die Unstimmigkeiten zwischen den Industrien – hier insbesondere zwischen Dassault Aviation und Airbus – führen zu einer Verzögerung des Starts der nächsten Phase (Technologiematurierung). Sollte auch weiterhin keine Einigung gefunden werden, die die Interessen aller drei Nationen nach einer Beteiligung auf Augenhöhe erfüllt, ist die Fortsetzung der Kooperation zu hinterfragen.«[383]

Auf der anderen Seite ist es nicht erst seit der Garantieerklärung von Bundeskanzler Scholz die Politik und ihre Vision eines deutsch-französisch dominierten europäischen Rüstungskomplexes, die diese Großprojekte vorantreibt. Aus diesem Grund seien sie schlicht »too big to fail«, wie es die Stiftung Wissenschaft und Politik formulierte.[384] Im Prinzip bestätigten die Aussagen des Bundeskanzlers in seiner Zeitenwende-Rede diese Einschätzung und auch die Industrie geht davon aus, es werde alles unternommen, um die Projekte vor einem Scheitern zu bewahren: »Der Kanzler hat in seiner Regierungserklärung nach dem Angriff Russlands auf die Ukraine gesagt: Die deutsch-französischen Rüstungsprogramme genießen Priorität. Das bedeutet: Sie sind jetzt Chefsache«, so Frank Haun, Chef des Panzerbauers KMW.[385] Ähnlich zuversichtlich klang Bruno Fichefeux, FCAS-Programmleiter bei Airbus: »FCAS ist einfach zu wichtig. […] Die europäische Kooperation zwischen den beiden

---

382 Friese, Ulrich/Záboji, Niklas: Warum Europas größtes Rüstungsprojekt zu scheitern droht, FAZ, 23.06.2022.

383 15. Bericht zu Rüstungsangelegenheiten, Juni 2022, S. 116.

384 Dominic, Vogel: Future Combat Air System: Too Big to Fail, SWP-Aktuell 98, Dezember 2020.

385 Bergermann, Melanie/Kiani-Kreß, Rüdiger: KNDS-Chef erwartet bald weitere Partner bei deutsch-französischem Panzerprojekt MGCS, Wirtschafts-Woche, 08.04.2022.

Führungsnationen Deutschland und Frankreich ist alternativlos, sie müssen im Sinne eines geeinten Europas zusammen an einem Strang ziehen.«[386]

Gut möglich, dass die beiden Großprojekte am Ende doch noch scheitern, es wäre nicht das erste Mal – es ist aber mit einiger Sicherheit davon auszugehen, dass von politischer Seite her einige Anstrengungen unternommen werden dürften, um ein solches Debakel möglichst abzuwenden.

9.3
Rüstungsexporte als Kampfinstrument

Die als Ertüchtigung bezeichnete Aufrüstung befreundeter Akteure stellt schon länger ein wichtiges Element westlicher Machtpolitik dar, da sie gegenüber eigenen Truppenentsendungen als die politisch wie finanziell weitaus attraktivere Option zur Durchsetzung eigener Interessen erachtet wird.[387] Umstritten war allerdings lange die Lieferung letaler Waffen, also, wie es im EU-Jargon heißt, von »Ausrüstung oder militärischen Plattformen […], die dazu konzipiert sind, tödliche Gewalt anzuwenden.«[388] Dies galt besonders für Fälle, in denen derartige Waffen direkt in Krisen- oder gar Kriegsgebiete verfrachtet wurden, weil es zu Recht Bedenken gab, hierdurch nur noch mehr Öl ins Feuer zu gießen. Noch im Grünen-Programm für die Bundestagswahl 2021 hieß es: »Exporte von Waffen und Rüstungsgütern […] in Kriegsgebiete verbieten sich.«[389]

Faktisch kann hiervon in der Praxis natürlich ohnehin keine Rede sein, so veröffentlichten zum Beispiel die Vereine Urgewald und Facing Finance im Sommer 2022 die Datenbank exitarms, in

---

386 Friese/Záboji 2022.

387 Mickan, Thomas: Die Politik der militärischen Ertüchtigung, Kritik und Schlussfolgerungen für linke Politik, RLS, Studie 4/2016.

388 So die Formulierung im Ratsbeschluss zur Europäischen Friedensfazilität, der am 24. März im Amtsblatt der EU (L 102) veröffentlicht wurde.

389 Deutschland. Alles ist drin, Die Grünen, Bundestagswahlprogramm 2021, S. 250.

der allein zwischen 2015 und 2020 mehr als 200 Fälle dokumentiert wurden, in denen deutsche Waffenlieferungen in direktem Umfeld kriegerischer Konflikte erfolgt waren.[390] Der Grund hierfür sind die bereits beschriebenen mannigfaltigen Schlupflöcher der deutschen wie auch der europäischen Rüstungsexportrichtlinien, die eigentlich über ein im Ampel-Koalitionsvertrag angekündigtes Rüstungsexportgesetz hätten geschlossen werden sollen – so war zumindest die Hoffnung. Dies hatte sich allerdings faktisch mit den prominent in der Zeitenwenden-Rede von Bundeskanzler Olaf Scholz angekündigten Waffenlieferungen an die Ukraine erledigt, die qualitativ wie quantitativ noch einmal eine völlig neue Dimension darstellen: »Wir müssen die Ukraine in dieser verzweifelten Lage unterstützen. […] Präsident Putin [hat] mit seinem Überfall auf die Ukraine eine neue Realität geschaffen. Diese neue Realität erfordert eine klare Antwort. Wir haben sie gegeben: Wie Sie wissen, haben wir gestern entschieden, dass Deutschland der Ukraine Waffen zur Verteidigung des Landes liefern wird.«[391]

Beachtlich sind hier allein schon die finanziellen Ausmaße der Unterstützung: Der Ukraine Support Tracker des Kieler Instituts für Weltwirtschaft weist zwischen dem 24. Februar und dem 1. Juli 2022 für die USA militärische Zusagen im Wert von 23,8 Mrd. Euro aus, für Großbritannien werden 3,8 Mrd. Euro und für Polen 1,8 Mrd. Euro angegeben, gefolgt von Deutschland mit 1,44 Mrd. Euro. Ende Juli 2022 wurde dann unter anderem noch berichtet, die Bundesregierung habe in einer Art Schnellverfahren, für das es eigentlich keine Grundlage gibt, den Bau und dann gleich parallel dazu den Export von hundert Panzerhaubitzen 2000 für die Ukraine im Wert von 1,7 Mrd. Euro durch KMW gebilligt – also in etwa ebenso so viel, wie die Bundesweher selbst im Bestand hat.[392]

390 Wurzbacher, Ralf: Waffenexporte in Kriegsgebiete: Deutschland an vorderster Front, Telepolis, 28.06.2022.

391 Scholz 2022.

392 Niesmann, Andreas: Deutsche Waffenschmieden frohlocken über Milliardendeal, rnd.de, 28.07.2022. Zur fragwürdigen Doppelgenehmigung heißt es

Außerdem sind da noch die Gelder aus dem EU-Haushalt, die über einen völlig irreführend Europäische Friedensfazilität (EFF) benannten Topf zugesagt wurden – bis August 2022 waren das noch einmal 2,5 Mrd. Euro. Die EFF ist ein besonders abenteuerliches Konstrukt: Weil der direkten Finanzierung von Militäreinsätzen und Waffenlieferungen aus dem EU-Haushalt noch gewisse rechtliche Hürden im Weg stehen, wurde sie als »haushaltsexternes Instrument« nach langen Debatten im März 2021 mit einem Umfang von 5,7 Mrd. Euro bis 2027 beschlossen. Die EFF wird mit Geldern der Einzelstaaten bestückt, sie ist somit also kein Teil des EU-Haushaltes und entzieht sich damit der Kontrolle durch das EU-Parlament, während sie gleichzeitig Maßnahmen finanziert, die auf EU-Ebene entschieden werden.[393]

Ein zweiter wichtiger Aspekt betrifft den Charakter der an die Ukraine gelieferten Waffen: Bereits Ende April 2022 beschloss die Bundesregierung mit Gepard-Panzern auch erstmals die Lieferung sogenannter schwerer Waffen. Die hiermit einhergehende kaum verhüllte Botschaft war überaus problematisch: Bis zu diesem Zeitpunkt war die ukrainische leichte Bewaffnung zwar ›geeignet‹, um einen russischen Vormarsch zu erschweren, aber für eine Rückeroberung verlorener Gebiete war sie weitgehend untauglich. Als Anfang Mai 2022 auch noch die Entsendung von Panzerhaubitzen 2000 beschlossen wurde, geriet man endgültig gefährlich nahe an eine direkte Kriegsbeteiligung. Denn am 10. Mai 2022 sollen mehrere Dutzend ukrainische Soldat*innen zur Ausbildung an der Panzerhaubitze 2000 in der Artillerieschule der Bundeswehr in Idar-Oberstein angekommen sein. Laut dem im Auftrag der Linken erstellten Gutachten »Rechtsfragen der militärischen Unterstützung der Ukraine durch NATO-Staaten zwischen Neutralität und Konfliktteilnahme«

---

dort: »Neben der Herstellung muss auch die Ausfuhr eines Waffensystems erlaubt werden, wenn es fertiggestellt worden ist. Eine Doppelgenehmigung gleich zu Beginn sieht das deutsche Recht eigentlich nicht vor.«

393 Kiel Institute for the World Economy: Ukraine Support Tracker: https://www.ifw-kiel.de/topics/war-against-ukraine/ukraine-support-tracker/.

des Wissenschaftlichen Dienstes des Bundestages war damit die Schwelle zur Kriegspartei überschritten. Bei der bis dahin geleisteten Unterstützung hätte es sich um eine »Gratwanderung« gehandelt, hieß es darin. Mit ihr seien »gravierende rechtliche und militärische Folgen verbunden – von einer geographischen Ausweitung des Konfliktgebietes bis hin zum (nuklearen) Eskalationspotential.« Allerdings sei im Falle einer – beim Ukraine-Krieg eindeutigen – Verletzung des Gewaltverbots der UN-Charta »kein Staat mehr zur ›Neutralität‹ gegenüber den Konfliktparteien verpflichtet.« Deshalb wäre durch eine »militärische Unterstützung einer bestimmten Konfliktpartei in Form von Waffenlieferungen [...] noch nicht die Grenze zur Konfliktteilnahme« überschritten. Auf der anderen Seite legt das Gutachten aber nahe, dass durch die Ausbildung ukrainischer Soldat*innen für den Gebrauch der Panzerhaubitze 2000 die rote Linie wohl endgültig überquert worden ist: »Wenn neben der Belieferung mit Waffen auch die »Einweisung der Konfliktpartei bzw. Ausbildung an solchen Waffen in Rede stünde, würde man den gesicherten Bereich der Nichtkriegsführung verlassen«.«[394]

Auffällig war, wie stark sich besonders Grüne Spitzenpolitiker*innen für Waffenlieferungen ins Zeug gelegt hatten. Wenn die grüne Außenministerin gleichzeitig versicherte, man beabsichtige »bei Waffenexporten und Einsätzen weiter aus tiefster Überzeugung zurückhaltend« zu sein,[395] so mag man dies glauben oder auch nicht. In der Praxis ist sie zusammen mit ihren Regierungskolleg*innen

---

394 Rechtsfragen der militärischen Unterstützung der Ukraine durch NATO-Staaten zwischen Neutralität und Konfliktteilnahme, Sachstand, WD 2 – 3000 – 019/22. Zwar weist Thomas Wiegold in dem Beitrag »Wird Deutschland mit Ausbildung ukrainischer Soldaten zur Kriegspartei? Ein Vielleicht mit Fragezeichen« (Augengeradeaus, 02.05.2022) richtigerweise darauf hin, dass sich diese Einschätzung nur auf eine Quelle beziehe, den zitierten Bochumer Völkerrechtler Pierre Thielbörger. Dennoch ist völlig klar, dass die Bundesregierung wie auch ihre NATO-Verbündeten ein Spiel mit dem Feuer betreiben, dem ein immenses Eskalationspotential innewohnt.

395 Rede von Außenministerin Annalena Baerbock bei der Sondersitzung des Bundestags zum Russlandkrieg, Berlin, 27.02.2022.

nun dafür verantwortlich, dass die bis dato zumindest formal noch
existierende Ablehnung von Waffenlieferungen in Krisen- und
Kriegsgebiete als Eckpfeiler jeder sinnvollen Rüstungsexportkontrolle zu einer Einzelfallprüfung verkommen dürfte.

9.4
Neues NATO-Streitkräftemodell – Aufrüstung der Ostflanke

Vor allem drei Beschlüsse, die im Rahmen des NATO-Gipfels in
Madrid Ende Juni 2022 gefällt wurden, sind von weitreichender Bedeutung: Einmal handelt es sich hier um die Aufnahme von Schweden und Finnland, wodurch sich die strategische Balance in der
Ostsee recht grundlegend verschiebt: »Mit der Aufnahme Finnlands
und Schwedens in die NATO ist die Ostsee auf dem besten Weg,
ein NATO-Binnenmeer zu werden. […] Die baltischen Staaten gewinnen maritimes Hinterland, gegebenenfalls Aufmarschraum; sie
finden in Schweden, in anderem Maße auch in Finnland, logistische
Alternativen. Das vervollständigt die Sicherheitsarchitektur in der
Region. […] Für die NATO verdoppeln sich die bisherigen 1.233 Ki-
lometer gemeinsamer Grenze mit Russland. […] Es wird um Übungen und Präsenz gehen, die das Signal senden, dass nordamerikani-
sche und andere NATO-Mittel schnell in die Ostsee verlegt werden
können und ihre Plätze wie im Fulda-Gap einnehmen.«[396]

Als zweites Element wurde bereits vor dem russischen Angriff auf die Ukraine zudem die NATO-Landpräsenz in Osteuropa
aufgestockt. So erhöhte zum Beispiel Deutschland sein Litauen-
Kontingent in einem ersten Schritt um 350 auf rund 1.000 Soldat*innen. Nach dem 24. Februar 2022 hieß es zunächst, es würden
vier weitere NATO-Bataillone in der Slowakei (dort auch mit deutscher Beteiligung), Ungarn, Bulgarien und Rumänien errichtet. Im
neuen Strategischen Konzept hieß es dann, das Bündnis müsse sein
»Abschreckungs- und Verteidigungsdispositiv deutlich verstärken«

---

396 Mergener, Hans-Uwe: Strategische Verschiebung: Die Ostsee wird zur
     NATO-See, in: ESUT (August 2022), S. 20-23, S. 20f.

und in diesem Zug eine »substantielle und durchgängige Präsenz auf dem Land, zur See und in der Luft sicherstellen«, und zwar »vorne mit robusten, im Einsatzgebiet stationierten dimensionsübergreifenden kampfbereiten Streitkräften [und] Infrastruktur zur schnellen Verstärkung.«[397] Vor diesem Hintergrund wurde auf dem Gipfel endgültig beschlossen, mehrere oder womöglich sogar alle bisher in Bataillonsstärke (~1.000-1.500) in den acht osteuropäischen Ländern befindlichen NATO-Vorposten künftig auf Brigadestärke (~3.000-5.000) auszubauen.[398] Schon zuvor hatte Deutschland angekündigt, für das Litauen-Bataillon zumindest die Führungsstrukturen für eine »robuste Kampfbrigade« dorthin verlegen zu wollen.[399]

Und schließlich wurde auf dem NATO-Gipfel in Madrid drittens ein neues Streitkräftemodell (New Force Model, NFM) auf den Weg gebracht. Bisher umfasst die Schnelle Eingreiftruppe (NRF) 40.000 Soldat*innen (einschließlich der Speerspitze VJTF), die in spätestens 15 Tagen vor Ort sein sollen. Ihnen müssen bis Tag 30 nach Aktivierung weitere 30.000 Soldat*innen der Bereitschafts-Initiative folgen können. Diese Zahlen wurden nun erheblich aufgestockt und das Verlegetempo noch einmal deutlich erhöht. Im Rahmen des neuen Streitkräftemodells will die NATO nun in der Lage sein, innerhalb von maximal 10 Tagen bis zu 100.000 Soldat*innen zu verlegen, bis spätestens Tag 30 sollen weitere 200.000 folgen können. Zwischen Tag 30 und Tag 180 soll es dann möglich sein, so erforderlich, mit noch einmal weiteren 500.000 Soldat*innen nachzulegen. Innerhalb der am schnellsten verlegbaren NATO-Einheiten wurde noch eine weitere Abstufung vorgenommen: »Der Anspruch des NFM ist, etwa 800.000 Soldaten zu organisieren. […] Innerhalb der drei NFM-Tiers sind weitere Differen-

397   Strategisches Konzept der NATO 2022, Auswärtiges Amt, 29.06.2022, Ziffer 21.

398   Pre-Summit press conference by NATO Secretary General Jens Stoltenberg, nato.int, 27.06.2022.

399   Kirsch, Martin: Robuste Kampfbrigade. Bundeswehr baut Präsenz in Litauen deutlich aus, IMI-Analyse 2022/30.

zierungen vorgesehen: So werden innerhalb von Tier 1 die bisher
existierenden NRF und VJTF in einer neuen schnellen Eingreiftruppe aufgehen, der Allied Reaction Force (ARF), die 40.000 Soldaten
umfasst. Diese werden dem obersten Nato-Befehlshaber SACEUR
ständig – also bereits vor Ausbruch einer Krise – unterstellt sein,
um eine schnelle Reaktion zu ermöglichen. Das ist eine beachtliche
Neuerung: Bislang haben einige Staaten, darunter Frankreich und
Deutschland, dies abgelehnt.«[400]

NATO-Streitkräftemodell (New Force Model)		
Anzahl	*Dauer bis zum Einsatz am Ort*	*Anmerkungen*
100.000	10 Tage	Davon 40.000 als Allied Reaction Force direkt dem NATO-Gene-ralsekretär unterstellt.
200.000	30 Tage	
500.000	180 Tage	

Außerdem scheint vorgesehen zu sein, die jeweiligen Kräfte eines
Landes einem bestimmten Gebiet zuzuordnen, woraus sich für
Deutschland eine ›Zuständigkeit‹ für Litauen oder gar die gesamte
baltische Region ergeben könnte. Bei der Bundeswehr hieß es Ende
Juli 2022 als Begründung für die neue Streitkräftestruktur: »Denn
die NRF ist […] gemessen am potenziellen Gegner Russland insgesamt zu klein und unflexibel ausgestaltet, um auf unterschied-
lichste Szenare zu reagieren. […] Deswegen soll es wieder regionale
Verantwortlichkeiten geben. […] Das erfolgt mit dem New Force
Model (NFM), der künftigen Kräftestruktur der NATO. Das NFM
soll durch regionalen Fokus umfangreicher, flexibler und reaktions-
fähiger als die bisherige NRF sein. Im Falle Deutschlands heißt das
konkret, dass der Schwerpunkt auf Zentral- und Nordosteuropa
liegt und somit auf seinen östlichen Nachbarn wie Polen, aber ins-

---

400 Major, Claudia/Swistek, Göran: Die Nato nach dem Gipfel von Madrid.
     Norderweiterung, neues Strategisches Konzept und militärische Neuaufstel-
     lung, SWP-Aktuell 49, Juli 2022, S. 4.

besondere auch Litauen, wo die Bundeswehr bereits seit mehr als fünf Jahren engagiert ist.«[401]

Das NFM wird also nun den ab 2023 beginnenden nächsten vierjährigen NATO-Verteidigungsplanungsprozess und die NATO-Vorgaben für die Mitgliedsstaaten maßgeblich prägen. Die raschesten Zusagen für dieses neue Streitkräftemodell wurden dabei von Deutschland abgegeben, das gleich auch noch den bislang im Fähigkeitsprofil angelegten Zeitplan für den Aufbau seiner Großverbände komplett über den Haufen warf.

9.5
Divisionen 2025 und 2027 – Großverbände im Eiltempo

Nach Übernahme der VJTF 2023 war ursprünglich anvisiert, ›erst‹ 2027 eine kaltstartfähige Division in die NATO einspeisen zu können. Allerdings wurden diese Pläne nun nach vorne gezogen, als Bundeswehr-Generalinspekteur Eberhard Zorn Anfang April 2022 erklärt hatte, man werde wohl »2025 eine Division mit etwa 15.000 Frauen und Männern vollständig modernisiert der NATO zur Verfügung stellen können.«[402]

Später hieß es, Deutschland habe für das neue NATO-Streitkräftemodell zugesagt, ab 2025 eine Division mit 65 Kampfjets und Transportfliegern sowie 20 Kriegsschiffen beizusteuern.[403] Unklar ist der personelle Umfang der Division, Ende Juni 2022 sprach die Bundeswehr noch von 15.000 Soldat*innen,[404] einen Monat später war schon von 30.000 Soldat*innen die Rede.[405] Vermutlich erklären

401 New Force Model: Wie Deutschland sich ab 2025 in der NATO engagiert, bmvg.de, 25.07.2022.

402 Sondervermögen komplett für die Bundeswehr – Generalinspekteur erläutert Pläne, bmvg.de, 04.04.2022.

403 Gebauer, Matthias: Bundeswehr stellt 15.000 Soldaten für neue Eingreiftruppe, Spiegel Online, 29.06.2022.

404 New Force Model: NATO verstärkt schnelle Eingreifkräfte, bmvg.de, 29.06.2022.

405 New Force Model: Wie Deutschland sich ab 2025 in der NATO engagiert, bmvg.de, 25.07.2022.

sich die unterschiedlichen Zahlen über die Reaktionszeiten, sodass
sich die erste Zahl auf eine Verlegung innerhalb von zehn Tagen
bezieht: »Für das NFM stellt Deutschland bis zu 30.000 Soldatinnen und Soldaten sowie 85 Flugzeuge und Schiffe. Diese Zahlen
beziehen sich auf die ersten 30 Tage, nachdem der Einsatz dieser
Kräfte entschieden wurde. [...] Bei Bedarf stehen danach weitere
Folgekräfte planerisch zur Verfügung, erklärt [Oberstleutnant i. G.
Asbjörn] Wenig, denn insgesamt umfasst das NFM nahezu die gesamten deutschen Streitkräfte.«[406]

Diese Tempoverschärfung stellt die Bundeswehr durchaus vor
Herausforderungen: »Wie die neuen Nato-Ziele erreicht werden
können, wird geprüft. Nicht auszuschließen ist, dass Teile des Heeres dafür – zumindest zeitweise und über Divisionsgrenzen hinweg
– zu einer Art Nato-Division kombiniert werden könnten.«[407] Konkret bedeutet das, dass unter dem Dach der 10. Panzerdivision die
am weitesten ›fortgeschrittenen‹, also aufgerüsteten, mechanisierten
Brigaden zusammengefasst werden sollen, wie eine Sprecherin des
Heeres bestätigte: »Die derzeitigen Rahmenbedingungen erfordern,
dass wir zunächst auf die bereits am weitesten gerüsteten und aufgestellten Großverbände zurückgreifen und dort mit den Anpassungs-
maßnahmen beginnen.«[408]

Heeresinspekteur Alfons Mais gab zudem an, »am Ende der
Dekade« sollten die Landstreitkräfte über »zwei schwer/mittel gemischte Divisionen und eine leichte Division« verfügen – »drei
schwere, drei mittlere und zwei leichte Brigaden« (jeweils ergänzt
um eine niederländische Brigade).[409] Im August 2022 tauchten dann
weitere Details des »Zielbild Einsatzkräfte Heer« auf, denen zufolge

---

406 Ebd.
407 Kampfbereit in Divisionsstärke: Bundeswehr muss Tempo machen, dpa,
     30.06.2022.
408 Mössbauer, Karina: Bundeswehr will »Kaltstartfähigkeit« erhöhen, bild.de,
     15.06.2022.
409 Rede Inspekteur des Heeres im Rahmen des Parlamentarischen Abends des
     FKH e. V. am 6. April 2022.

die Division 2025 aus zwei schweren und einer mittleren Brigade zusammengesetzt werden soll. Gleichzeitig bestätigte sich dabei, dass auch die Aufstellung des zweiten Großverbandes unter Führung der 1. Panzerdivision in Oldenburg, die über zwei mittlere und eine schwere Brigade verfügen soll, zeitlich deutlich nach vorne gezogen werden soll – nämlich auf 2027. Noch kein Datum existiert für die Aufstellung des dritten Kampfverbandes, in dem sich vor allem schnelle Einheiten unter dem Dach der Division Schnelle Kräfte in Stadtallendorf sammeln sollen. Aus der Aussage von Heeresinspekteur Mais, die Bundeswehr werde »am Ende der Dekade« über drei Divisionen verfügen, geht aber hervor, dass auch hier der Zeitplan ordentlich nach vorne verlegt werden soll. Die Struktur orientiert sich dabei am ›Bedarf‹ des neuen NATO-Streitkräftemodells: »Die große Veränderung in der kommenden Heeresstruktur sind Verbände in Bataillonsstärke auf Divisionsebene sowie der Aufbau von Korpstruppen. Das sind die zentralen Maßnahmen mit Blick auf die Ambition der NATO, über ihr ›New Force Model‹ ab 2025 umfassend Truppen in Divisionsgröße mobilisieren zu könne. Die bisherige Response Force begnügt sich noch mit Rotationskontingenten in Brigadestärke. Für den deutschen Erstbeitrag zum ›New Force Model‹ in drei Jahren wird ein Kräftedispositiv ›Division 2025‹ aus dem Heer zusammengezogen.«[410]

In gewisser Weise nimmt die Bundeswehr nun die Form an, die den Plänen entspricht, die vor Jahren im Münchner Konsens ausgeheckt und nun von zentralen Politiker*innen erneut prominent ganz oben auf die Agenda gesetzt wurden: »Sollte dem Verteidigungsministerium dieser Umbau der Bundeswehr trotz diverser Komplikationen gelingen, wäre die deutsche Armee tatsächlich

---

410 Müller, Björn: Neue Heeresstruktur weist den Weg in die Zukunft, loyal, 08.08.2022. Hier gab es leichte Verschiebungen gegenüber Angaben von Heeresinspekteur Mais im April 2022, denen zufolge »bis 2025 die Brigaden 12, 9 und 37 zunächst unter Führung der 10. Panzerdivision als schweres Standbein des Heeres« dienen sollten. (»Deutsche Landstreitkräfte und die NATO – Ostflanke«, Rede Inspekteur des Heeres im Rahmen des Parlamentarischen Abends des FKH e. V. am 6. April 2022)

nicht nur auf dem Papier im Club der größten Militärmächte in der
NATO angekommen. Welche erschreckenden politischen Ambitionen einige führende Politiker*innen daraus ableiten, lässt sich stell-
vertretend in Reden des SPD-Vorsitzenden Lars Klingbeil und der
grünen Außenministerin Annalena Baerbock nachverfolgen.«[411]

9.6
Kontinuität und Zeitenwende: Führungsmacht Deutschland

Dass Zeitenwende und Münchner Konsens in einem engen Ver-
wandtschaftsverhältnis zueinander stehen, wurde spätestens durch
eine viel beachtete Grundsatzrede deutlich, mit der sich SPD-Chef
Klingbeil im Sommer 2022 zu Wort meldete: »Die Zeitenwende ist
ein epochaler Umbruch. [...] Europa muss als geopolitischer Akteur mehr Gewicht bekommen. [...] Jetzt [ist] der richtige Moment,
um endlich eine europäische Verteidigungs- und Sicherheitspolitik voranzutreiben. 27 Länder, die ihr eigenes Beschaffungswesen
unterhalten, ihre eigenen Rüstungskonzerne haben und einzeln mit
diesen Konzernen verhandeln – es ist nicht erklärbar, warum wir
das nicht endlich gemeinsam europäisch regeln. [...] Nach knapp
80 Jahren der Zurückhaltung hat Deutschland heute eine neue Rolle im internationalen Koordinatensystem. [...] Deutschland muss
den Anspruch einer Führungsmacht haben. [...] Man hatte fast den
Eindruck, manche dachten, je weniger Bundeswehr es gibt, desto
geringer ist die Wahrscheinlichkeit eines Krieges. Das Gegenteil ist
der Fall. [...] Friedenspolitik bedeutet für mich, auch militärische
Gewalt als ein legitimes Mittel der Politik zu sehen. [...] Ich vermu-
te, einige sind jetzt alarmiert.«[412]

Ganz ähnlich klang Kanzler Olaf Scholz, der davon sprach, das
Sondervermögen markiere »die größte Wende in der Sicherheitspolitik der Bundesrepublik Deutschland.« Die EU müsse »zum geo-

---

411 Kirsch, Martin: Divisionen im Eiltempo – 2025, 2027... Bundeswehr auf
     NATO-Kurs? IMI-Analyse 2022/45.

412 Klingbeil, Lars: Zeitenwende-Rede von Lars Klingbeil. Die Sozialdemokratie
     hat die Chance, Europa zu prägen, vorwärts, 21.06.2022.

politischen Akteur werden«, wobei es erforderlich sei, dass Deutschland »in dieser schwierigen Zeit Verantwortung für Europa und in der Welt übernimmt. Führen, das kann nur heißen: zusammenführen.«[413] Nicht wenige Partner in der Europäischen Union dürften solche Sätze durchaus auch unruhig machen – schließlich wurde sie nicht zuletzt mit dem Ziel gegründet, dass Deutschland nie wieder eine Vormachtstellung auf dem Kontinent erlangen darf. Ökonomisch ist dies allerdings schon länger der Fall – und nun bald wohl auch militärisch, schließlich katapultiert die Zeitenwende Deutschland in der Liste der Länder mit den höchsten Militärausgaben schlagartig auf Platz drei.[414] Als Konsequenz verkündete Scholz nicht ohne einen gewissen Stolz: »Deutschland wird in Europa bald über die größte konventionelle Armee im Rahmen der Nato verfügen.«[415]

Auch die grüne Außenministerin Annalena Baerbock bedient sich derselben Rhetorik, als sie zum Beispiel mit folgenden Worten im Bundestag für die Lieferung von Waffen an die Ukraine warb: »Vor wenigen Wochen noch habe ich hier in diesem Saal zum Thema Waffenlieferungen gesagt, dass man eine Entscheidung für eine außenpolitische 180-Grad-Wende im richtigen Moment und bei vollem Bewusstsein treffen muss. [...] Russland hat die Ukraine rücksichtslos angegriffen. Und die Ukraine hat wie jedes Land der Welt ein Recht auf Selbstverteidigung, verbrieft in der Charta der Vereinten Nationen. [...] Vielleicht ist es so, dass Deutschland am heutigen Tag eine Form besonderer und alleinstehender Zurückhaltung in der Außen- und Sicherheitspolitik hinter sich lässt. Die Regeln, die wir uns dafür gegeben haben, dürfen uns nicht aus unserer Verantwortung nehmen. Wenn unsere Welt eine andere ist, dann muss auch unsere Politik eine andere sein.«[416]

---

413 Scholz, Olaf: Nach der Zeitenwende, FAZ, 18.07.2022.

414 Es dürfte sich ein hartes Rennen um den dritten Platz mit Indien anbahnen, das sich laut Sipri 2021 dort mit Ausgaben von 76,6 Mrd. Dollar befand.

415 Deutschland hat bald größte konventionelle Nato-Armee in Europa, Spiegel Online, 31.05.2022.

416 Ebd.

Das alles klingt wie Sätze aus einem Drehbuch, das bereits vor etwa zehn Jahren im Projekt »Neue Macht – Neue Verantwortung« verfasst worden war – nur dass nunmehr die hierfür für erforderlich erachteten Mittel bereitgestellt werden, um die ambitionierten Ziele auch umzusetzen. Kein Wunder also, dass rüstungsnahe Kreise ob der Entwicklungen regelrecht aus dem Häuschen sind: »Damit vollzog ausgerechnet die aus Sozialdemokraten, Grünen und Freien Demokraten zusammengesetzte Berliner Ampel-Koalition die größte Kehrtwende in der deutschen Sicherheits- und Verteidigungspolitik seit dem Ende des Kalten Krieges. Zugleich warf sie mit den direkten Waffenlieferungen an eine Kriegspartei auch die bisherige ›Kultur der militärischen Zurückhaltung‹ kurzerhand über Bord, die bis dahin die Außen- und Sicherheitspolitik der Bundesrepublik Deutschland geprägt hatte. Diese ›Kultur‹ erreichte 2011 ihren Tiefpunkt, als die von Bundeskanzlerin Angela Merkel (CDU) geführte Koalition aus CDU/CSU und FDP sich nicht an der NATO-Mission zur Durchsetzung einer Flugverbotszone über Libyen beteiligte, die auf der Grundlage der Resolution 1973 des UN-Sicherheitsrates verhängt worden war.«[417]

---

417   Labuhn, Wolfgang: Putins Angriff auf die Ukraine, ESUT, 30.03.2022.

10.
Zeitenwende und Turbo-Militarismus

Obwohl sie mit ihren einzelnen Ausprägungen an Planungen anknüpft, die bereits vor über zehn Jahren angestellt wurden, droht bei einer Verstetigung der Zeitenwende eine dramatische Militarisierung der Bundesrepublik. Einige der davon betroffenen Bereiche sollen im folgenden Kapitel angesprochen werden.

10.1
Auf dem Weg zum Rüstungskomplex:
Lobby statt Demokratie

Eine parlamentarische Kontrolle der Militärpolitik ist auf europäischer Ebene faktisch inexistent und über die nationalen Parlamente bestenfalls nur eingeschränkt möglich.[418] Ein Problem ist außerdem, dass sich fast immer die militäraffinsten Akteure der jeweiligen Parteien die Posten in den entscheidenden Ausschüssen unter die Nägel zu reißen scheinen – nicht selten kommen sie dann noch aus Wahlkreisen mit wichtigen Rüstungsstandorten, was zumindest zum Teil ihre Begeisterung für das Militär erklären dürfte.[419]

---

418 Siehe zum Demokratiedefizit insbesondere in der EU-Militärpolitik Haydt/ Wagner 2018, S. 96ff.

419 Als zum Beispiel 2021 die Finanzierung neuer Betriebsstofftransporter durch Verteidigungsministerin Kramp-Karrenbauer infrage gestellt wurde, verfassten vier Abgeordnete (je zweimal SPD und CDU) einen Brandbrief und machten Druck, die Entscheidung rückgängig zu machen, was dann auch geschah. Der militärnahe Blog *Augengeradeaus* spekulierte damals, das Engagement könne durchaus damit zusammenhängen, dass sie »aus Küstenländern mit ihrer Werftindustrie« kommen (AKK und Bundeswehr-Beschaffungen: Union und SPD machen Front gegen Ministerin, Augengeradeaus, 21.05.2021).

Eine weitere Schwierigkeit sind teils in beide Richtungen schwingende Drehtüren, wenn beispielsweise Dirk Niebel, der sich in seiner Zeit als Entwicklungshilfeminister (2009-2013) für eine enge Kooperation mit dem Militär ins Zeug gelegt hatte, nach seinem Ausscheiden aus der Politik unmittelbar bei Rheinmetall anheuerte. Den anderen Weg nahm Florian Hahn, der aus seinem Job in der Abteilung Presse- und Öffentlichkeitsarbeit des anderen deutschen Panzerbauers Krauss-Maffei Wegmann zu einem der führenden Verteidigungsexperten der CDU/CSU-Bundestagsfraktion avancierte.[420]

Ein etwas anders gelagertes Beispiel stellt »Major Tom« dar – Tom Enders, der bis April 2019 als Vorsitzender von Airbus fungierte und sich direkt nach dieser Tätigkeit im Juni desselben Jahres zum Vorsitzenden der Deutschen Gesellschaft für Auswärtige Politik (DGAP) wählen ließ. Die DGAP gilt als einer der einflussreichsten außen- und sicherheitspolitischen Zusammenschlüsse in Deutschland, ihre Mitglieder sind bei den Medien gefragte Gäste. Die DGAP beschreibt sich auf ihrer Internetseite gerne als »unabhängiger, überparteilicher und gemeinnütziger Verein«, nimmt aber auch gerne Geld nicht zuletzt aus der Rüstungsindustrie an. Dass zudem Airbus in mehreren Jahren mit jeweils 100.000 Euro zu den Großspendern der Organisation gehörte, war der Wahl von Enders sicherlich ebenfalls nicht abträglich. Jedenfalls wird Enders seit seiner Amtsübernahme nicht müde, die DGAP in eine noch einmal deutlich militär- und rüstungsaffinere Richtung zu drücken – und auch in der Öffentlichkeit mit dementsprechenden Forderungen vehement aufzutreten.[421]

Hier dürfte derzeit zumindest noch der eigentliche Hase im Pfeffer liegen: Direkte Fälle von Korruption oder so offensichtliche Fälle wie bei Hahn und Niebel sind bislang zumindest noch eher selten.[422]

---

420 Siehe die beiden Einträge bei https://lobbypedia.de

421 Studie: Der Rüstungslobby wird es in Deutschland zu leicht gemacht, Stern, 21.10.2020.

422 Häufiger scheint die Rüstungsindustrie eine Hierarchieebene darunter auf Mitarbeiter*innenebene neue Lobbyist*innen zu gewinnen. Siehe Reyher,

Der Rüstungsindustrie gelingt es vor allem über vermeintlich neu-
trale Organisationen und Netzwerke, die sich nicht unwesentlich
über ihre Gelder finanzieren, Einfluss auf die sicherheitspolitischen
Debatten und Entscheidungen in Deutschland zu nehmen. Hier-
über orchestrieren sie den Kontakt und Austausch mit führenden
Politiker*innen – zum Beispiel mit der FDP-Frontfrau Marie-Agnes
Strack-Zimmermann: »Der Verein Lobbycontrol hält die ehrenamt-
lichen Funktionen der Verteidigungsausschussvorsitzenden Marie-Agnes Strack-Zimmermann (FDP) in Vereinen, an denen die
Rüstungsindustrie zentral beteiligt ist, für schlecht vereinbar mit
ihrer Tätigkeit als Ausschussvorsitzende. Strack-Zimmermann ist
unter anderem Mitglied im Präsidium der Deutschen Gesellschaft
für Wehrtechnik sowie beim Förderkreis Deutsches Heer. ›Beides
sind von der Rüstungsindustrie stark beeinflusste Organisationen,
wo wir es kritisch sehen, wenn Abgeordnete des Bundestages dort
leitende Funktionen übernehmen – auch wenn es ehrenamtlich geschieht‹, sagte Lobbycontrol-Sprecher Timo Lange der ›Neuen Os-
nabrücker Zeitung‹ (NOZ).«[423] Der in diesen Foren ausgehandelte
Konsens über den sicherheitspolitischen Bedarf wird dann wiederum auch in den großen Medien als einzig selig machende Wahrheit dargestellt, da deren »Alpha-Journalisten« häufig Teil derselben
Netzwerke sind.[424]

Es sind diese Strukturen, über die die Rüstungsindustrie derzeit

---

Martin: Seitenwechsel: Lobbyakteure rekrutieren Büroleiter:innen von Abgeordneten, abgeordnetenwatch.de, 15.02.2019. Beispielsweise wurde im
Juli 2022 berichtet, Christian Blume sei von seinem Posten als Referent für
Verteidigungspolitik beim Bundestagsabgeordneten Marcus Faber (FDP) zu
Lockheed Martin gewechselt, wo er als »Government Relations Manager«
tätig sei (Blume verstärkt Government Relations bei Lockheed Martin, abge-
ordnetenwatch.de, 18.07.2022).

423   Verflechtungen mit der Rüstungsindustrie? Lobbycontrol kritisiert Strack-
      Zimmermann, ots, 08.05.2022.

424   Siehe hier vor allem die Netzwerkstudie von Krüger, Uwe: Meinungsmacht:
      der Einfluss von Eliten auf Leitmedien und Alpha-Journalisten; eine kritische
      Netzwerkanalyse, Köln 2013.

am ›erfolgreichsten‹ in der Lage ist, ihren Interessen Gehör zu verschaffen. Natürlich vernachlässigt sie auch die direkte Lobbyarbeit
nicht: »Seit [2022] müssen Unternehmen und Verbände öffentlich
machen, wie hoch ihre Ausgaben für Lobby-Tätigkeiten sind. Das
höchste Budget für ›Interessensvertretung‹ hatte 2021 demnach
die Airbus Defence and Space GmbH (2,6 Millionen Euro). Dicht
folgen die Budgets des Bundesverbands der Deutschen Luft- und
Raumfahrtindustrie (1,5 Mio. Euro) und Rheinmetall (1,2 Mio.
Euro).«[425] Natürlich wäre es illusorisch zu glauben, dieses Geld
würde wirkungslos verpuffen[426] – auf der anderen Seite sind diese
Beträge und auch der Einfluss von Lobbyisten meilenweit von dem
entfernt, was sich zum Beispiel in den USA abspielt. Allerdings
liegt es auf der Hand, dass die Macht der Rüstungslobby drastisch
zunehmen dürfte, je mehr Geld in den Sektor gepumpt wird. Und
bei einer absehbaren Verdreifachung der deutschen Rüstungsinvestitionen ist damit zu rechnen, dass es diesen Akteuren künftig gelingen wird, noch einmal deutlich stärkeren Einfluss auf Debatten
und Entscheidungen nehmen zu können als es ohnehin bereits der
Fall ist.

Umgekehrt zeichnet sich bereits jetzt ab, dass es Forderungen,
wie sie sich aus einer Kultur der militärischen Zurückhaltung ableiten würden, immer schwerer haben werden, sich Gehör zu verschaffen. Insbesondere falls es zu einer Verstetigung der Ausgaben
des Sondervermögens kommen sollte, ist damit zu rechnen, dass
sich die Verhältnisse hierzulande zwar vielleicht nicht gleich denen
in den USA angleichen, aber doch zumindest annähern werden.
Die enge und augenscheinlich abgestimmte Vorgehensweise zentraler Akteure muss jedenfalls Sorgen bereiten: »Olaf Scholz hat seine
Zeitenwende-Rede und die Ankündigung des 100-Milliarden-Euro-

---

425   Millionenschwere Lobby-Arbeit der Rüstungskonzerne, Perspektive Online,
      23.04.2022.

426   Einen ›guten‹ Überblick über Rüstungslobbyismus in Deutschland bietet
      Analyse des Einflusses der Rüstungsindustrie auf die Politik in Deutschland,
      Transparency International, Oktober 2020.

Fonds für Hochrüstung im Geheimen vorbereitet. Man darf davon ausgehen, dass es entsprechende Absprachen mit der Rüstungsbranche gab. Faktisch gibt es eine enge Vernetzung zwischen den führenden Vertretern der Rüstungskonzerne, den maßgeblichen Militärs von Nato und Bundeswehr, einem eher engen Kreis von Regierungsvertretern und Abgeordneten und ausgewählten Medienleuten, darunter den Chefs der großen Print- und elektronischen Medien. Und so setzte direkt nach der Zeitenwende-Rede des Kanzlers eine massive mediale Kampagne für den verschärften Hochrüstungskurs ein. Das weitgehende Verschmelzen von Rüstungsindustrie, Politik und Medien wird auch als militärisch-industrieller Komplex bezeichnet.«[427]

Es liegt auf der Hand, dass mit einem Erstarken des Rüstungskomplexes wohl kaum damit zu rechnen sein dürfte, dass der desolate Beschaffungsprozess in einer Weise neu sortiert wird, die der Industrie allzu sehr in die Quere kommen würde. In einer für Greenpeace erstellten Studie gelangte Michael Brzoska, Professor em. des Instituts für Friedensforschung und Sicherheitspolitik, im Mai 2022 zu dem Ergebnis, das marode Beschaffungswesen würde auch für das Sondervermögen Mehrkosten von 35 % bis 54 % verursachen, zwischen 26 Mrd. Euro und 35 Mrd. Euro würden so vollkommen verpuffen. »Die Ursachen für Einschränkungen in der Wirtschaftlichkeit der Beschaffung von Großgerät sind […] vielfältig. Zu den wichtigsten Gründen zählen Nebenziele beteiligter Akteure, überbordende Erwartungen in die technischen Fähigkeiten von Waffensystemen und Defizite in der Durchführung von Beschaffungsvorhaben. Zentrale Folgen sind Kosten erhöhende Bevorzugung regionaler und nationaler Rüstungshersteller, geringe Ausnutzung von Vorteilen internationaler Zusammenarbeit, überlange Herstellungszeiten und damit steigende Herstellungskosten sowie zusätzliche Kosten durch Reparaturanfälligkeit und andere

427 Wolf, Winfried: »Diese Armee muss raus auf die Straße«, Lunapark, 28.07.2022 (zit. als Wolf 2022b).

Mängel bei beschafften Waffensystemen.«[428] Es spricht wenig dafür, dass die hiergegen seit der Zeitenwende in die Wege geleiteten oder angedachten Maßnahmen viel zur ›Verbesserung‹ beitragen werden.[429]

Mit der Einigung auf das Sondervermögen gab die ganz große Militarisierungskoalition im »Grundsatz grünes Licht für Waffenbestellungen bei der Rüstungsindustrie in großem Stil«, schreibt die dpa.[430] Selbst rüstungsnahe Kreise sprechen teils kritisch von einer »Goldgräberstimmung« in der Branche: »Die Zahl der Angebotslisten für die Bundeswehr ist Legion; es gilt, die Lager zu leeren. In einigen Fällen hat man den Eindruck, die Streitkräfte würden gar nicht zu Rate gezogen, ob sie das angebotene Wehrmaterial überhaupt benötigen. Wer bündelt die Firmenangebote und Forderungen der ›Dimensionen‹ (vormals Teilstreitkräfte)? Wir sehen noch keine (politisch) ordnende Hand.«[431]

Vor allem die deutschen Panzerbauer wittern ein riesiges Geschäft und waren schnell dabei, besagte Angebotslisten zu präsentieren. Schon Ende Februar 2022 war im *Handelsblatt* zu lesen: »Der Rheinmetall-Konzern hat der Bundesregierung am Montag eine umfassende Lieferung von Rüstungsgütern angeboten. Das Paket umfasse unter anderem Munition, Hubschrauber sowie Ketten- und Radpanzer, sagte Vorstandschef Armin Papperger dem *Handelsblatt*.

---

428 Brzoska 2022, S. 6.

429 Dazu gehört etwa die Übernahme der MV Werften durch die Bundeswehr zur Verbesserung der materiellen Einsatzbereitschaft am 1. August 2022 oder auch die Einrichtung einer Taskforce »Optimierung Beschaffungswesen« sowie die Verabschiedung eines neuen Beschaffungsgesetzes im Juli 2022. Von einer grundsätzlichen Reform des Beschaffungswesens ist das alles aber ein gutes Stück entfernt, wie unter anderem der Grünen-Haushälter Sebastian Schäfer kritisierte: »Ohne eine echte Reform drohen die 100 Milliarden Euro aus dem Sondervermögen, zu denen ja weitere reguläre Haushaltsmittel kommen, zu einem nicht unerheblichen Teil zu verpuffen.« (Greive, Martin/ Specht, Frank: Das 100-Milliarden-Euro-Problem, Handelsblatt, 12.07.2022)

430 Grünes Licht für Milliardenpaket zur Aufrüstung der Bundeswehr, rnd.de, 30.05.2022.

431 Griephan-Briefe (11. März 2022).

Das gesamte Volumen summiert sich seinen Angaben zufolge auf 42 Milliarden Euro.«[432] Das wollte Krauss-Maffei Wegmann wohl nicht auf sich sitzen lassen und legte dem Verteidigungsministerium umgehend seinerseits Angebote vor – KMW-Chef Ralf Ketzel wurde dazu mit den Worten zitiert: »Wir haben auf Anfrage des Verteidigungsministeriums eine Liste mit möglichen Projekten im Volumen von bis zu 20 Milliarden Euro eingereicht. Unser Vorschlag umfasst den Puma, die Aufrüstung des Leopard II, das Artillerie-System RCH 155 sowie ein System im Kampf gegen Schützenradfahrzeuge auf Basis des Boxer mit dem Turm aus dem bestehenden Puma-Angebot.«[433]

Teils wurde moniert, zu viel gehe aus dem Sondervermögen an US-Rüstungskonzerne, die Aktienkurse der großen deutschen Rüstungsunternehmen legen jedoch nahe, dass auch diese nicht zu kurz kommen, wie der Rüstungskritiker Jürgen Grässlin beklagte: »Wo Krieg ist, finden sich immer die Profiteure des Mordens und Abschlachtens. Entgegen dem Kursverfall in den ersten Kriegstagen profitierten die Händler des Todes vom Krieg in der Ukraine: Die Aktie von Krauss-Maffei Wegmann stieg innerhalb eines einzigen Tages um 3,6 Prozent, die von Hensoldt um 5,1 Prozent, Airbus um 6,5 Prozent und Rheinmetall um sieben Prozent.«[434]

10.2
Militarisierung und Rekrutierung

Friedensbewegten weht derzeit ein rauer Wind ins Gesicht: Ostermarschierer*innen werden von Politikern wie FDP-Mann Alexander Graf Lambsdorff als »fünfte Kolonne« Russlands beschimpft,[435]

432 Murphy, Martin/Höpner, Axel: Rüstungsindustrie bereitet höhere Produktion vor, Handelsblatt, 28.02.2022.

433 Schmidtutz, Thomas: 100 Milliarden für die Bundeswehr– Chef des Münchner Panzerbauers KMW verspricht: »Wir können liefern«, Merkur, 28.03.2022.

434 »Bellizistische Kehrtwende ist unvorstellbar«, junge Welt, 02.03.2022.

435 »Fünfte Kolonne Putins«? Was Ostermarschierer zur Lambsdorff-Kritik sagen, WDR, 16.04.2022.

der baden-württembergische Innenminister Thomas Strobl (CDU) warnt, nun müsse neben dem »Antifaschismus« auch zunehmend der »Antimilitarismus« unter Beobachtung gestellt werden[436] und Sascha Lobo darf auf *Spiegel Online* frei von der Leber weg von »Lumpen-Pazifisten« schreiben, ohne dass die derart Beleidigten auch nur einmal die Möglichkeit erhalten würden, in diesem Medium ihre Positionen zu erläutern.[437] Auch Ralf Fücks räumt *Spiegel Online* (aber auch andere Medien) gerne und viel Platz ein – er ist Gründer der des Zentrums für Liberale Moderne, einer grünen Denkfabrik, die mit sechsstelligen Beträgen aus Bundesmitteln finanziert wird.[438] Fücks geißelt lautstark die »Unterwerfungspazifisten«, die in der Ukraine einen »Verhandlungsfrieden« anstreben würden. Stattdessen müsse die Ukraine dazu befähigt werden, zum »Gegenangriff überzugehen«, indem massenweise Waffen geliefert und die »Rüstungsproduktion in Europa hochgefahren« werde.[439]

Diese Episoden stehen schlaglichtartig für ein zunehmend militaristisches und repressives Klima hierzulande, das sich bei einer Verstetigung der Zeitenwende zu einem Dauerzustand entwickeln könnte. Ganz abgesehen von den Folgen einer gestärkten Bundeswehr, die von rechtsextremen Netzwerken regelrecht durchdrungen zu sein scheint,[440] geht damit auch ein innenpolitischer Vormarsch des Militärs einher, das immer weiter in ihm lange verschlossen gebliebene Alltagsbereiche einzudringen vermag. Das trägt dazu bei, die Forderung von SPD-Chef Lars Klingbeil nach einem neu-

---

436   Strobl warnt vor linker Gewalt gegen »Kriegstreiber«, Merkur, 17.07.2022.

437   Lobo, Sascha: Der deutsche Lumpen-Pazifismus, Spiegel Online, 20.04. 2022.

438   Siehe Staatsknete für die richtige Meinung, Küppersbusch TV, 28.07.2022.

439   Fücks, Ralf: Die Verkehrung von Opfer und Täter ist in vollem Gang, Spiegel Online, 13.07.2022.

440   Siehe Heyer, Luca: Der Hannibal-Komplex: Ein militantes, rechtes Netzwerk in Bundeswehr, Geheimdiensten, Polizei, Justiz und Parlamenten, IMI-Studie 2019/4b.

en »gesellschaftlichen Umgang mit der Bundeswehr« umzusetzen, was bedeute, dass die Bevölkerung gefälligst »eine neue Normalität mit der Bundeswehr entwickeln« müsse.[441] Dem pflichtet auch die *Süddeutsche Zeitung* bei, wenn sie schreibt: »Die Bundeswehr soll jetzt wieder zur Landesverteidigung in der Lage sein. Eine solche Armee braucht aber Platz. Sie wird sichtbarer sein. Sie wird üben müssen, ihre Panzer zu verlegen. Und dafür muss sie raus auf die Straßen.«[442]

Ein militärisches Vordringen in Alltagsbereiche dürfte wohl vor allem über verstärkte Rekrutierungsbemühungen vonstattengehen. Zwar kündigte das Verteidigungsministerium im Juli 2022 an, die Zahl der Reservist*innen bis 2027 auf 7.500 erhöhen zu wollen,[443] das wird aber nicht ansatzweise ausreichen, um die beschriebenen Rekrutierungsprobleme der Bundeswehr zu beheben (siehe Kapitel 6.1). Zwar war nach Beginn des russischen Angriffs auf die Ukraine häufiger davon zu lesen, die Bundeswehr verzeichne mehr Bewerber*innen, allerdings löste sich dieser Zulauf schnell in Luft auf: »Schon im April war davon nicht mehr viel zu spüren. ›Wir hatten kurzzeitig einen starken Anstieg beim Bewerberaufkommen‹, sagt Andreas Westenfelder, ein braun gebrannter Stabsfeldwebel Mitte fünfzig […]. Der Hype, sagt er, sei schon wieder vorbei. Dabei konnte die Bundeswehr schon vor dem Krieg buchstäblich jede Frau und jeden Mann gebrauchen. Bis 2027 soll der Umfang der Streitkräfte [auf] 203.000 Soldaten wachsen. Mehr seien derzeit nicht vorgesehen, trotz des Kriegs, wie eine Sprecherin des Verteidigungsministeriums der F.A.Z. mitteilt. Aber schon jetzt ist unklar, wie diese Zahl trotz massiver Werbeanstrengungen der Bundeswehr erreicht wer-

441 Klingbeil 2022.

442 Ausgabe vom 05.03.2022 zit. bei Wolf 2022b.

443 »Die Reserve ist wesentlich für die Einsatzbereitschaft der Bw und gerade für die LV/BV unverzichtbar. Daher sieht der dringliche Handlungsbedarf die Erhöhung des Umfangs von Stellen für die Reserve bis 2027 auf 7.500 und eine dauerhafte Verstetigung auf diesem Niveau vor.« (Sachstandsbericht zur Bestandsaufnahme, BMVg, Berlin, 08.06.2022, S. 7)

den soll.«[444] Es scheint sogar einen verstärkten Abwanderungstrend in der Bundeswehr zu geben, Berichten zufolge soll das Bundesamt für Familie und zivilgesellschaftliche Aufgaben zwischen Januar und Juni 2022 mit 533 doppelt so viele Anträge auf Kriegsdienstverweigerung wie im Vorjahr erhalten haben.[445] Im Ergebnis kommt die Bundeswehr mit ihren Bemühungen, die Truppe aufzustocken, nicht ansatzweise vom Fleck: Die Personalstärke lag im Juni 2022 mit rund 182.000 Soldat*innen auf dem niedrigsten Stand seit mehreren Jahren.[446]

Um dem entgegenzuwirken, startete die Bundeswehr unter anderem im August 2022 die Kampagne »Wir schützen Deutschland«: »Die Bundeswehr wird wieder sichtbarer. Vorbei sein sollen die Zeiten, in denen der Job an der Waffe einen schlechten Ruf hatte. Mit dem fortschreitenden Krieg in der Ukraine wächst das Bedürfnis nach Sicherheit im eigenen Land. Auf angesagten Festivals und trendigen Sportveranstaltungen wirbt die Armee mit Aktionen um Nachwuchs. Die Vorteile und Sinnhaftigkeit der Bundeswehr sind nun erstmals seit 2016 auch wieder Thema in einem Fernsehspot rund um die neue Image-Kampagne ›Wir schützen Deutschland‹. […] Neben dem Spot und der Plattform soll die Kampagne laut horizont.de weitere Maßnahmen wie Plakatwerbung, Social Media und weitere Aktionen umfassen. Über alle Kanäle will die Bundeswehr damit 500 Millionen Kontakte in der Recruiting-Zielgruppe der 17- bis 35-Jährigen erreichen.«[447]

Insbesondere dürften auch die Bemühungen an den Schulen intensiviert werden. Der ebenfalls im August 2022 erschienene »Jahresbericht der Jugendoffizierinnen und Jugendoffiziere der Bundes-

---

444   Hemicker, Lorenz: Kein Bock auf Krieg, FAZ, 21.06.2022.

445   Immer mehr Bundeswehrsoldaten verweigern den Dienst, rnd.de, 25.06. 2022.

446   Personalstärke Juni 2022: Jetzt knapp über 182.000 nach FWDL-Rückgang, Augengeradeaus, 28.07.2022.

447   Ried, Katrin: Recruiting-Spot: Nach 6 Jahren wirbt die Bundeswehr wieder im TV, W&V, 08.08.2022.

wehr« kündigte dann auch für den Rest des Jahres mit Blick auf die Häufigkeit von Rekrutierungsveranstaltungen an: »Ab 2022 erhoffen wir uns hier wieder eine Wachstumskurve. Die ersten Zahlen machen uns optimistisch. […] Für 2022 erwarten wir eine deutliche Verschiebung hin zu den sicherheitspolitischen Kernthemen, die durch den Angriff auf die Ukraine stärker in den Fokus rücken.«[448] Wahrscheinlich wird auch die Debatte um eine Quasi-Wiedereinführung der Wehrpflicht über eine Allgemeine Dienstpflicht, wie sie unter anderem von Bundespräsident Frank-Walter Steinmeier im Juni 2022 ins Spiel gebracht wurde, noch einmal deutlich an Fahrt gewinnen.[449]

10.3
Rüstung statt Soziales

Einen Eindruck, um welche gigantische Summen es sich bei dem ausgelobten Sondervermögen für die Bundeswehr handelt und was mit einem solchen Betrag stattdessen so alles getan werden könnte, lieferte »Ohne Rüstung leben«: Es könnten 5.000 bis 10.000 Windräder gebaut, 130.000 Pflegekräfte vier Jahre lang finanziert, 900.000 Sozialwohnungen subventioniert, 20 Mrd. Euro mehr in zivilen Katastrophenschutz gesteckt und das Budget für den Zivilen Friedensdienst für vier Jahre um das 90-Fache gesteigert werden – und das alles zusammen![450]

Doch selbst das ist nur die »Spitze des Eisbergs«, wie Karl-Heinz Peil vom Frankfurter Verein Friedens- und Zukunftswerkstatt argumentiert. Viele der nun anvisierten Rüstungsprojekte werden Kosten weit über die fünfjährige Laufzeit des Sondervermögens hinaus verursachen. Peil verweist unter anderem auf die Gesamtkosten von Rüstungsgütern, die über ihre gesamte ›Lebensdauer‹ entstehen.

---

448 Jahresbericht der der Jugendoffizierinnen und Jugendoffiziere der Bundeswehr 2021, S. 5.

449 Pflichtdienst für junge Menschen? Steinmeier hat eine goldrichtige Debatte angestoßen, Merkur, 14.06.2022.

450 Aufrüstung bringt keinen Frieden!, ohne-rüstung-leben.de, o. J.

Diese in den USA als »Life Cycle Costs« (Lebenszykluskosten) be-
zeichneten Kosten lägen Berechnungen des US-Rechnungshofes
zufolge bei 75 Prozent der Gesamtkosten eines Systems. Bewusst erzeugen also die ganzen Neuanschaffungen einen Handlungsdruck,
den offiziellen Haushalt langfristig deutlich anzuheben. Es werden
Pfadabhängigkeiten geschaffen, auf die dann später verwiesen werden kann, wenn spätestens 2026 eine Verstetigungsdebatte anstehen
wird: »Der gesteckte Investitionsrahmen von 100 Mrd. Euro wird
einen enormen Druck durch die Folgekosten im Lebenszyklus der
Rüstungsgüter erzeugen, um eine dort zu erwartende ›Unterfinanzierung‹ zu vermeiden.«[451]

So ließ zum Beispiel Heeresinspekteur Alfons Mais unübersehbar durchblicken, dass es aus seiner Warte mit dem Sondervermögen nicht getan sein wird – Militarisierung auf hohem Niveau ist
ein stetiger Prozess: »Der Anteil aus dem Sondervermögen für das
Heer wird vorrangig helfen, die Lücken der offen gebliebenen Beschaffungen aus der Vergangenheit zu schließen. […] Die Schaffung
voll durchdigitalisierter Großverbände erfordert die dauerhafte Sicherstellung einer hinreichenden Investitionsquote, um die Modernisierung und Vollausstattung aller Brigaden der Landstreitkräfte zu
ermöglichen.«[452]

Außerdem werden nun über das Sondervermögen wie beschrieben vor allem auch das Kampfpanzer- und Kampfflugzeugsystem abgesichert – aber nur bis 2024 (MGCS) bzw. 2027 (FCAS).
Die meisten Kosten beider Systeme werden allerdings erst danach
anfallen und bis weit in die 2030er und womöglich 2040er Jahre
den Rüstungshaushalt belasten. Die nun über das Sondervermögen mannigfaltig angeschafften Rüstungsgüter werden also noch
lange Kosten verursachen und damit Druck auf höhere Rüstungs-

---

451 Peil, Karl-Heinz: Die 100 Milliarden Euro für die Bundeswehr sind nur der
     Anfang, Telepolis, 16.07.2022.
452 Rede Inspekteur des Heeres im Rahmen des Parlamentarischen Abends des
     FKH e. V. »Deutsche Landstreitkräfte und die NATO – Ostflanke« am 6. Ap-
     ril 2022.

ausgaben entfalten, nachdem das Sondervermögen längst aufgebraucht ist. Gleichzeitig droht für 2027 eine schlagartige Erhöhung des Militärbudgets um 25 bis 30 Mrd. Euro, die nur zulasten anderer Haushalte gehen kann – dabei fehlt heute schon Geld an allen Ecken und Enden, und zwar sowohl in- als auch außerhalb Deutschlands.

10.4
Rüstung – Klima – Armut – Krieg

Für die USA liegen inzwischen einige recht brauchbare Schätzungen über die Emissionen der Treibhausgase (THG) des Militärs vor[453] – für Deutschland ist dies leider bislang noch nicht der Fall.[454] Das hängt unter anderem auch damit zusammen, dass die diesbezüglichen Angaben der Bundesregierung vorsichtig formuliert sehr unvollständig ausfallen. Die tatsächlichen Emissionen liegen deutlich über den 1,71 Mio. Tonnen CO_2-Equivalent, die für das Jahr 2021 angegeben wurden (2019: 1,45 Mio.).[455] So enthalten die Nationalen Inventarberichte zum Beispiel weder die vor- noch die nachgelagerten Emissionen militärischer Liegenschaften. Ferner werden keinerlei Emissionen erfasst, die bei den Auslandseinsätzen der Bundeswehr anfallen. Am schwersten wiegt jedoch, dass die bei der Rüstungsproduktion verursachten Treibhausgase ebenfalls keine Berücksichtigung finden.[456] Obwohl vor allem Panzer und Kampfflugzeuge im Betrieb absurde Mengen Treibstoff verbrau-

453 Belcher, Oliver u. a.: Hidden carbon costs of the »everywhere war«: Logistics, geopolitical ecology, and the carbon boot-print of the US military, Royal Geographical Society 19.06.2019.

454 Für einige europäische Länder, darunter auch Deutschland, findet sich eine – allerdings wirklich sehr grobe – Schätzung bei Parkinson, Stuart/Cottrell, Linsey: Under the Radar: Europe's military sectors dodge scrutiny under European Green Deal, CEOBS/SGR/The Left, February 2021.

455 Antwort der Bundesregierung auf die Kleine Anfrage der Abgeordneten Sevim Dağdelen, Andrej Hunko u. a. sowie der Fraktion DIE LINKE. vom 1. April 2022. Bundestagsdrucksache 20/1450 vom 14. April 2022.

456 Peil 2022.

chen,[457] ist es aber die Produktion, die am klimaschädlichsten ist. In
ihrer viel beachteten Studie »Pentagon Fuel Use, Climate Change,
and the Costs of War« wies die Politikwissenschaftlerin Neta Crawford darauf hin, dass die bei der Produktion anfallenden Treibhausgase um das Fünf- bis Sechsfache über denen im Betrieb liegen.
Insgesamt gelangte sie zu der Schätzung, allein bei der Rüstungsproduktion würden 15 Prozent der gesamten in den USA indust-
riell verursachten Treibhausgase anfallen.[458]

Nun ist mit einiger Sicherheit davon auszugehen, dass diese
Werte im Falle Deutschlands und der Bundeswehr deutlich niedriger ausfallen dürften – als größte institutionelle Arbeitgeberin
des Bundes ist die Bundeswehr jedoch mit ihren Emissionen alles andere als vernachlässigbar. Die Forderung, endlich für eine
adäquate Erfassung der Emissionen zu sorgen, liegt insofern nahe.[459] Dies gilt umso mehr, als der Großteil des Sondervermögens
in die Neuanschaffung von Rüstungsgütern fließen wird – wir es
also mit einer Erhöhung um mindestens den Faktor drei zu tun
haben, der dementsprechend auch die Klimabilanz noch weiter
drastisch negativ beeinflussen wird. Es steht deshalb zu hoffen,
dass dieses Thema spätestens durch den sondervermögensbeding-
ten Emissionsanstieg endlich stärker in den Blick der Klimabewegung rücken wird, zumal damit auch weitere negative Folgen
einhergehen.

---

457 »Zum militärischen Großgerät zählen die Kampfpanzer des Typs Leopard
      2, der auf 100 km im Gelände 500 Liter Treibstoff verschlingt oder auch der
      Kampfjet des Typs Eurofighter, der 3.500 kg Treibstoff pro Stunde verbrennt.«
      (Andres, Jacqueline: Militär, Manöver und der Sprit, in: AUSDRUCK (März
      2022), S. 26-29, S. 26)

458 Crawford, Neta C.: Pentagon Fuel Use, Climate Change, and the Costs of
      War, Boston University, 12.06.2019.

459 »Aktivist*innen aus Friedensorganisationen und Umweltverbänden forder-
      ten in einer Petition vor der COP26 in Glasgow die Einbeziehung von Mi-
      litäremissionen und diese Forderung wird für die COP27 aufrechterhalten.
      Der Druck zur Offenlegung und Reduzierung der militärbedingten CO_2-
      Emissionen muss weiter steigen, denn die globalen Militärausgaben steigen
      jedes Jahr.« (Andres 2022, S. 26)

Denn auch die sicherheitspolitischen Auswirkungen des Klimawandels drohen gravierend zu werden, wie unter anderem der US-
Politikprofessor Michael Klare warnte: »Misslingt die Begrenzung
der CO_2-Emissionen, steht eine weitere Katastrophe, von der allerdings weitaus weniger die Rede ist, ebenso fest: Auf lange Sicht würde das Versagen nicht nur Klimaschocks bewirken, sondern auch
weltweit Instabilität, Aufruhr und Kriege.«[460]
    Vor allem in den Vereinigten Staaten, aber zunehmend auch in
Deutschland beschäftigt sich deshalb das Militär mit den sicherheitspolitischen Folgen des Klimawandels. Hier geht es einmal darum, wie sich ›Kollateralnutzen‹ etwa aus dem Abschmelzen der
Polkappen ziehen lässt, um freiwerdende Rohstoffe und Handelswege zu ›sichern‹. Auf der anderen Seite gefährdet der Klimawandel auch Logistikketten und Militärbasen (von denen viele in Küs-
tennähe liegen). Und schließlich müssen klimabedingte Konflikte
gegebenenfalls auch militärisch ›befriedet‹ werden – zumindest
dort, wo dies aus Sicht der westlichen Interessenslage geboten erscheint.[461]
    Vor allem im Zusammenspiel mit Armut und Hunger droht
der Klimawandel dabei zum »Brandbeschleuniger«[462] zu werden.
Abseits aller moralischen Erwägungen war es allein schon deshalb richtig, dass zu den im Jahr 2016 verabschiedeten sogenannten Nachhaltigkeitszielen unter anderem auch die Reduzierung des
Hungers gehört. Berechnungen des Zentrums für Entwicklungsforschung (ZEF) zufolge würde es lediglich eines zusätzlich hierfür
aufgewendeten Betrages von 11 bis 14 Milliarden Dollar jährlich bedürfen, um die Zahl der Hungernden um eine halbe Milliarde Men-

---

460 Michael Klare: All Hell Breaking Loose, New York 2019 zit. bei Klima &
     Krieg, IMI-Factsheet, April 2021.
461 Peil, Karl-Heinz: Klimawandel und militärische Planungen. Ignoranz, Hilf-
     losigkeit und fehlende Strategien zur Anpassung, IMI-Analyse 2020/04.
462 Lukas, Stefan: Ein unterschätzter Brandbeschleuniger: Die sicherheitspoli-
     tischen Folgen des Klimawandels am Beispiel des Nahen und Mittleren Os-
     tens, BAKS-Arbeitspapiere 3/2020.

schen zu verringern. Um den Hunger ganz aus der Welt zu schaffen, wären 39 Mrd. bis 50 Mrd. Dollar jährlich erforderlich.[463]

Hier handelt es sich angesichts der – nicht nur in Deutschland – losgetretenen Aufrüstungswelle um vergleichsweise sehr überschaubare Beträge. Doch Pandemie und Ukraine-Krieg haben den drastischen Anstieg von Armut und Hunger beschleunigt,[464] während es die weltweiten Entwicklungshilfetöpfe immer schwerer haben, in den Verteilungskämpfen mit den Militärausgaben nicht den Kürzeren zu ziehen. Mit »Sparen auf Kosten des globalen Südens« betitelte die *Frankfurter Rundschau* einen Beitrag, der die ernüchternde Richtung des im Sommer 2022 vorgelegten Bundeshaushaltes 2023 beschreibt: »Die Bundeswehr bekommt mal eben 100 Milliarden Euro zusätzlich, während der Etat für Entwicklungspolitik 2023 um ein Fünftel auf knapp elf Milliarden Euro gekürzt werden soll. […] Viele Länder in Afrika, Asien und Lateinamerika registrieren mit wachsendem Unbehagen, dass der Westen zwar Gefolgschaft gegen Russland von ihnen wünscht, sich aber wenig um ihre Interessen und ihre Vorschläge zur Bewältigung der Kriegsfolgen kümmert.«[465]

Begründet wird all das natürlich damit, es diene – so ehrlich ist man zumindest meist – ›unserer Sicherheit‹, doch selbst das ist mehr als fraglich.

10.5
Mehr Sicherheit durch Militarisierung?

Die Ursachen, die zum völkerrechtswidrigen Angriffskrieg Russlands auf die Ukraine geführt haben, sind nicht Gegenstand dieses Buches. So viel Zeit und Platz muss aber wenigstens für die An-

---

463 Braun, Joachim von u. a.: Den Hunger bis 2030 beenden – Kosten und empfohlene politische Maßnahmen, Zentrum für Entwicklungsforschung, Policy Brief, 12.10.2020.

464 Listl, Walter: Oxfam-Bericht: Pandemie-Folgen und steigende Preise befeuern Ungleichheit, isw-muenchen.de, 30.05.2022.

465 Elliesen, Tillmann: Sparen auf Kosten des globalen Südens, Frankfurter Rundschau, 08.06.2022.

merkung sein, dass nicht Appeasement zu dieser Katastrophe bei-getragen hat, wie vielfach zu hören ist, sondern Aufrüstung und knallharte Machtpolitik.[466] Allein schon deshalb ist der postulierte Sicherheitsgewinn hochgradig fragwürdig, der sich aus der derzeitigen NATO-Politik des »Mehr davon« ergeben soll: mehr Truppen an der NATO-Ostflanke, eine drastische Erhöhung der NATO-Eingreiftruppen, neue Mitglieder für die NATO und generell Aufrüstung, wohin das Auge reicht.

Dies gilt ganz besonders auch für die Entwicklung der Verteidigungshaushalte, die nicht nur von Deutschland, sondern von allen NATO-Ländern in den letzten Jahren bereits deutlich erhöht wurden: Sie stiegen nach NATO-Angaben von 895 Mrd. US-Dollar (2015) auf 1.155 Mrd. (2021).[467] Demgegenüber sanken die russischen Ausgaben laut *Military Balance*, einem Jahrbuch des International Institute for Strategic Studies, von 65 Mrd. (2015) auf rund 62 Mrd. US-Dollar (2021). Die NATO-Militärausgaben lagen also schon damals über 18 Mal höher als die Russlands.[468] Vor diesem Hintergrund entzieht sich die ›Logik‹ des Sondervermögens dem gesunden Menschenverstand: Es ist schwer vorstellbar, dass ein relevanter Sicherheitsgewinn damit einhergehen würde, sollte dieses

---

466 Siehe zur westlichen Mitverantwortung am Ukraine Krieg Wagner, Jürgen: Der NATO-Prolog des Ukraine-Krieges. Die NATO, Russland und der jahrzehntelange Weg in die Eskalation, IMI-Analyse 2022/06.

467 North Atlantic Treaty Organisation – Organisation du Traité de l'Atlantique Nord, NATO Press & Media, PR/CP(2022)105, 27.06.2022.

468 Inwieweit es sinnvoll ist, die unterschiedliche Kaufkraft mit einzuberechnen, wie teils angemahnt wird, sei einmal dahingestellt, auch hier ergeben sich eine Reihe von Problemen. Doch selbst wenn man diese ignoriert, ergeben sich für Russland laut Military Balance (2022, S. 9) Ausgaben unter Kaufkraftberücksichtigung von 178 Mrd. Dollar (für 2021), die NATO gibt also nach dieser Metrik immer noch mehr als sechsmal so viel Geld für das Militär aus. Selbst wenn man dann auch noch kaufkraftbereinigt China hinzuzählen würde (332 Mrd. Dollar), käme die NATO immer noch auf deutlich über das Doppelte der erklärten ›Systemkonkurrenten‹. Würden zudem die Haushalte potentieller oder tatsächlicher Verbündeter (Japan, Süd-Korea, Australien…) berücksichtigt, würde der Abstand noch einmal größer ausfallen.

Verhältnis 20:1 oder 22:1 betragen. Die Ursachen für die Krise in einer westlichen Unterfinanzierung zu suchen, ist leider nicht billig, lässt sich aber angesichts der vorliegenden Zahlen wohl kaum ernsthaft begründen. Schon heute ist die konventionelle Überlegenheit der NATO überwältigend, wie der Militärexperte Anatol Lieven vorrechnet: »Allein die europäischen Flotten der Nato verfügen über fast das Vierfache der russischen Kriegsschiffe, ganz abgesehen von den enormen Streitkräften, die den USA mit der Sechsten Flotte im Mittelmeer und der Zweiten Flotte im Atlantik zur Verfügung stehen. […] Was die schiere Zahl der Truppen und Waffen angeht, so haben die europäischen Nato-Mitglieder und die derzeit in Europa stationierten US-Truppen einen erheblichen Vorteil. Im Jahr 2021 verfügten die fünf wichtigsten europäischen Nato-Mitglieder über mehr als 500.000 aktive Bodentruppen (ohne Reserven), während Russland nur 280.000 Soldaten hatte, von denen die meisten derzeit in der Ukraine festsitzen (oder in Zehntausenden von Fällen tot oder verwundet sind). […] Auf dem Papier verfügt Russland über 22.000 gepanzerte Fahrzeuge im Vergleich zu den 16.000 der Nato. Die Erfahrungen aus dem Ukraine-Krieg deuten jedoch darauf hin, dass ein großer Teil dieser russischen Fahrzeuge in Wirklichkeit so stark beschädigt ist, dass sie nicht mehr wirksam eingesetzt werden können.«[469]

Letztlich setzt man dennoch auf dieselben Maßnahmen, die den russischen Angriff auf die Ukraine nicht verhindern konnten und ihn mit einiger Wahrscheinlichkeit sogar massiv befördert haben – aber auf einem noch einmal ungleich höheren Militarisierungsniveau. Das alles schraubt die Eskalationsgefahr – mit einer Atommacht, wohlgemerkt – in gefährliche Höhen. Tatsächlich spricht einiges dafür, dass die primär auf militärische Stärke setzende NATO-Politik ihren Teil zur nochmaligen Verschlimmerung der Lage beitragen wird. Sabine Jaberg, Dozentin an der Führungsaka-

---

469 Lieven, Anatol: So sieht das militärische Gleichgewicht zwischen Russland und Nato aus, Telepolis, 21.07.2022.

demie der Bundeswehr (FüAkBw) in Hamburg, schrieb: »Kurzfristig bringen diese Maßnahmen überhaupt nichts. Langfristig bringen sie uns mehr Konfrontation, mehr Unsicherheit, mehr Gefahr. Wir begeben uns in eine Rüstungsspirale hinein, die unter Umständen nicht beherrschbar ist, die eine Eigendynamik entwickelt und in der die Gefahr einer militärischen Konfrontation steigt.«[470]

Die sich immer weiter bedrohlich zuspitzenden Großmachtkonflikte schreien also regelrecht danach, wenigstens ein wenig entschärft zu werden. Auch der lange Jahre eher für seine große Militäraffinität kritisierte Politikprofessor Johannes Varwick warnte: »Wir werden Vertrauen wieder aufbauen müssen. Dafür ist die Konstellation in Europa zu kompliziert, und Russland wird ja nicht von der Landkarte verschwinden. Das heißt, es gibt mittelfristig keine Alternative zu Ausgleich und Rüstungskontrolle, und Aufrüstung und Abschreckung kann nicht die alleinige Antwort jetzt in dieser Situation sein.«[471] Es sei nun, so Varwick an anderer Stelle, »die politische Großwetterlage, dass alle Seiten aufrüsten werden, dass man sagt, wir müssen unsere Abschreckungsfähigkeit gegen Russland drastisch erhöhen. Das wird dazu führen, dass wir deutlich mehr Geld für Militär ausgeben. Das wird aber wiederum dazu führen, dass Russland das als Bedrohung empfindet. Und wir müssen raus aus dieser Eskalationsspirale. Und Außenpolitik hat die Aufgabe, auch an morgen und an übermorgen zu denken.«[472] Oberst a. D. Wolfgang Richter, der unter anderem als Leiter des militärischen Anteils der Ständigen Vertretung Deutschlands bei der OSZE fungierte, weist ebenfalls auf die elementare Bedeutung risikominimierender Maßnahmen hin – gerade in einer Situation, in der sich auf absehbare Zeit bis an die Zähne bewaffnete Akteure gegenüberstehen werden: »Gewiss ist auch, dass die künftige Sicherheitsordnung Europas konfrontativ sein wird. Die Restrukturierung der NATO-

---

470 Aufrüstung im Westen: Abschreckung um jeden Preis?, Monitor, 03.03.2022.

471 Ebd.

472 Aufrüstung im Westen: Abschreckung um jeden Preis?, Monitor, 03.03.2022.

Vorneverteidigung wird nicht nur mehr militärischen Schutz für die Verbündeten bieten, sondern auch höhere militärische Risiken zur Folge haben. In einem eisernen Gürtel zwischen dem Nordkap und dem Schwarzen Meer werden acht ständig präsente Kampfgruppen zu Brigaden aufwachsen; die rasch verfügbaren Verstärkungskräfte werden von bisher 40.000 auf 300.000 erweitert werden; zusätzliche Luft- und Seestreitkräfte, Logistik und Kommandostrukturen werden die Truppendichte an der NATO-Ostflanke erheblich erhöhen. Mit dem NATO-Beitritt Finnlands und Schwedens wird sich die Bündnisgrenze gegenüber Russland um 1.340 km verdoppeln. Darauf wird Russland voraussichtlich ebenfalls mit der Stationierung zusätzlicher Truppen, Kampfflugzeugen und taktischen Raketen reagieren. Die Patrouillentätigkeit in und über den Randmeeren dürfte signifikant zunehmen. Die neue militärische Lage birgt die Gefahr von Zwischenfällen, die eskalieren können, wenn sie missverstanden und nicht geregelt werden. Darum gilt es, die ständige Kommunikation zwischen den Hauptquartieren zu verbessern und Regeln zu vereinbaren, wie die Konfrontation gemeistert werden soll. Auch dies wird nur im Dialog geschehen können, gleichgültig welche politische Führung in Moskau herrscht.«[473]

Dennoch drohen Dinge wie Abrüstung, Rüstungskontrolle und vertrauensbildende Maßnahmen zunehmend aus der Mode zu geraten. Symptomatisch ist hier das jüngste europäische Grundlagendokument, der Strategische Kompass vom März 2022. Er hätte eine Chance sein können, Ideen für eine neue Sicherheitsarchitektur in Europa zu präsentieren. Parallel hätten konkrete Maßnahmen diplomatischer und rüstungskontrollpolitischer sowie generell vertrauensbildender Natur vorgeschlagen werden können, ja müssen. Doch hier herrscht das große Schweigen im Walde, einem zentralen Thema wie der »Förderung von Abrüstung, Nichtverbreitung und Rüstungskontrolle« wird in dem knapp fünfzigseitigen Dokument nicht einmal eine halbe Seite gewidmet. Außerdem werden in die-

---

473 Richter, Wolfgang: Gedanken zum Ukrainekonflikt, zebis, 02.08.2022.

sen Bereichen ganz im Gegensatz zu den Teilen, die sich mit Streit-
kräfteaufbau und Rüstungsinvestitionen beschäftigen, so gut wie
keine substantiellen Maßnahmen angekündigt.

Generell bedarf es einer Stärkung des Völkerrechtes und des
Nicht-Angriffsgebotes – doch dies kann nur auf der Grundlage geschehen, dass auch die westlichen Staaten vergangene Verfehlun-
gen anerkennen und sich ohne Wenn und Aber hierzu bekennen.
Tatsächlich präsentiert sich der Strategische Kompass hier als eine
Art positive Gegenvision zu der aktuellen Entwicklung im Zuge der
sich verschärfenden Großmachtkonkurrenz, indem er verschiedene
Werte und Grundsätze betont, zu denen sich die EU bekenne. Zu
diesen Grundsätzen gehören insbesondere die souveräne Gleichheit
und die territoriale Unversehrtheit der Staaten, die Unverletzlich-
keit der Grenzen, der Verzicht auf Androhung oder Anwendung
von Gewalt und das Recht der Staaten, ihre sicherheitspolitischen
Dispositionen frei zu treffen oder zu ändern.«[474]

Leider legt das Dokument hier nicht den kleinsten Funken
Selbstkritik an den Tag, schließlich wurde nahezu jedes dieser Prinzipien zum Beispiel bei den NATO-Kriegen gegen Jugoslawien oder
Libyen verletzt. Unerwähnt bleibt auch, dass sich unter anderem
alle NATO-Staaten beim OSZE-Gipfeltreffen 1999 zu dem Ziel bekannt haben, einen gemeinsamen Raum gleicher und unteilbarer
Sicherheit zu schaffen, in dem kein Staat und keine Organisation
eine vorrangige Verantwortung oder besondere Einflusszonen be-
anspruchen kann. Außerdem wurde die Bündniswahlfreiheit daran
geknüpft, dass sich davon kein anderer Staat bedroht fühlen dürfe.[475]

---

474 Strategischer Kompass 2022, S. 8.

475 So heißt es in der »Europäischen Sicherheitscharta« (Dokument von Istan-
bul) von 1999: »Jeder Teilnehmerstaat hat dasselbe Recht auf Sicherheit. Wir
bekräftigen das jedem Teilnehmerstaat innewohnende Recht, seine Sicher-
heitsvereinbarungen einschließlich von Bündnisverträgen frei zu wählen
oder diese im Laufe ihrer Entwicklung zu verändern. Jeder Staat hat auch das
Recht auf Neutralität. Jeder Teilnehmerstaat wird diesbezüglich die Rechte
aller anderen achten. Sie werden ihre Sicherheit nicht auf Kosten der Sicherheit anderer Staaten festigen.«

Unablässig wird suggeriert, diese Prinzipien würden ausschließlich durch erklärte Rivalen wie Russland und China verletzt – und auch hier wird in keiner Weise darüber nachgedacht, inwieweit die Politik der Europäischen Union – wie beispielsweise durch ihre Ukraine-Politik – hier auch mit zur Verschärfung der Lage beigetragen hat.[476]

Dieser Mangel an Selbstkritik verstellt den Weg für Alternativen zur militarisierten Machtkonkurrenz, die zuallererst darin liegen, dass es sich künftig bei den wohlformulierten »Werten« und »Grundsätzen« nicht mehr nur um Lippenbekenntnisse handeln darf, die keine Rolle mehr spielen, sollte es darum gehen, EU-Interessen durchzusetzen. Denn bei näherer Betrachtung lässt sich kaum abstreiten, dass viele der von Russland an der NATO-Politik kritisierten Punkte – nicht die daraus gezogenen Schlussfolgerungen! – absolut nachvollziehbar sind. Dies ist von großer Bedeutung: Nur wer versteht, wie der Weg in diese Katastrophe verlief, wird auch einen Weg aus ihr herausfinden. An ernsthaften Verhandlungen über eine Sicherheitsarchitektur, die die Interessen aller Akteure berücksichtigt, führt perspektivisch kein sinnvoller Weg vorbei. Die aktuell bevorzugten Alternativen – Sanktionen, Drohungen, Aufrüstung – sind es, die uns erst in diese Lage gebracht haben, es ist höchste Zeit, eine andere Richtung einzuschlagen. Die schwierige aktuelle Lage darf dabei kein Grund sein, solche Versuche nicht zu unternehmen – im Gegenteil, sie sollten der Anlass dazu sein. In einer Stellungnahme verschiedener Friedensforscher*innen des Peace Research Institute Frankfurt (PRIF) heißt es dazu: »Friedens- und Sicherheitspolitik, die an einer gerechten, stabilen und langfristigen Ordnung interessiert ist, beginnt dort, wo die Interessen, Ängste und Befindlichkeiten der anderen Seite ernst genommen werden. Das bedeutet nicht, dass alle Ansprüche und Behauptungen gerechtfertigt sind. Und es bedeutet schon gar nicht, völkerrechts-

---

476 Siehe zur Rolle der EU bei der Eskalation von Konflikten in ihrer Nachbarschaft, insbesondere der Ukraine Haydt/Wagner 2018, Kapitel 5.

widriges Verhalten zu entschuldigen oder zu akzeptieren. Aber es bedeutet, nicht nur die eigene nationale Sicherheit als alleinigen Maßstab zu nehmen, sondern gleichsam systemisch zu denken und die Herstellung von Stabilität, Sicherheit und Frieden als gemeinsame Herausforderung zu begreifen. […] Das Ende des Friedens darf nicht das Ende der Friedenspolitik sein. Im Gegenteil muss er der Beginn eines neuen Nachdenkens über die Zukunft einer europäischen und globalen Friedensordnung sein.«[477]

---

477   Daase u. a.: Frieden am Ende? Die Eskalation im Russland-Ukraine-Konflikt
      und die Rolle der Friedenspolitik, PRIF Blog, 24.02.2022.

Fazit:
Der Countdown läuft – Gegen die
Zeitenwende zum Turbo-Militarismus!

Wenn Pseudolinke wie der Pseudopunk Campino nach dem russischen Angriff auf die Ukraine plötzlich ihre Nähe zum Militär entdecken, ist das sicherlich verschmerzbar.[478] Ernüchternd war aber, wie auch in vielen linken Gruppen antimilitaristische Positionen teils zusammenbrachen wie ein Kartenhaus. Auch in der Partei DIE LINKE hatten sofort diejenigen Oberwasser, die ohnehin bereits seit Jahren daran arbeiten, die friedenspolitischen Positionen der Partei regierungsfähig zu schleifen.[479] Gleichzeitig ist auffällig, dass Konzepte des zivilen Widerstands nahezu völlig in Vergessenheit geraten, obwohl vor allem jüngere Forschungsarbeiten untermauern, dass es sich hierbei um überzeugende Alternativen handelt.[480] Genauso verhält es sich mit dem Konversionsgedanken, also Strategien zur Umstellung der Rüstungsproduktion auf die Herstellung ziviler Güter, der zu Unrecht immer mehr ein unverdientes Schattendasein fristet.[481]

---

478 »Toten Hosen«-Sänger Campino: »Würde den Wehrdienst jetzt nicht mehr verweigern«, Focus, 16.05.2022.

479 Siehe zum Beispiel das Papier von Höhn, Matthias: Eine Debatte über linke Sicherheitspolitik hat begonnen. Endlich, 29.03.2022.

480 »Der auffälligste Befund ist, dass gewaltfreie Widerstandskampagnen zwischen 1900 und 2006 mit fast doppelt so hoher Wahrscheinlichkeit teilweise oder vollständig erfolgreich waren als ihre gewaltbereiten Gegenüber.« (Chenoweth, Erica/Stephan, Maria J.: Why Civil Resistance Works: The Strategic Logic of Nonviolent Conflict, New York 2011, S. 7)

481 Siehe z. B. Brandt, Götz/Peil, Karl-Heinz: Militär und sozial-ökologische Konversion. Schriftenreihe: Beiträge zur Umweltpolitik Herausgeber: Ökologische Plattform bei der Partei DIE LINKE, Juli 2020.

Denn auch wenn hier allenfalls ein kursorischer Überblick über die Zeitenwende und all ihre bereits jetzt absehbaren und künftigen Auswirkungen gegeben werden konnte – ihre katastrophalen Folgen liegen auf der Hand. Die Entscheidungen, ob es zu einer Verstetigung der Zeitenwende kommen wird, dürften spätestens 2026 getroffen werden. Dann ist das Sondervermögen aufgebraucht und die Frage einer dauerhaften Erhöhung der deutschen Militärausgaben um 25 bis 30 Mrd. Euro wird im Raum stehen. Doch bereits jetzt haben die üblichen Verdächtigen damit begonnen, der diesbezüglichen Debatte den Boden zu bereiten – das Institut der Deutschen Wirtschaft forderte beispielsweise Mitte August 2022: »Ab 2027 ist die Finanzierung zur Einhaltung des Zwei-Prozent-Ziels aber noch ungeklärt. Wenn das Sondervermögen bis dahin aufgebraucht ist und der Verteidigungshaushalt nicht erhöht wird, entsteht eine Lücke von rund 35 Milliarden Euro. Wenn diese nicht geschlossen wird, würde der Anteil am BIP auf rund 1,2 Prozent zurückfallen […]. Eine Klärung und eine entsprechende mittelfristige Finanzplanung ist nicht erst in der nächsten Legislaturperiode bedeutsam, sondern muss frühzeitig vorgenommen werden, um eine langfristige Planungssicherheit über 2026 hinaus zu erreichen. Ohne diese Verstetigung kann sich auch die Verteidigungswirtschaft nicht auf zukünftige Anforderungen einstellen. […] Spätestens 2026 muss zur Einhaltung des Zwei-Prozent-Ziels ein um gut 60 Prozent vergrößertes reguläres Verteidigungsbudget zur Verfügung gestellt werden.«[482]

Somit bleiben vier Jahre, um eine dauerhafte Zeitenwende zum Turbo-Militarismus zu verhindern. Die Friedensbewegung allein wird hierzu deutlich zu schwach sein – das ist die schlechte Nachricht. Die gute Nachricht ist aber, dass sie hierfür zahlreiche Bündnispartner*innen finden könnte. Denn sollte es zu einer Verstetigung der Zeitenwende kommen, werden davon eine Reihe ganz unterschiedlicher linker Spektren dauerhaft betroffen sein, schließ-

---

482 Röhl 2022, S. 9f.

lich müssten dann unter Beachtung der Schuldenbremse massive
Einschnitte im Sozialbereich, bei der Entwicklungshilfe, der Klima-
politik und wer weiß wo sonst noch alles durchgedrückt werden.
Der Widerstand gegen Zeitenwende und Turbo-Militarismus geht
also alle an: Gewerkschafter*innen, Klimabewegung, Wohlfahrts-
verbände usw. Auch die Antifa könnte (und sollte) hier wieder eine
Rolle in antimilitaristischen Kämpfen spielen, schließlich stand
einmal die Verhinderung einer erneuten militärischen ›Weltmacht
Deutschland‹ weit oben auf ihrer Agenda.

Vielleicht führt der aktuelle Aufrüstungskurs nicht direkt in
einen Dritten Weltkrieg – allerdings ist selbst dies nicht völlig aus-
geschlossen. In jedem Fall trägt er nichts dazu bei, die wirklich
drängenden Probleme anzugehen, die einer Lösung bedürfen – im
Gegenteil: »Dieser Kurs darf nicht fortgesetzt und erst recht nicht
durch den russischen Einmarsch in der Ukraine beschleunigt werden. So selbstverständlich wie nun von allen Seiten eine weitere Aufrüstung der NATO und der Bundeswehr als ›Reaktion‹ eingefordert
wird, so sehr verdeutlicht der Krieg in der Ukraine das Scheitern
dieser Politik. Und es ist nicht nur der Krieg in der Ukraine, der dieses Scheitern offenbart, sondern es ist auch das Scheitern an anderen
Herausforderungen, die nur gemeinsam gelöst werden können und
nicht in einer Situation der beständig eskalierenden Großmachtkonkurrenz: Dem Klimawandel, dem Artensterben, der aktuellen
und künftigen Pandemien und der Überwindung einer auf Wettbewerb, Wachstum und Ausbeutung basierenden Ökonomie.«[483]

Eine Kehrtwende ist also dringend erforderlich, die Verstetigung
der Zeitenwende muss unbedingt verhindert werden: Zeit ist noch
bis 2026 – der Countdown läuft!

---

483 Marischka, Christoph: Die Dummheit des Krieges und der Aufrüstung (der
     NATO), IMI-Standpunkt 2022/007.

Bitte beachten Sie auch die nachfolgenden Seiten.

VERLAGSANZEIGE

Jörg Kronauer

Der Aufmarsch – Vorgeschichte zum Krieg
Russland, China und der Westen

207 Seiten, € 14,90
ISBN 978-3-89438-778-5

»Als der Tag anbrach, breitete sich eine Schockwelle über die Welt aus: In Europa tobte fast 23 Jahre nach dem NATO-Angriff auf Jugoslawien wieder ein offener Krieg.« Diesen einleitenden Worten lässt Jörg Kronauer die Vorgeschichte jenes Waffengangs folgen, in den der Ukraine-Konflikt durch den russischen Angriff im Februar 2022 umschlug: Dabei geht es um einen der beiden Großkonflikte, für die der Westen seit Jahren rüstet. Einmal gegen Russland, das sich nach seinem dramatischen Niedergang in den 1990ern stabilisiert hat und nun auf einer eigenständigen Rolle in der Weltpolitik beharrt. Zum zweiten gegen China, das bei rasantem Aufstieg im Begriff ist, zur Weltmacht zu werden. Dies suchen die transatlantischen Staaten zu verhindern. Der Machtkampf gegen Russland wie gegen China wird politisch, wirtschaftlich und medial geführt. In wachsendem Maß kommt ein militärischer Aufmarsch hinzu. Der Band zeigt: Eine künftige militärische Konfrontation, mit der bei weiterer Brandbeschleunigung auch das Szenario eines allumfassenden Weltkriegs bedrohlich aufscheint, liegt in der Logik dieser Politik.

PapyRossa Verlag

VERLAGSANZEIGE

Werner Ruf

Vom Underdog zum Global Player

Deutschlands Rückkehr auf die Weltbühne

127 Seiten, € 12,90
ISBN 978-3-89438-728-0

Nach dem zweiten von Deutschland ausgelösten Weltkrieg ermöglichte die Ost-West-Konfrontation der Bundesrepublik eine Remilitarisierung. Um die Ängste der ehemaligen Kriegsgegner im Westen zu zerstreuen, folgte sie der Devise »Immer im Bündnis«. Mit EWG/EG/EU wurde das Konzept einer eigenständigen europäischen Verteidigung entwickelt und diese parallel zur NATO vorangetrieben. So kann das vereinigte Deutschland, auch dank seiner wirtschaftlichen Potenz, sein Gewicht in beiden Organisationen ausspielen und auf eine Führungsrolle drängen. Angesichts schwindender Hegemonie der USA und wachsender Konfrontation mit Russland und China versucht Deutschland, in der sich herausbildenden multipolaren Welt eine neue Machtposition zu erreichen und durch seine Außenhandelspolitik wie durch Militäreinsätze strategische Positionen zu sichern. Dieses restaurative Meisterwerk schreitet bisher erfolgreich voran. Um den neuen Großmachtanspruch zu unterstreichen, setzt die deutsche Politik auf Aufrüstung, Risiko und militärische Macht statt auf friedliche internationale Kooperation.

PapyRossa Verlag

Matthias Martin
Becker

Klima,
Chaos, Kapital

Was über den Kapitalismus
wissen sollte, wer den
Planeten retten will

180 Seiten, € 14,90
ISBN 978-3-89438-754-9

Immer wieder hören wir, wirksamer Umweltschutz und Kapitalismus könnten langfristig harmonieren. Doch die »Marktmechanismen« haben weder den Ausstoß an Treibhausgasen gesenkt noch die Abholzung der Tropenwälder beendet und sie werden es auch zukünftig nicht tun. Warum das so ist, erläutert Matthias Martin Becker. Er legt den Zusammenhang zwischen Naturzerstörung und Profitstreben dar. Raubbau an den natürlichen Ressourcen und die Schädigung der Atmosphäre sind untrennbar verwoben mit der weltweiten sozialen Ungleichheit, mit Macht und Ohnmacht, Reichtum und Armut. Welche Gegenmaßnahmen wären notwendig? Welche Hindernisse stehen ihnen im Weg? Das Fazit: Ein nachhaltiger Kapitalismus wird ein Mythos bleiben. Ohne Eingriffe in Privateigentum, Markt- und Kapitalfreiheit lassen sich Klimakrise und ökologische Verwerfungen nicht entschärfen.

Matthias Martin Becker, Jg. 1971, Übersetzer und freier
Wissenschaftsjournalist u. a. für Deutschlandfunk, SWR und WDR.

PapyRossa Verlag